Helmut Knapp

**Krückschespaasch
un Äselsdamm**

**Schlebuscher
Episoden
und Gedichte**

Helmut Knapp,
Jahrgang 1925,
ist gebürtiger
Schlebuscher,
widmet sich
nach seiner
Pensionierung
der Pflege und
Bewahrung der
Schlebuscher
Mundart.
Sein Buch
spricht von der
Liebe zu seinem
Heimatdorf
Schlebusch und
dem rheinisch-
bergischen
Volkstum

Helmut Knapp

KRÜCKSCHESPAASCH UN ÄSELSDAMM
Schlebuscher Episoden und Gedichte

Verlag   Helmut Knapp, Leverkusen
Druck: Luthe-Druck, Köln
© 1992 by: Helmut Knapp

CIP-Titelaufnahme der Deutschen Bibliothek

Knapp, Helmut:
Krückschespaasch un Äselsdamm: Schlebuscher Episoden und
Gedichte / Helmut Knapp. — 1. Aufl. — Leverkusen: Knapp, 1992
ISBN 3-9801993-2-0

Titelbild: Gaststätte und Bäckerei Th. Cramer, Kreuzbroich

Inhaltsverzeichnis

	Seite		Seite
Gedicht: Üvver et Laache	13		

Us minger Jugendzick	15	*Aus meiner Jugendzeit*	15
Et „Apfelblümchen" beim Richerzhagen	16	*Das Apfelblümchen bei Richerzhagen*	16
Beim Lemmer	21	*Bei Lemmer*	21
Vijjelin-Unterricht	26	*Geigenunterricht*	26
Ne Balch Wachs	27	*Eine Tracht Prügel*	27
Ne Stech Botter	31	*Ein „Stech Botter"*	31
Erntezick	34	*Erntezeit*	34
De Krückschespaasch	37	*Die Krautpresse*	37
Et Knuuze	41	*Das „Knuuzen"*	41

Schliebijer Kall	47	*Schlebuscher „Berichte"*	47
Penninghaue un Dümpse	48	*„Penninghaue" und „Dümpsen"*	48
Vun nix kütt nix	51	*Von nichts kommt nichts*	51
Kettepösch un 100 Schläch	53	*Löwenzahn und 100 Schläge*	53
Ömzoch nohm Köhnsbösch	55	*Umzug zum Kühnsbusch*	55
Tierbörse	58	*Tierbörse*	58
Verschwörung	61	*Verschwörung*	61
Prozessione	62	*Prozessionen*	62
Colonialwaren	66	*Colonialwaren*	66
Lompekrämer	69	*Lumpenkrämer*	69
Et Diekes Huus	70	*Diekes Haus*	70
De Bellachini	73	*Bellachini*	73
Jot pariert	74	*Gut pariert*	74
De Carbonitfabrik	76	*Die Carbonitfabrik*	76
Eßkuschteie, Nöß un Mispele	78	*Eßkastanien, Walnüsse und Mispeln*	78
Zeekelsteen und Knochemäll	79	*Ziegel und Knochenmehl*	79
Zweimol e Matyrium	80	*Zweifaches Martyrium*	80
Om Heemwäch	83	*Auf dem Heimweg*	83
Schlittschohloofe op Morsbroich	85	*Morsbroicher Schlittschuhlaufen*	85
Drei Berufe op eemol	86	*Drei Berufe gleichzeitig*	86
Ophovvener Toreros	87	*Ophovener Toreros*	87

Theekeverzäll	91	*Thekengeplauder*	91
Wer Jeld hät	93	*Wer Geld hat*	93
Eemol ohne	95	*Einmal ohne*	95
Noch schlimmer	95	*Noch schlimmer*	95
Avsacker	96	*Absacker*	96

Dä neue Mantel	97
Dat wiehe Been	98
Noch nit	99
Röckantwoort	101
Ne Sään vun bovve	103
Gedicht: De „Jo-Ühm"	104
De Hippekünnijin	105
E schlau Dier	106
En de Bunne am Eertseplöcke	106
Sachfragen	108
Achtung, Kurv!	109
Für de Musik	109
Ne ahle Fründ	110
Miss un Mutz	112
Am iertste Schulldaach	113
„Singe, wem Gesang gegeben..."	114
En de Ferie noh Kleve	115
„Wenn in Großmutters Stübchen..."	119
„Jong, wie jeht et dir?"	120
Dä Forelle-Ball	122
Gedicht: „Schliebijer Wächwieser"	130
Mannefeder Verzäll	131
Schnaps muß sin	132
Die drei Ieshillije	134
Musikfründe	138
Schwatzschlachtung	140
Fründlije Lück	142
Ongerwächs	143
De Schiefers Fritz	146
Ming Jugend	149
Liehr- un Jesellejohre	150
Hierot un Selvständigkeet	153
Op de Bismarckstroß	155
Em Kreech	158

Der neue Mantel	97
Das schlimme Bein	98
Noch nicht	99
Rückantwort	101
Ein Segen von oben	103
Die „Hippekünnijin"	105
Ein schlaues Tier	106
Sehr zerstreut	106
Sachfragen	108
Achtung, Kurve!	109
Für die Musik	109
Ein alter Freund	110
„Miss" und „Mutz"	112
Am ersten Schultag	113
„Singe, wem Gesang gegeben..."	114
In die Ferien nach Kleve	115
„Wenn in Großmutters Stübchen..."	119
„Jong, wie jeht et dir?"	120
Der Forellenball	122
Manforter Berichte	131
Schnaps muß sein	132
Die drei Eisheiligen	134
Musikfreunde	138
Schwarzschlachtung	140
Freundliche Leute	142
Unterwegs	143
Der „Schiefers Fritz"	146
Meine Jugend	149
Lehr- und Gesellenjahre	150
Heirat und Selbständigkeit	153
Auf der Bismarckstraße	155
Im Krieg	158

1945-1990	159
1991...	161
Gedicht: „Üvver et Kriesche"	163

Vom „Ophovener Verein Unter uns 1908" zur „Schießgesellschaft Schlebusch 1925"

„Mit Gott!"	166
Su fing et aan	166
Et Versammlungsprogramm	168
Küsde hück nit, küsde morje	170
Ärm, ävver jlöcklich	170
Kirmes en Ophovve	171
Knaasköpp	177
Inflation	179
„Unter Uns" määt Schluß	180
De Schießgesellschaft fängk aan	185
1926: Et jeht loß	188
Dä Hoot	189
Die Kett	190
De Künning	190
Et iertste Schießfest	193
Fahn un Fahnenweihe	195
Et „Lametta"	197
Et Vereinsabzeichen	199
De Karresell-Komission	201
De Wiert un de Verein	208
Et kriselt	213
Die Röck	215
1927: Et jeht wigger	217
Zom jode Schluß	219
Gedicht: „Schliebijer Advent"	220
Anhang zum Protokollbuch	222
Wörterverzeichnis (Gedichte)	225
Wörterverzeichnis (Vereinsgeschichte)	227
Quellenverzeichnis	235
Bildnachweis	236

Als einen weiteren Beitrag zur Heimat- und Kulturpflege setzt Helmut Knapp mit dem vorliegenden dritten Mundartbuch „Krückschespaasch un Äselsdamm" seine erfolgreiche Reihe „Schlebuscher Episoden und Gedichte" fort.

Mit der Absicht, unsere besonders auch im Leverkusener Raum vom Hochdeutschen arg bedrängten Mundarten durch Lesen und Sprechen erhalten zu helfen, stellt der heimatverbundene Autor eine weitere Auswahl bebilderter Kurzgeschichten in „Schliebijer Platt" samt hochdeutscher „Übersetzung" vor. Zusammen mit mundartlich kommentierten Auszügen aus Ophovener Vereinsprotokollen der Zeit von 1908 bis 1927 erzählen sie von unserem rheinisch-bergischen Leben während der schönen und schweren Jahrzehnte bis zum Ausbruch des Zweiten Weltkrieges.

Wie groß das Interesse nicht etwa nur der seit langem hier ansässigen Mitbürgerinnen und Mitbürger an Pflege und Gebrauch unserer noch lebendigen Mundarten ist, belegt schon die Nachfrage nach den beiden ersten Bänden „O Botterkühl" und „Bunnefitsch un Kappesschav", deren Auflagen rasch vergriffen waren.

Ganz offensichtlich wächst wieder die Bereitschaft zur persönlichen Begegnung mit Sprache und Kultur, mit Menschen und Geschichte der heimatlichen Umgebung. Für den Beitrag, den Helmut Knapp mit seinem verdienstvollen literarischen Schaffen zur Förderung der Heimat- und Kulturpflege leistet, sei ihm herzlich gedankt.

Dr. Wolfgang Schulze-Olden
Stadtdirektor und Kulturdezernent
der Stadt Leverkusen

*Liebe Leserin,
lieber Leser,*

mit diesem dritten Buch der „Schlebuscher Episoden und Gedichte" möchte ich Ihnen wieder Freude machen, Freude an lustigen und nachdenklich stimmenden Begebenheiten im Schlebusch meiner Jugendzeit und seiner näheren Umgebung.

Eine Reihe von Mitbürgern, die diese Zeit der zwanziger bis vierziger Jahre größtenteils schon als Erwachsene erlebten, ließ mich hören und nacherzählen, was sie an Erlebnissen noch im Gedächtnis bewahrt: Theo Bick, Josef Boddenberg, Heinrich Dünner, Helmut Hänseler, Fritz Heppekausen, Werner Hermanns, Josefine und Hannes Höher, Paul Isenbügel, Prof. Franz Klein, Josef Landwehr, Karl Landwehr, Otto Marx, Max Schick, Fritz Schiefer und Reinhold Spiegel. Viele von ihnen konnten mir sogar zeitgenössische Fotos zur Verfügung stellen. Desgleichen das Stadtarchiv Leverkusen. Von Herrn Dr. Rudolf Bubner, Kassel, und dem Schlebuscher Heimatfreund Helmut Hänseler erhielt ich wiederum Federzeichnungen. Herr Robert Lorenz, Solingen, half mir tatkräftig bei der drucktechnischen Vorbereitung des Manuskripts.
Allen sei herzlich gedankt.

Den Schlußteil bilden diesesmal „op Schliebijer Platt" kommentierte Auszüge aus dem Protokollbuch des 1908 gegründeten Ophovener Vereins „Unter Uns" und seiner Nachfolgerin, der damaligen „Schießgesellschaft Schlebusch 1925", die heute als „Schießgesellschaft Kreuzbroich 1925 e. V." bekannt ist. Mein Dank gilt hier dem ehemaligen, langjährigen 1. Vorsitzenden Friedel Lüttgen, seinem Nachfolger Wolfgang Bücher sowie allen Mithelfern aus der Gesellschaft.

Wie bisher, will ich Sie — und ganz besonders unsere Kinder — durch Lesen und Sprechen unserer landkölnischen Mundart darauf aufmerksam machen, daß wir als Leverkusener zunächst einmal Menschen der rheinisch-bergischen Heimat mit einer eigenen Heimatsprache sind und nicht etwa lediglich Bürger eines aus Vernunftsgründen zusammengefaßten Stadtgebildes, die als überwiegend Zugezogene mit Hochdeutsch „auskommen". Auf den Lebensinhalt Heimatsprache dürfen wir — wie bei unseren gleichermaßen „überfremdeten" Nachbarn längst selbstverständlich — auch in Leverkusen nicht verzichten.

An dieser Stelle bedanke ich mich beim Referat Heimatpflege des Landschaftsverbandes Rheinland für Anerkennung und fördernde Unterstützung.

Helmut Knapp

Helmut Knapp
November 1992

Üvver et Laache

Laache es jesongk,
määt et Hätz dir op,
jütt dir neue Moot,
fööls dech ovvedrop.

Laache kann jemein,
fies un eesich sin:
schnigk nem jode Minsch
en et Hätz eren.

Laache es nur jot
wann et Freud bedügk —
waat nur nit ze lang!
Laach am beste **hück!**

Us minger Jugendzick
Aus meiner Jugendzeit

Et „Apfelblümchen" beim Richerzhagen

Engs de zwanzijer Johre wor ech noch ene kleene Krott vun vier, fönnef Johr. Ih dat mir 1934 nohm Köhnsbösch jetrocke sin, wunnten mir domols noch op de Reuterstroß, vun Schliebesch us jesin kuert vür de Bahnbröck. Hück heeß dat Stöck Stroß „Sauerbruchstraße" un hät sech total verändert.

Wo jetz at wer weeß wie lang nix wie Wonnblocks un Hüser ston, jov et domols nur paar dovun, etlije met Noß- un Birrebööm vür de Dür. Minge Vatter dät zo der Zick zesamme met singem Broder Otto em Strunks Kisloch arbeede. Em Akkoord wuerd do Putzsand jeschepp un örntlich Jeld verdeent. De Inflation wor jot verbei.

Sonndachs, wannet drusse schön wor, nohm mech de Vatter aan et Hängche un sät für de Mutter: „Sach, Lenche, ech jon jetz mem Jong jet spaziere". De Mutter kannt dat schon. Et jing öm de Fröhschobbe.

Bes nohm Fück op de Eck wören et üvver de Bröck nur paar Minutte jewäse. Zom Spazierejon jing de Vatter ävver dann doch leever op Schliebesch aan. Wann ech bei däm lange Wäch üvver de Reuterstroß jet möd wuerd, durf ech bei im op de Scholder rigge. Dann kunnt ech vun oven op die „Jruße" ravluere un wor janz stolz op minge stärke Vatter, dat der mech esu lang om

„Apfelblümchen" bei Richerzhagen

Ende der zwanziger Jahre war ich noch ein Knirps von vier, fünf Jahren. Ehe wir 1934 zum Kühnsbusch gezogen sind, wohnten wir damals noch auf der Reuterstraße, von Schlebusch aus gesehen kurz vor der Bahnbrücke. Heute heißt dieses Straßenstück „Sauerbruchstraße" und hat sich total verändert.

Wo jetzt schon seit wer weiß wie langer Zeit Wohnblocks und andere Häuser stehen, gab es damals nur ein paar, einige mit Walnuß- und Birnbäumen vor der Tür. Mein Vater arbeitete zu dieser Zeit gemeinsam mit seinem Bruder Otto im Kiesloch der Fa. Strunk. Dort wurde im Akkord Putzsand abgetragen und gutes Geld verdient. Die Inflation war glücklich vorbei.

Wenn sonntags das Wetter schön war, nahm Vater mich bei der Hand und sagte zu Mutter: „Sag, Lenchen, ich gehe jetzt mit dem Jungen spazieren". Mutter kannte das schon. Es ging um den Frühschoppen.

Bis zur Wirtschaft Fück an der Ecke wären es über die Brücke nur ein paar Minuten gewesen. Zum Spazierengehen nahm Vater aber dann doch lieber den langen Weg auf Schlebusch zu. Wenn ich auf diesem langen Weg über die Reuterstraße etwas müde wurde, durfte ich bei ihm auf der Schulter „reiten". Dann konnte ich von oben auf die „Großen" herabschauen und war

Rögge drage kunnt.

Kuert hengerm Leys Hüsje jing noh links e Pädche av. Dann wore mer och at op de „Lang Jaß", die am Jöterbahnhoff Morsbroich aanfing un vun do aan, wo dat Pädche am Eng wor, „Bahnhofstraße" heeße dät. Datselve Stöck heeß jetz vum Ostring aan „Dhünnberg".

Op de räte Sick kom de Drogerie Schneider. He dätemer zeierts ens et Schaufinster beluere. De Vatter sät dann immer: „Kumm, Jong, mer jon noch e Stöckelche. Luer ens do! Ongen em Loch es de Stevens Müll!" Un et Dhünnwehr wor och ze sin. Hä jing dann ävver nit met mir de Berch erav. Op de räte Sick kom nämlich jetz de Wiertschaff Richerzhagen. „He künne mer uns jet reste" sät de Vatter do immer. Dann dät hä sech met mir aan ene Desch setze. De Ahle Richerzhagen woß at, wat jetz kom. De Vatter krät „ein Helles" un ech „ein Apfelblümchen". Dat wor en fein Limmenad, die et fröher em Schliebesch en jede Wiertschaff jov.

Wie kleen Puute sin, hatt ech et iertste Jlas em Nu op. De Kohlensäure dätmer dobei en de Nas kribbele un et Apfelblümchen dät sujar och noch lecker rüche. „Drenk nit esu hastich!", sät dann de Vatter, „mer muß immer schön langsam

ganz stolz auf meinen starken Vater, der mich so lange auf dem Rücken tragen konnte.

Kurz hinter dem kleinen Haus der Familie Ley zweigt nach links ein schmaler Fußweg ab. Dann war man auch schon auf der „Lang Jaß", die beim Güterbahnhof Morsbroich begann und von dort ab, wo der Fußweg endete, „Bahnhofstraße" hieß. Dasselbe Straßenstück heißt jetzt vom Ostring ab „Dhünnberg".

Auf der rechten Seite kam die Drogerie Schneider. Hier sahen wir uns zunächst mal die Schaufenster an. Darauf sagte Vater dann immer: „Komm, Junge, wir gehen noch ein Stückchen. Sieh mal da! Unten im Loch liegt die Stevens Mühle". Und das Dhünnwehr war ebenfalls zu sehen. Er ging dann aber nicht mit mir den Berg hinunter. Auf der rechten Straßenseite kam nämlich jetzt die Wirtschaft Richerzhagen. „Hier können wir ein wenig rasten" sagte Vater hier immer. Dann setzte er sich mit mir an einen Tisch. Der Alte Richerzhagen wußte schon, was nun kam. Vater erhielt „ein Helles" und ich „ein Apfelblümchen". Eine feine Limonade war das, die man früher in Schlebusch in allen Gaststätten erhielt.

Wie Kinder nun mal sind, hatte ich das erste Glas im Nu leergetrunken. Dabei kribbelte mir die Kohlensäure in der Nase, und das Apfelblümchen hatte doch so ein herrliches Aroma. „Trink nicht so hastig!", sagte Vater dann, „Man

drenke". Ech wor dobei de janze Zick at immer noh singem Bierjlas am spingste. Dä schöne, wieße Schuum hatt et mer aanjedon. Sujet kannt ech jo at vun deheem, wann de Mutter Eierschnei für de Pudding jeschlage hatt. Wann hä jrad ens avjelenk wor un met eenem jet verzälle dät, han ech flöck aan singem Jlas jenüggelt. Nä! Dä Schuum wor jo bitter! Ierts späder jing mer e Leet op, dat dä Schuum om Dunkelbier, wat die Tante immer dronke, vill besser schmecke dät.

Hengen en de Eck soß off de „Här Lehrer". Der wor ävver jar kinne richtije Lehrer. Die Lück däten dat immer nur su für in sage. Kann sin, dat der fröher ens he un do eenem en Musikstond op de Vijjelin jejovve hät. Do kunnt hä nämlich jot drop spille. Nur krät dä immer sune rude Kopp dobei. Mir kom dat als Kengk su vür, als ov dä „Lehrer" singe rude Kopp dovun krät, dat hä die Vijjelin mem Kinn un enem wieße Täschedooch janz faß op de Scholder klämme dät. „Luer ens, Vatter, der Lehrer quetsch sech et Blot en de Kopp!"

„Besde wall still! Nit su laut! Dat sätmer doch nit!" Für mech wor dat kin Erklärung. „Luer doch, hä dröck at widder!" Dat hatt ech at jet leiser jesaat un dobei immer op dä Lehrer jesin. „Mer deet nit su op de Lück luere", meent de Vatter drop, „dä drenk nur zevill!" Un et wör och en „verkrachtes Genie".

muß immer schön langsam trinken". Ich beobachtete derweil bereits längst schon sein Bierglas. Der schöne, weiße Schaum hatte es mir angetan. Sowas kannte ich doch schon von daheim, wenn die Mutter Eierschnee für den Pudding geschlagen hatte. Wenn Vater grade mal abgelenkt war und mit jemandem sprach, nippte ich schnell an seinem Glas. Nein! Der Schnee war ja bitter! Erst später kam ich dahinter, daß Schnee auf Dunkelbier, das die Frauen immer tranken, viel besser schmeckte.

Hinten in der Ecke saß oft der „Herr Lehrer". Das war aber gar kein richtiger Lehrer. Die Leute nannten ihn immer nur so. Kann sein, daß er früher hier und da mal jemandem eine Musikstunde auf der Geige erteilt hatte. Darauf konnte er nämlich gut spielen. Nur bekam er immer so einen roten Kopf dabei. Als Kind kam mir das so vor, als ob der „Lehrer" seinen roten Kopf davon bekäme, daß er die Geige zusammen mit einem weißen Taschentuch mit dem Kinn ganz fest auf die Schulter klemmte. „Guck mal, Vater, der Lehrer quetscht sich das Blut in den Kopf!"

„Bist du wohl still! Nicht so laut! Das sagt man doch nicht!" Das war keine Erklärung. „Guck doch, der drückt schon wieder!" Das hatte ich bereits etwas leiser gesagt und immer dabei zum Lehrer hingesehen. „Man starrt nicht so auf die Leute", meinte Vater dazu, „der trinkt nur zuviel!". Und ein „verkrachtes Genie" sei er auch.

Dä Lehrer schott tatsächlich eene Schabau nohm andere erav. Doch die Jäß däten im immer wigger eene spendiere. Et jov ävver och kin Leed, wat dä nit spille kunnt. Op Kommando kom jedesmol dat, wat „bestellt" wuerde wor: La Paloma, Heideröslein, Wo die Wälder noch rauschen, Mariechen saß weinend im Garten, Weißt du Mutterl..., Wolgalied, In einer kleinen Konditorei, Es war einmal ein Musikus, Ausgerechnet Bananen, Hier hab ich so manches liebe Mal — Schlach op Schlach. Un singe kunnt dä Lehrer sujar och noch. Dobei dät hä av un zo sing Vijjelin eravnämme, su dat ech at immer meene dät, dä hürten op — doch fing hä dann aan, wie op ener Mandelin zu klimpere.

Durch die aandauernde Spillerei jing manchmol e lang, wieß Hoor vum Vijjelinbooge av. Ävver nur, wann hä met enem Stöck fädich wor, dät de Här Lehrer dä lange Fäddem avrieße un dann met däm Booge paarmol üvver ne brunge Steen striche. Dä soh us, wie e juß Stöck Kandiszucker. „Dat es kinne Zucker", sät de Vatter dozo, „dat es Kollefonium". Doch met Erklärunge wie „verkrachtes Genie" oder „Kollefonium" kunnt ech noch nix aanfange.

Manchmol woren och paar en de Wiertschaff, die met däm Lehrer schänge däte. Dann wuerd dä immer janz falsch un krät ene noch rudere Kopp. Ech krät et met de Angs dobei un wollt

Der Lehrer goß tatsächlich einen Korn nach dem anderen hinunter. Doch die Gäste spendierten ihm immer weiter einen. Es gab aber auch kein Stück, das er nicht spielen konnte. Wie auf Komando folgte jedesmal das, was „bestellt" worden war: La Paloma, Heideröslein, Wo die Wälder noch rauschen, Mariechen saß weinend im Garten, Weißt du, Mutterl..., Wolgalied, In einer kleinen Konditorei, Es war einmal ein Musikus, Ausgerechnet Bananen, Hier hab ich so manches liebe Mal — alles Schlag auf Schlag. Und singen konnte der Lehrer sogar auch noch. Dabei nahm er ab und zu seine Violine herab, weshalb ich immer glaubte, er höre auf zu spielen — doch begann er dann, wie auf einer Mandoline zu klimpern.

Durch sein andauerndes Geigen löste sich mitunter ein langes, weißes Haar vom Geigenbogen. Den langen Faden riß er aber nur dann vollends ab, wenn er ein Stück zuende gespielt hatte. Dann strich er mit dem Bogen einige Male über einen braunen Stein, der wie ein großes Stück brauner Kandiszucker aussah. „Das ist kein Zucker", erklärte Vater dazu. „Das ist Kolophonium". Doch konnte ich mit Erklärungen wie „verkrachtes Genie" oder „Kolophonium" noch nichts anfangen.

Mitunter gab es auch Gäste in der Wirtschaft, die mit dem Lehrer „schimpften". Dann wurde der immer recht ärgerlich und bekam einen noch roteren Kopf. Dabei kriegte ich es mit der Angst

mem Vatter heemjon. „Och wat!", sät dä dann immer, „do mußde nix dröm jevve. Die dun doch dä Lehrer nur jet veruuze!"

Beim Richerzhagen kom och öfter minge Vetter, de Beecks Viktor, eren. De „Vik", wie die Schliebijer in roofe däte, wor für mech kleene Krott at ene jruße Mann vun öm de Dressich, moot für minge Vatter „Ohm Fritz" sage un hatt selver at ene Sonn (de Beecks Viktor jr.), der noch paar Johr älder es wie ech. Dat wor jet, wat mir nit en de Kopp wollt. Sunne jruße Mann — un dann noch nit ens minge Ohm! „Nur" minge Kuseng! Et stemmden ävver. Sing Mutter, de Tant Jenny, wor en äldere Schwester vun mingem Vatter.

De „jruße" Viktor wor at vun de Schull av beim Wuppermann, jenausu wie singe Vatter, de Beecks Köbes. Als Walzmeester un Obermeester dät hä domols at vill Jeld verdeene. Wann der uns beim Richerzhagen soh, krät ech paar Jrosche. De Vatter wollt dat jar nit han. Als Ühm wor hä wall jet ze stolz. Doch ech han dat als kleene Quarjes natürlich janz anders jesin un wollt mer immer tireck beim Richerzhagen jet koofe dofür. Dat jov et ävver nit. Minge Vatter nohm dann rejelmäßich et Sonndaachs-Täschedooch erus un dät („dat de mir dat nit widder verliers!") met däm Jeld en enem Zibbel vum Dooch ne Knodde maache. Dat durf ech jetz selver en de Botzetäsch dun.

und wollte mit dem Vater nachhause. „Ach wo!", sagte der dann immer. „Da brauchst du nichts drum geben. Die veruzen den Lehrer doch nur ein wenig".

Bei Richerzhagen kehrte auch öfter mein Vetter Viktor Beeck ein. „Vik", wie die Schlebuscher ihn nannten, war für mich kleinen Kerl schon ein großer Mann um die Dreißig, mußte zu meinem nur wenig älteren Vater „Onkel Fritz" sagen und hatte selbst schon einen Sohn (Viktor Beeck jr.), der noch ein paar Jahre älter ist als ich. Das war etwas, was mir nicht in den Kopf wollte. So ein großer Mann, und dann noch nicht mal mein Onkel! „Nur" mein Vetter! Aber es stimmte. Seine Mutter, Tante Jenny, war eine ältere Schwester meines Vaters.

Der „große" Viktor war seit seiner Schulzeit bei Wuppermann. Genauso wie sein Vater, der „Beecks Köbes". Als Walzmeister und Obermeister verdiente Vik damals schon sehr gut. Wenn er uns bei Richerzhagen erblickte, erhielt ich paar Groschen. Vater paßte das ganz und gar nicht. Er war wohl als Onkel etwas zu stolz. Doch sah ich das als Knirps natürlich völlig anders und wollte mir regelmäßig umgehend bei Herrn Richerzhagen dafür etwas kaufen. Das gab es jedoch nicht. Vater zog dann prompt sein Taschentuch hervor und knüpfte in einen Eckzipfel mit dem Geld („dat de mir dat nit widder verliers!") einen Knoten. Den durfte ich nun eigenhändig in die Hosentasche stecken.

Wann ech jenoch Leeder vum Här Lehrer jehuert hatt un de Vatter dät immer noch wigger met de Lück schwade, wuerd et mer allmählich ze lang, un ech fing aan ze quengele. „Lommer jon, Vatter!" „Es jot", sät der dann noch e paarmol drop, „mer jon jo jetz!" Schlißlich hatt ech in dann endlich esu wigk.

Beim Lemmer

Drusse jing hä ävver noch nit links eröm en Richtung Heimat. „Kumm, Jong, mer jon noch paar Schrett op et Dorp aan". Su kome mer automatisch beim Lemmer us (jetz „Alt Schlebuscher Treff").

Die Wiertschaff Lemmer dät domols „Zum Gambrinus" heeße. Zeierts jing et en Trapp erop, wie hück noch. Beim Erenkumme wor aan de Wand jäjenüvver e jruß Bild mem Decke Jambrinus ze sin. Dä hatt ene jewaltige Bierbuch un dät met singem Backebaat löstich laache. En eener Hand hilt hä ne jruße Krooch Bier, us däm de Schuum esu rät am erusquelle wor. Nevven im soß en Aap un dät in aanluere. De Vatter han ech immer widder jefroot, wat dat wall für ene Mann wör. Un der sät jedesmol, dat wör de „Vater Rhein". Ne Fluß wor nämlich och met avjemoolt. Bis hück kann ech mer noch kinne Riem dodrop maache, dat de Vater Rhein met enem Bierkrooch dodrop wor. En sämplije Rhing- un

Wenn ich genug Lieder des Herrn Lehrer gehört hatte und Vater unterhielt sich immer noch weiter mit den Leuten, wurde mir das allmählich zu lang, und ich begann zu nörgeln. „Laß uns gehen, Vater!" „Gut, gut", sagte der noch einige Male, „wir gehen ja jetzt!" Schließlich hatte ich ihn dann endlich so weit.

Bei Lemmer

Draußen ging er aber noch nicht links rum in Richtung Heimat. „Komm, Jung, wir gehen noch paar Schritte aufs Dorf zu". So kamen wir automatisch bei Lemmer aus (jetzt „Alt Schlebuscher Treff").

Die Wirtschaft Lemmer hieß damals „Zum Gambrinus". Zunächst ging es eine Treppe hinauf, wie heute noch. Beim Eintreten war an der gegenüberliegenden Wand ein großes Bild zu sehen, das den beleibten Gambrinus darstellte. Einen dicken Bierbauch hatte der und lachte fröhlich aus seinem Backenbart heraus. In einer Hand hielt er einen großen Krug mit Bier, aus dem der Schaum üppig hervorquoll. Neben ihm saß ein Affe und blickte ihn unverwandt an. Ich habe Vater immer wieder gefragt, was für ein Mann das wohl sei. Und die Antwort lautete stets, das sei der „Vater Rhein". Ein Fluß war nämlich ebenfalls auf dem Bild. Bis heute kann ich mir nicht zusammenreimen, daß Vater Rhein

Wirtschaft „Zum Gambrinus", Inh. Albert Lemmer, Schlebusch, Mülheimer Str. 35, (um 1929).
Heute „Alt Schlebuscher Treff". Vor dem Ersten Weltkrieg hieß die Gaststätte „Zum Deutschen Kaiser"
und wurde von Fam. Kierdorf bewirtschaftet.

Fastelovendsleeder kütt der doch immer nur met „Wein" vür un nit met Bier.

Die Lemmers woren alle beeds jemütlije, örntlije un jotmödije Minsche. Hä soh bahl esu us wie de Jambrinus selver. De Frau Lemmer wor och en staatse Person un jot dobei, hatt mihts ne wieße Schützel aan, dät immer laache un fründlich jröße, wann ech mem Vatter erenkom. Der dät sech mihtstens rääts nevven däm Enjang met mir aan de Dösch setze. Zom Fröhschobbe soß do jewöhnlich de Marx Otto, ne Ühm vum stadtbekannte Otto Marx un Mitinhaber vun de Firma Gebr. Marx, Lebensmittelgroßhandlung un Kaffeerösterei. Vun de Statur her dät der, jenau wie die Wiertslück, jot zom Jambrinus passe. Wann de Här Marx mech soh, maat hä immer e nett Jeseech, sudat ech met de Zick üvverhaup kin Scheu mih vür däm jruße, staatse Här hatt.

Koum hatte mer uns hinjesatz, wengkten de Marx Ött — wie hä alljemein em Schliebesch heeße dät — mem Fenger, dat ech bei in kumme sollt. Dann krät ech et ävver doch jet met de Angs ze dun. „Du darfs hinjon", sät de Vatter dann immer. Jetz fing de Ött ierts rääts aan ze laache. Bestemmp hatt der die Ermahnung vum Vatter metkräje: „Jong, sach bluß nit Ött für de Här Marx! Du muß sage: Guten Morgen, Onkel Marx, un schön et Hängche jevve!"

mit einem Bierkrug auf dem Bild gewesen sein sollte. In sämtlichen Rhein- und Karnevalsliedern kommt der doch immer nur mit „Wein" und nie mit Bier vor.

Lemmers waren beide gemütliche, ordentliche und gutmütige Menschen. Er sah nahezu so aus wie Gambrinus. Auch Frau Lemmer war eine imposante Person, kräftig von Statur, trug meist eine weiße Schürze, lachte viel und begrüßte uns freundlich, wenn ich mit Vater eintrat. Der setzte sich meistens mit mir an den Tisch rechts neben dem Eingang. Dort saß beim Frühschoppen gewöhnlich Otto Marx, ein Onkel unseres stadtbekannten Otto Marx, Mitinhaber der Firma Gebr. Marx, Lebensmittelgroßhandlung und Kaffeerösterei. Von der Erscheinung her paßte dieser, ebenso wie die Wirtsleute, gut zum Gambrinus. Wenn Herr Marx mich sah, machte auch er immer ein freundliches Gesicht, sodaß ich mit der Zeit überhaupt keine Scheu mehr vor dem großen, stattlichen Herrn hatte.

Kaum hatten wir uns hingesetzt, winkte mir „Marx Ött", wie er in Schlebusch allgemein hieß, mit dem Finger, ich solle zu ihm hinkommen. Dann bekam ich aber doch etwas Angst. „Du darfts hingehen", sagte mein Vater dann immer. Jetzt begann der Ött erst recht zu lachen. Sicherlich hatte er die väterliche Ermahnung mitgehört: „Junge, sag mir nur nicht Ött zu Herrn Marx! Du mußt sagen: Guten Morgen, Herr Marx und schön die Hand geben".

Wat dann kom, verjeß ech ming Lävesdaach nit: De Onkel Marx jov mir jedesmol e Fönnefjrosche-Stöck! ,,Dat kriste ävver nur, wenn de dir jetz tireck dofür bei de Tant Lemmer en Tafel Schokkelad hölls!"

Dat wor mir leever wie dat Erenknöddele en et Täschedooch! Om Dösch stund at et Apfelblümche un jetz jov et och noch en janze Tafel Schokkelad! Im Nu leef ech dann aan de Theek bei de Frau Lemmer. Un die hät mer op de Stell en Tafel Stollwercks Milch-Schokkelad für ming Jeld jedon. Met Nöß dren!

Däm Vatter wor dat nit janz esu rät. ,,Drink langsaam, Jong! Loss die Schokkelad zo! Wennde die jetz iß, schmeck dir jlich ze Hus et Esse nit!" Nä, wor dat schlemm! ,,Kumm her, ech dunse sulang en de Täsch". Die Tafel Schokkelad wör mir jetz vill leever jewäse wie dat janze Meddachesse! Et wor ävver nix ze maache.

Manchmol kom sonndachsmorjens och minge Ohm Otto, ne Broder vun mingem Vatter, un de Weidens Ött, ne jode Bekannte vun im, eren. Dann woren drei Ottos zesamme. Wann die vier dann aanfinge ze verzälle, wor dat furchbar langwielich für mech. ,,Mer jon jlich!" sät de Vatter immer nur. Dann wuerd wigger un wigger jeschwadt un ech trot at vun eenem Been op et andere. De Frau Lemmer let mech dann manchmol met noh ,,hengedurch" jon. Do jov et näm-

Was dann kam, vergesse ich mein Lebtag nicht: Onkel Marx gab mir regelmäßig ein Fünfzigpfennigstück! ,,Du bekommst es aber nur, wenn du dir jetzt sofort bei Tante Lemmer eine Tafel Schokolade dafür kaufst!"

Das war mir lieber als das Hineinknüpfen ins Taschentuch. Auf dem Tisch stand schon das Apfelblümchen und nun bekam ich auch noch eine ganze Tafel Schokolade dazu! Im Nu lief ich also zu Frau Lemmer an die Theke. Und die reichte mir für mein Geld unverzüglich eine Tafel Stollwerck-Milchschokolade. Mit Nüssen drin!

Vater war das nicht so ganz recht. ,,Trink langsam, Junge! Laß die Schokolade zu! Wenn du die jetzt ißt, schmeckt dir gleich zu Hause das Essen nicht!" Nein, war das schlimm! ,,Gib her, ich stecke sie solange in die Tasche". Die Tafel Schokolade wäre mir jetzt doch viel lieber gewesen als das ganze Mittagessen! Es war aber nichts zu machen.

Zuweilen kamen sonntagsmorgens auch Onkel Otto, ein Bruder meines Vaters und Otto Weiden, ein guter Bekannter von ihm, in die Wirtschaft. Dann waren also drei Ottos zusammen. Wenn die vier dann zu erzählen begannen, war das furchtbar langweilig für mich. ,,Wir gehen gleich!" sagte Vater immer nur. Dann wurde weiter- und weitergeredet, und ich trat derweil von einem Fuß auf den anderen. Frau Lemmer ließ mich dann manchmal mit nach ,,hinten-

lich noch ene jrößere Raum für Feßlichkeete un Versammlunge vum SV Schlebusch.

En de linke Eck vum „Sälche" stund ne jruße Jrammefon-Apperat. Dat wor at kinne mih su eene met enem Schalltrichter. O nä! Dä soh domols at us wie en „Musiktruhe" us de spädere fuffziger Johre. Et wor en huhmodern Jrammefon met enem enjebaute Lautsprecher-Trichter. De Lemmers Tant dät dann für mech en Plaat drop. Ech durf aan de Sick dä kleene Schwengel driehe. Sie dät vun ovve dä Schwenkärm met de Jrammefonnohl janz vürsichtich dropläje, un dann kom us däm Lautsprecher e Leed met enem Tex erus, dat ech hück noch em Uhr han:

„Ich weiß ein neues Zauberwort: Alva, nur Alva!
Das zaubert alle Sorgen fort: Alva, nur Alva!
Aromafrisch wie nie zuvor, Alva, nur Alva!
Ist Alva im Stanniol-Tresor. Alva, nur Alva!"

„Alva" wor domols nevven „Eckstein" un „Halpaus" en bekannte 3 1/3-Penningszirrett. Wer jlöv, Rundfunkreklame wör jet janz Neues, hät nur zom Deel rääch. Et es nur et „Werbemedium", wat sech e beßje jeändert hät. Un de „Werbewirksamkeit" wor jenausu jot, wie mer ovve süht.

Wann et dann bahl op Meddach aanjing, jingke mer dat lange Stöck üvver de Bahn- un Reuter-

---

durch" gehen. Dort war nämlich ein weiterer größerer Raum für Festveranstaltungen und Versammlungen vom SV Schlebusch.

In diesem „Sälchen" stand links in der Ecke ein großer Grammophon-Apparat. Das war schon nicht mehr so einer mit einem Schalltrichter. O nein! Der sah damals schon wie eine Musiktruhe der späteren fünfziger Jahre aus. Ein hochmodernes Grammophon war das mit einem eingebauten Lautsprecher-Trichter. Tante Lemmer legte dann für mich eine Platte auf. Ich durfte an der Seite die kleine Kurbel drehen. Sie legte von oben den Schwenkarm mit der Grammophonnadel ganz vorsichtig auf, und dann erklang aus dem Lautsprecher ein Lied mit einem Text, den ich heute noch im Ohr habe:

„Ich weiß ein neues Zauberwort: Alva, nur Alva!
Das zaubert alle Sorgen fort: Alva, nur Alva!
Aromafrisch wie nie zuvor, Alva, nur Alva!
Ist Alva im Stanniol-Tresor, Alva, nur Alva!"

Neben „Eckstein" und „Halpaus" war „Alva" damals eine bekannte 3 1/3-Pfennig-Zigarette. Wenn jemand glaubt, Rundfunkwerbung sei etwas ganz Neues, hat er nur teilweise recht. Es ist ja nur das Medium, das sich ein wenig geändert hat. Und die Werbewirksamkeit war ebenso gut, wie man oben unschwer erkennt.

Wenn es nun bald auf die Mittagszeit zuging, liefen wir das lange Stück über Bahn- und Reu-

stroß zeröck. Die Schokkelad krät ech immer ierts nohm Esse, stöckelchewies. Die Äldere säten, et wör nit jot, suvill söße Krom ze esse. Et „richtije" Esse dät dann nämlich nit schmecke.

Em Flur roch et at jot noh Sonndachsbrode. De Mutter hatt jekoch. Doch hätt ech vill leever jetz endlich ming Schokkelad verkimmelt un Fleeschzupp, Eerpel, Zaus un Fleesch dofür stonjeloße.

Un et nächste Apfelblümchen jov et suwiesu ierts widder am nächste Sonndaach.

Ävver nur bei schönem Wedder.

Vijjelin-Unterricht

Wann ech ze Hus dovun aanfing, dat ech jeern Musik liere möot, sät de Vatter, dat wör en „brotlose Kunst" un nur jet für nevvebei. Trotzdäm han ech met zehn Johr en Vijjelin jekoof kräje, un ech moot zweimol en de Woch nommendachs Musikunterricht nämme. Ming Mutter hatt vill Sinn für klassische Musik. „Die Geige ist die Königin der Instrumente", hür ech se hück noch für mech sage. „Theoretischen Unterricht" hatte mer eemol zwei Stond wöchentlich en de Neu Schull (domols „Zuccalmaglio-Schule"). Un Vijjelinstond krät ech beim Här Sirker op de Reu-

terstraße zurück. Die Schokolade erhielt ich immer erst nach dem Essen, stückweise. Die Eltern meinten, es sei nicht gut, soviel „süßes Zeug" zu essen. Das „richtige" Essen schmecke dann nicht.

Im Hausflur duftete es bereits herrlich nach Sonntagsbraten. Mutter hatte gekocht. Doch hätte ich viel, viel lieber nun endlich meine Schokolade verputzt und Suppe, Kartoffel, Fleisch und Soße dafür stehengelassen.

Denn das nächste Apfelblümchen gab es ja sowieso erst wieder nächsten Sonntag.

Aber nur bei schönem Wetter.

Geigenunterricht

Wenn ich daheim davon anfing, daß ich gerne Musik lernen möchte, sagte Vater immer, das sei eine „brotlose Kunst" und nur so was für nebenbei. Trotzdem bekam ich mit zehn eine Geige und mußte zweimal wöchentlich nachmittags Musikunterricht nehmen. Meine Mutter hatte viel Sinn für klassische Musik. „Die Geige ist die Königin der Instrumente", höre ich sie heute noch immer zu mir sagen. Theoretischen Unterricht hatten wir einmal wöchentlich zwei Stunden in der Neuen Schule (damals „Zuccalmaglio-Schule"). Und Violinstunde bekam ich bei

terstroß, dat wor ene „richtije" Musiklehrer vun de „Städtische Musikschule" en Weßdorp. Fönnef Mark dät dat koste pro Woch. 1936 wor dat vill Jeld. De Vatter daach, dat wör ömesöns un durf nix dovun wesse. De Mutter hät dofür jenieht un jespart.

Immer, wann ech met däm Jeijekaste durch et Dorp noh de Reuterstroß jing, däten mech ming „Fründe" optrecke. Un jedesmol, wann ech ze Hus am übe wor, worense drusse op de Stroß am laache, däten wigger vürm Huus Fußball spille un dobei die Mißtön nohflöte und nohmaache, die beim Vijjelinübe eenfach nit ze vermeide sin. Dat jing su lang, bes ech eenes Daachs kin Loß mih hatt. En de Stond ben ech dann eenfach nit mih jejange. Do hät de Mutter jekresche un jesaat, ech sollt ens met en et Schlofzemmer jon. En enem Schaaf loch do ne Pöngel Fönnef-Marks-Quittunge. Dän hatte se vürm Vatter verstoche. Jenötz hät et nix. Ech wollt leever drusse Fußball spille.

Wenn ech hück e Konzeert hüre, muß ech aan ming Mötterche denke.

Ne Balch Wachs

De mihtste Schliebijer woren och fröher kin riche Lück. Die Fraue ze Hus moote koche, em Jade arbeede un die janze Huusarbeet dun. Se wo-

Herrn Sirker auf der Reuterstraße. Das war ein „richtiger" Musiklehrer von der Städtischen Musikschule in Wiesdorf. Fünf Mark kostete das pro Woche. 1936 war das viel Geld. Vater dachte, das sei kostenlos und durfte nichts davon wissen. Mutter hat dafür genäht und gespart.

Immer, wenn ich mit dem Geigenkasten durchs Dorf zur Reuterstraße ging, zogen meine „Freunde" mich auf. Und jedesmal, wenn ich zu Hause übte, lachten sie draußen auf der Straße, spielten ausdauernd Fußball vor der Tür und äfften die Mißtöne nach, die bei Violinübungen nun mal nicht zu vermeiden sind. Das hielt solange an, bis ich eines Tages die Lust verlor. Von da ab bin ich einfach nicht mehr zum Unterricht gegangen. Da hat Mutter geweint und sagte, ich solle mal mit ins Schlafzimmer kommen. In einer Schublade lag ein Bündel Fünf-Mark-Quittungen. Die hatte sie vor Vater versteckt. Genutzt hatte das nichts. Ich wollte lieber draußen Fußball spielen.

Wenn ich heute ein Violinkonzert höre, muß ich an Mutter denken.

Eine Tracht Prügel

Die meisten Schlebuscher waren auch früher keine reichen Leute. Die Frauen mußten zu Hause kochen, im Garten arbeiten und die gesamte

ren fruh, wann de Mann Arbeet hatt, datse sech winnichstens met de Kenger durchschlage kunnte. Der eene wor beim Wuppermann, dä andere op de Dynamit, beim Emuco, oder bei nem Krauter. E Jrußdeel wor em Hammer op de Kuhlmanns Sensefabrik am arbeede, andere widder beim Jillium en Möllem. Jong Fraulück un die, die noch nit verhierot wore, jingen noh de Au. Wer ävver sujar bei de Stadt, bei de Poß oder op de Bahn en Arbeetsstell hatt, dä wor als Beamte at jet Extrasch. De Textar hatt 1934 jrad opjemaat als en kleen Fabrik. Un wor eener beim Bayer op de „Farmfabrik", su hatt dä och at jet Fastes.

Alles en allem wor et en de dressijer Johre noch nit esu doll mem Verdeene. Jede Penning, der durch Jemös usem Jade oder durch eeje Oobs jespart weerde kunnt, wor wichtich für de Haushaltskass. Mir Puute moote dobei helpe, dat dä düre Krom em Jeschäff oder om Maat nit all jekoof ze weerde broot. Eerpel nohkaaschte, Falloobs holle, Koorn nohläse un Kningsfoder holle, alles dat dät helpe, üvver de Runde ze kumme.

Die Buure sochen et nit jeern, wann Fremde op de Fälder on Wise erömleefe. Eemol ben ech ens mem Rad am Kapellche verbei op Rodt aan jefahre, üvver dä inzije Wäch, der medden durch Wise un Fälder bes aan de Bahnüvverführung

Hausarbeit verrichten. Sie waren froh, wenn der Mann Arbeit hatte, damit sie sich wenigstens mit den Kindern durchschlagen konnten. Einer war bei Wuppermann beschäftigt, andere bei der Dynamit-Fabrik, bei Eumuco oder einer Unternehmerfirma. Ein Großteil arbeitete bei der Sensenfabrik Kuhlmann im Hammer, andere wieder bei Guilleaume in Mülheim. Junge Frauen und solche, die noch nicht verheiratet waren, gingen zur „Au". Wer aber etwa bei der Stadt, der Post oder bei der Bahn eine Arbeitsstelle hatte, war als Beamter etwas Besonderes. Die Textar GmbH hatte 1934 als kleine Tochterfirma begonnen. Und war jemand bei BAYER auf der „Farmfabrik", hatte er auch schon eine „feste" Stelle.

Alles in allem war es in den dreißiger Jahren mit dem Geldverdienen nicht so rosig. Jeder Pfennig, der durch Gemüse aus eigenem Garten oder selbstgeerntetes Obst eingespart werden konnte, war wichtig für die Haushaltskasse. Wir Kinder mußten dazu beitragen, daß die teuren Dinge auf dem Markt oder im Geschäft nicht alle gekauft zu werden brauchten. Kartoffeln und Getreide nachlesen, Fallobst sammeln und Kaninchenfutter suchen, alles half, über die Runde zu kommen.

Die Bauern sahen es nicht gern, wenn Fremde auf ihren Feldern und Wiesen herumliefen. Einmal bin ich mit dem Fahrrad an der Gezelin-Kapelle vorbei auf Schlebuschrath zu gefahren, über den einzigen Weg, der durch Wiesen und

jing, wo jetz Hüser üvver Hüser ston. Minge Vatter hatt jesaat, ech sollt für uns Kning ne Sack Foder holle jon, am beste vill Kettepösch. Zeierts wollt ech flöck jet Klei avmaache. Dat hatt ävver nix jejovve. Ongerwächs hatt ech nämlich van de Opladener Stroß us at de Frau Asselborn om Fäl jesin, die jrad do am arbeede wor. Un die Jonge vum Köhnsbösch woren doch at em Jezelines am Fußball spille! Dröm hatt ech mir jedaach, siehr wigger noh Rodt durchzefahre op die jruße Weed vum Buur Schröder, do jov et Kettepösch jenoch.

Jedaach, jedon. Et Rad hatt ech am Zung avjestellt, wor jrad esu nett eene Kettepösch nohm andere am erussteche un hatt dä Fodersack at halv voll. Jung, wat jing dat vüraan! Jetz noch flöck e paar ren en de Sack, un dann tireck nohm Fußballplatz onger de Böke! Die Kning kunnte noch jet waade.

Medden en mingem Iefer krät ech do op eemol links, rääts, links, rääts, schnaafdich un kappaafdich jet öm die Uhre un aan et Backe, wie ech se en mingem janze Levve noch nie jekrät hatt. Et holp nix, dat ech die Ärm vür et Jeseech un öm de Kopp hilt, die haat un knöppeldecke Pranke vum Buur Schröder us Rodt schlogen durch. Dä huert un huert nit op. Minuttelang hät dä kräftije Keerl mech verhaue. Ech wor at zwölf,

Felder bis zur Bahnhofsüberführung verlief und wo jetzt Häuser über Häuser stehen. Mein Vater hatte gesagt, ich solle einen Sack Kaninchenfutter holen gehen, am besten viel Löwenzahn. Anfangs wollte ich flott etwas Klee „abmachen". Das hatte aber nicht geklappt, denn unterwegs hatte ich von der Opladener Straße aus Frau Asselborn auf dem Feld gesehen, die dort grade bei der Arbeit war. Und die Kameraden vom Kühnsbusch spielten doch bereits im Gezelinwald Fußball! Drum hatte ich überlegt, schnell weiter nach Schlebuschrath durchzufahren, zur großen Weide des Bauern Schröder, dort gab es Löwenzahn genug.

Gedacht, getan. Das Rad hatte ich am Zaun abgestellt, stach gerade so schön einen Löwenzahn nach dem anderen heraus und hatte den Futtersack schon zur Hälfte voll. Prima, wie das voranging! Jetzt nur schnell noch einige weitere hinzu und dann sofort direkt zum Fußballplatz unter den Buchen! Die Kaninchen konnten noch warten.

Mitten in meinem Eifer erhielt ich da urplötzlich links, rechts, links, rechts, ratsch, klatsch etwas ins Gesicht und um die Ohren, was ich noch nie zuvor im Leben verspürt hatte. Es half nichts, daß ich die Arme schützend vor Kopf und Gesicht hielt, die harten, knüppeldicken Pranken von Bauer Schröder aus Schlebuschrath schlugen durch. Der hörte und hörte nicht auf. Endlose Minuten lang hat der starke Mann mich verhau-

ävver jäjen sune Bär kom ech noch nit aan. Jrön un blau hät dä mech jeschlage. Dä Fodersack moot ech widder usschödde.

Ze Hus hät mech de Vatter bovvendren noch usjeschannt, dat ech esu domm jewäse wör, op enem enjezüngde Stöck Kettepösch uszemaache. Ech hätt „irjendwo" op enem Fäldwäch oder en enem Stroßejrave söke sölle. Dat wor ävver besser jesaat wie jedon; Kettepösch jov et do nur janz winnich un op de Weed stundtense jo ze Hoof! Un dat ech nur wäjen enem beßje Onkruck sune jemeine Balch Wachs verdeent han sollt, wollt ech eenfach nit ensin!

Dröm han ech däm Buur hengernoh e paarmol de Luff am Rad erusjeloße un et Ventil fottjeschmesse, wie der beim Iwanow am suffe wor.

Un henger sing Martinsjäns kunnt hä och noch e paarmol stondelang herloofe, die im bes aan de Dhünn kaaschte jejange wore. Die mösse wall janz vun alleen durch de Zung jekumme sin . . .

en. Ich war zwar schon zwölf, gegen solch einen Bär kam ich noch nicht an. Grün und blau hat er mich geschlagen. Den Futtersack mußte ich wieder ausschütten.

Daheim hat Vater mich obendrein noch ausgeschimpft, weil ich so dumm gewesen sei, Löwenzahn auf einer eingezäunten Weide auszumachen. Den hätte ich „irgendwo" auf einem Feldweg oder in einem Straßengraben suchen sollen. Das war jedoch leichter gesagt als getan, Löwenzahn wuchs da nur wenig und auf der Weide stand er in Mengen. Und daß ich nur wegen einem bißchen Unkraut solch eine gemeine Tracht Prügel verdient haben sollte, wollte ich einfach nicht einsehen.

Darum habe ich dem Bauern in der Folgezeit mehrfach die Luft aus dem Rad gelassen und das Ventil weggeworfen, wenn er in der Wirtschaft Iwanow beim Bier saß.

Und seinen Martinsgänsen konnte er noch mehrfach stundenlang nachlaufen, die ihm bis zur Dhünn hin weggewatschelt waren. Die müssen wohl ganz von alleine durch den Zaun gekommen sein.

Ne Stech Botter

Fröher däten die Lück em Schliebesch noch vill selver schlachte. Die dat däten, hatten manchmol sujar paar Ferke em Stall. Su en Wutz froß verdammp vill un et Foder moot jo och irjendwo herkumme. Deswäje moote mir Pänz nit nur jeden Daach Kningsfoder holle. O nä! Et Ferkesfoder wor noch wichtijer. Dröm jingke mir bei de Nohberschlück, die jrad ki Ferke ze födere hatte, de Eerpelschale ensammele un et Spölwasser avholle. Dat Jemölchs wuerd dann zesammme met eeje Eerpelschale, Jemösavfall, Oobsschale un wat söns noch en de Kösch üvverblevv, en enem ahle Wäschkessel met enem Holzknöppel ongernander jemaat un jekoch. Mer kunnt et at vun drusse rüche, wann Ferkesfoder om Ovve wor. Och ahl Eerpel, fuul Äppel un Birre, Runkelröbe un Kappesstrünk komen doren. Die Ferke froßen dat Mangsjemös met ener Happichkeet, datmer dat Quieke, Jrunze, Knatsche un Schlabbere noch usem Stall erus bes op de Hoff hüere kunnt. En enem jode Johr hattense sech domet esu richtich fettjefresse. Fett wor jo vill wichtijer wie hück. Et jov Ferke, die noh zwei Johr drei, vier Zentner wooge däte!

Wann kinner us de Familich selver schlachte kunnt — wat mihtstens su wor — moot ene Metzjer jeholl weerde, der däm Dier eene met

Ein „Stech Botter"

Früher wurde in Schlebusch noch häufig selber geschlachtet. Die das machten, hatten mitunter sogar einige Schweine im Stall. So ein Tier fraß verflixt viel, und das Futter mußte schließlich irgendwo herkommen. Deshalb mußten wir Kinder nicht nur täglich Kaninchenfutter holen. O nein! Das Schweinefutter war noch wichtiger. Darum gingen wir bei den Nachbarn, die gerade kein Schwein zu füttern hatten, die Kartoffelschalen einsammeln und das Spülwasser abholen. Diese Mischung wurde dann zusammen mit eigenen Kartoffelschalen, Gemüseabfällen, Obstschalen und was sonst noch in der Küche übrigblieb, in einem alten Waschkessel mit einem Holzknüppel untereinander gerührt und gekocht. Man roch es schon von draußen, wenn Schweinefutter auf dem Ofen stand. Auch alte Kartoffeln, angefaulte Äpfel und Birnen, Rüben und Weißkohlreste kamen hinein. Die Schweine fraßen diese Zusammenstellung mit solcher Gier, daß ihr Quieken, Grunzen, Knatschen und Schlabbern noch außerhalb des Stalles bis in den Hof hinaus zu vernehmen war. Binnen einem Jahr hatten sie sich damit ordentlich fettgefresse. Fett war ja viel wichtiger als heute. Es gab Schweine, die nach zwei Jahren drei bis vier Zentner wogen!

Konnte niemand in der Familie selber schlachten — was zumeist der Fall war — mußte ein Metzger geholt werden, der dem Tier eins mit dem

enem ömjedriehte Beil vür de Kopp jov. Manche hatten ävver och at ene Bolzapparat, met däm dat Ferke op de Stell met enem Koppschoß dutjemaat weerde kunnt. Wann et dann do loch un immer noch jet met de Been am waggele wor, dät dä Metzjer met einem jruße, schärpe Metz däm Dier de Halsschlagader opschnigge. Eener vun uns kom dann met ener jruße Kump, öm dat fresche Blot opzefange. Dobei dät ene andere sulang met eenem Been vum Ferke pompe, bes dat et Blot erusjekumme wor. Domet dat ävver nit jerenne dät, wuerd et met enem extra Bäsem jeschlage. Zesamme met Boochweezemäll, Wuerschbröh, Speckschwaat, Speckpiele, jeplatzte Wuersch, Majoran, Thymian, Peffer un Salz wuerd dodrus Pannasch un Blotwuersch jemaat.

Dann krät dat Ferke en kochendheeß Wasser de Bürschte avjeschrubb. Jetz kom et mem Kopp noh onge op en Leeder, wuerd vun ovve bes onge usenanderjeschnedde un krät de Därm erusjenomme. De Trichinenbeschauer kom un dät et Fleesch avstempele, sufän hä kin Trichine jefonge hatt. Dann komen de Ennereie erus.

Em Huus wuerd Wuersch jemaat, et Fleesch zerdeelt, Kottlettsreihe erusjelös, en Stöcke jehack un et mihtste dovun en Jläser enjekoch. Speck un Schinke wuerd enjepökelt un kom späder en et Rööches. De janze Familich wor paar Daach

umgedrehten Beil auf den Kopf schlug. Einige besaßen aber schon einen Bolzenschußapparat, mit dem das Schwein auf der Stelle durch Kopfschuß getötet werden konnte. Lag es nun da und zuckte immer noch etwas mit den Beinen, schnitt der Metzger mit einem großen, scharfen Messer dem Tier die Halsschlagader auf. Jemand von uns kam dann mit einer großen Schüssel, um das frische Blut aufzufangen. Ein anderer „pumpte" dabei mit einem Vorderbein des Schweines solange, bis das Blut ausgeflossen war. Damit dieses aber nicht gerann, wurde es mit einem besonderen Besen geschlagen. Unter Hinzugabe von Buchweizenmehl, Wurstbrühe, Speckschwarten, Speckstücken, geplatzter Wurst, Majoran, Thymian, Pfeffer und Salz wurden hieraus Panhas und Blutwurst gemacht.

Anschließend bekam das getötete Schwein in kochendheißem Wasser die Borsten abgeschabt. Dann hängte man es mit dem Kopf nach unten auf eine Leiter, schnitt es vorne von oben bis unten auseinander und nahm die Därme heraus. Der Trichinenbeschauer kam und stempelte das Fleisch ab, sofern er keine Trichinen festgestellt hatte. Alsdann wurden die Innereien entnommen.

Im Hause wurde gewurstet, das Fleisch zerteilt, Kotelettreihen ausgelöst, in Stücke zerhackt und zum größten Teil in Gläser eingekocht. Speck und Schinken wurden gepökelt und kamen später in die Räucherkammer. Die ganze Familie

lang met däm Ferke amjang, dat alles jot en de Pött un en de Pell kom. Et Wuerschte moot mihtstens och de Metzjer maache, vun denne jeder sing eeje Wuerschrezepp hatt.

Dat Schlachte wor en richtije kleen Sensation, un die Nohberschlück kome luere. Et jing jo dröm, jet vum fresch jeschlaachte Ferke metzekrijje. Besondersch dann, wannse fröher Eerpelschale un Spölwasser — wo ävver kin Soda drensin durf — avjejovve hatte. Weil et am billichste un praktischste wor, kräten die jetz op enem deepe Zuppeteller en Pozion Pannasch met enem lange Kringel fresche Brotwuersch ovvendrop. Dat met däm Pannasch wor ene richtije Brauch un jehuert beim Schlachte met dozo.

Dat Telleravjevve moote mir Puute dun: Mir hatten jo och vürher do immer et Ferkesfoder un et (sodafreie!) Spölwasser avjehollt. Met eenem Teller Pannasch un Wuersch woren manche ävver nit zefridde un wollten mih han. Andere widder däten nur esu un nohmen uns jet op de Ärm: ,,Jong, dat es ävver winnich! Ühr hat doch su e deck Ferke jeschlach! Also, nä, eene Teller es nit jenoch. Dat mössen winnichstens drei sin. Loß dä eene Teller at ens he. Dann jehste noch ens heem un säs dinge Äldere, dat mir jo jedesmol ne decke Stech Botter en et Spölwasser jedon han!''

war tagelang mit dem Schweineschlachten beschäftigt, damit alles gut in ,,Pott und Pelle'' kam. Das Wursten besorgte zumeist der Metzger, von denen jeder sein eigenes Wurstrezept hatte.

Die Hausschlachtung war eine kleine Sensation, und die Nachbarn kamen um zuzusehen. Es ging ja drum, etwas vom frisch geschlachteten Schwein mitzubekommen. Dies galt besonders dann, wenn man zuvor Kartoffelschalen und Spülwasser — in welchem aber nicht etwa Soda gewesen sein durfte — abgegeben hatte. Weil es am billigsten und praktischsten war, erhielten diese jetzt auf einem tiefen Suppenteller eine Portion Panhas mit einem langen Kringel frischer Bratwurst obendrauf. Panhasabgeben war fester Brauch und gehörte zur Hausschlachtung.

Wir Kinder mußten die Teller überreichen. Wir hatten ja vorher auch immer das Schweinefutter und das sodafreie Spülwasser abgeholt. Mit einem Panhasteller plus Wurst waren manche jedoch nicht zufrieden und wollten mehr haben. Andere wiederum stellten sich nur so und nahmen uns etwas auf den Arm: ,,Junge, ist das aber wenig! Ihr habt doch so ein dickes Schwein geschlachtet. Also nein, ein Teller ist nicht genug. Es müssen wenigstens drei sein. Laß den einen Teller schon mal hier. Dann gehst du nochmal nach Hause und sagst den Eltern, daß wir doch jedesmal einen dicken Stich Butter ins Spülwasser getan haben!''

Erntezick

Wann die Zick kom, jinge mir Puute onger de Böke em Jezelines Boocheckere sammele. Et wor e möhsillich Söke met denne kleen Denger. Bes mer dovun paar Pongk zesammehatt, duerden lang. Uns Äldere säten immer, die künnte mer noh de Ollichsmüll brenge, die dät us denne Boocheckere Öl eruspaaschte. Mir däten die ävver leever selver esse un woren at beim Söke immer die kleen Eckere am oppiddele, öm die Keernche eruszekrijje. Die schmooten wie Wallnöß. Zevill durfte mer ävver nit dovun verkimmele, do krät mer nämlich janz nett Kopping van.

Beim Eechele- un Kuschteiesammele kom mih zesamme. Dat hat och wall jet domet ze dun, datmer die nit selver esse kunnt. Jäjen et Eechelesammele hatt de Föörschter nix. Nur moote mer oppasse, dat uns kinner soh, wammer en de Kastanienallee am Schloß Morsbroich die Kuschteie met decke Knöppele am eravschmieße wore. Bei de Buure kräte mer paar Jrosche für ene Sack. Die kunnten Kuschteie un Eechele jot für Veehfoder jebruche. Un mir han uns Kamelle dofür jekoof.

Besonders interessant wor für uns die Boddenbergs Krückschespaasch en Lötzekirche. Dä wigge Wäch ze Fooß dät uns nix usmaache. Vürher

Erntezeit

Wenn die Zeit herankam, gingen wir Kinder unter den Buchen im Gezelinwald Bucheckern sammeln. Es war ein mühseliges Suchen mit diesen kleinen Dingern. Es dauerte lange, bis man davon ein paar Pfund zusammenhatte. Unsere Eltern meinten immer, die könnten wir zur Ölmühle bringen, dort bekämen wir aus den Eckern Öl herausgepreßt. Doch wir aßen sie lieber selber und knackten schon beim Suchen die gefundenen Bucheckerhülsen auf, um die Kernchen herauszubekommen. Die schmeckten wie Walnüsse. Zuviel durfte man allerdings nicht davon futtern, das gab nämlich empfindliche Kopfschmerzen.

Beim Eicheln- und Roßkastaniensammeln kam mehr zusammen. Das hatte wohl außerdem etwas damit zu tun, daß sie ungenießbar für uns waren. Gegen das Eichelnsammeln hatte der Förster nichts einzuwenden. Wir mußten nur achtgeben, daß uns niemand beobachtete, wenn wir in der Kastanienallee beim Schloß Morsbroich die Kastanien mit dicken Knüppeln herunterwarfen. Bei den Bauern erhielten wir ein paar Groschen pro Sack. Sie konnten Roßkastanien und Eicheln gut als Viehfutter gebrauchen. Und wir kauften uns Bonbons dafür.

Besonders interessant war für uns die Krautpresse Boddenberg in Lützenkirchen. Der weite Fußweg dorthin machte uns nichts aus. Zuvor mußte

moote mer ävver jenoch Oobs zesammekrijje. Un dat wor och nit janz esu eenfach. Mihtstens jinge mir Pänz ze paar Mann zeierts op Steenböchel aan oder nohm Großen Driesch. Ne Heuwage hatte mer met dobei un e paar ahl Säck. Beim Buur Strerath oder och beim Sülz dätemer vürher froge, ov mer jet „Falloobs" opläse dürfte. Dä Heuwage wuerd ävver dobei nit metjenomme, dän hatte mer irjendwo sulang verstoche. Och dä Rießhook durfte mir beim Frogejon nur jo nit zeeje! Die Buure hatten et nit besondersch jeern, dat mir Pänz eenfach so onger denne Oobsbööm erömleefe. Dröm moote mir bei däm Froge e brav Jeseech maache un met enem vürsichtije, söße Käu esu dun, als ov mir jo nur dat vun alleen eravjefallene, halv fuule Oobs opsammele wollte. Wor dat jeschaff, jing et loß:

Eener dät oppasse, ov kinner köm. Ne andere dät örntlich jäjen de Boomstämm tredde, dat et „Falloobs" och eravfeel. Mem Rießhook kunnte mer usserdäm noch am beste die schön riefe Äppel und Birre eravholle, die immer noch nit eravjefalle wore. Su kom op die Aat janz nett jet beneen un mir mooten uns flöck zaue, alles en die Säck ze krijje, ih dat eener kom. Im Nu komen die Säck dann op de Heuwage, un fott wore mer!

Met däm Oobs fuhre mer zeierts ens heem. Ze Hus dät de Mutter die Äppel un Birre schälle, Ketsche un Würm erusschnigge un Appelpüpp

man jedoch reichlich Obst zusammenbekommen. Das war nicht ganz problemlos. Meist gingen wir zu zweit oder dritt in Richtung Steinbüchel oder Großer Driesch. Einen Heuwagen nahmen wir mit und einige leere Säcke. Bei Bauer Strerath oder Sülz fragten wir zunächst, ob wir etwas Fallobst auflesen dürften. Den Handwagen nahmen wir dabei nicht mit, den hatten wir solange irgendwo versteckt. Auch den mitgeführten Reißhaken durften wir beim Bittgang nicht zeigen. Die Landwirte sahen es nicht gerne, wenn wir Kinder einfach so zwischen den Obstbäumen umherliefen. Es galt daher, beim Anfragen ein braves Gesicht aufzusetzen und mit wohlgesetzten Worten den Eindruck zu erwecken, als ob wir ja nur das von selber herabgefallene, angefaulte Obst aufsammeln wollten. Wenn das geschafft war, ging es los.

Einer paßte auf, daß niemand kam. Ein anderer trat kräftig gegen die Baumstämme, damit Fallobst herabfiel. Mit dem langen Reißhaken ließen sich bequem die schönen, reifen Äpfel und Birnen herunterholen, die noch nicht herabgefallen waren. Auf diese Weise kam schön was zusammen, und wir mußten uns sehr beeilen, alles in die Säcke zu füllen, ehe jemand kam. Im Nu kamen die Säcke auf den Heuwagen, und weg waren wir!

Mit dem Obst fuhren wir zunächst mal nachhause. Mutter schälte es dort, entfernte Kerngehäuse und Würmer und kochte Apfelkompott. Die Bir-

Aufklebe-Etikett der Bergischen Krautfabrik von Josef Boddenberg
in „Lützenkirchen b. Opladen", um 1930.

dovun koche. Op die Birre kom noch jet Kandiszucker drop un Kaneel. Dann wuerden se en Jläser enjekoch. Wor dä Zucker e paar Moond durchjetrocke, jov dat ene wunderbare Nachtisch. (Manchmol jinge mir ävver och at vürher aan et Enjemaats).

Su däte mer dat paar Daach hengernander. Dat üvverije Oobs kom en de Krückschespaasch. Für ene Zentner Äppel kräte mer do sibbe Pongk Appelkrücksche. Wer Paaschluhn bezahle dät, krät 12 Pongk. Appelkrücksche wor jo jet Besseres wie Röbekrücksche. Appelkrücksche, et sonndachs op de Platzbotter, wor wirklich jet Feines. Dröm kom et natürlich drop aan, suvill wie et jing dovun en de Paasch ze krijje.

De Krückschespaasch

Wenn de Här Boddenberg vun de Lötzekirchener Krückschespaasch jot jelaunt wor un Zick hatt, durfte mer och at ens en de Paasch luere jon, wie et Krücksche jemaat wuerd. Do moote mer zeierts ens verbei aan dä jrusse Hööf Oobs, haupsächlich Äppel un Birre. Vill Wespe soße dodrop un et komen immer neue aanjefloge, aanjetrocke vun all däm söße Oobs un däm rusjeblosene Krückschesdamp, dä at vun wiggem ze rüche wor.

Die Boddenbergs däten fein, söß Appelkrücksche maache. Suur, onriefe Äppel un Birre kunn-

nen wurden mit Kandiszucker und Zimt eingekocht. War der Zucker nach paar Monaten durchgezogen, gab das einen wunderbaren Nachtisch. (Allerdings gingen wir manchmal aber auch schon früher ans Eingemachte).

So ging das einige Tage hintereinander. Das übrige Obst kam in die Krautpresse. Für einen Zentner Äpfel bekamen wir dort sieben Pfund Apfelkraut. Wer Preßlohn zahlte, erhielt 12 Pfund. Apfelkraut war geschätzter als Rübenkraut. Sonntags aufs Platzbutterbrot war Apfelkraut etwas Besonderes. Es kam also darauf an, möglichst viel davon in der Krautpresse zu ergattern.

Die Krautpresse

Wenn Herr Boddenberg von der Lützenkirchener Krautpresse gut gelaunt war und Zeit hatte, durften wir auch schon mal in der Krautpresse zusehen, wie Apfelkraut hergestellt wurde. Zuerst gings vorbei an riesigen Obsthaufen, hauptsächlich aus Äpfeln und Birnen bestehend. Viele Wespen saßen dadrauf und immer neue flogen herbei, angelockt von all dem süßen Obst und den herausgeleiteten Obstdämpfen, die schon von weitem zu riechen waren.

Die Boddenbergs stellten feines, süßes Apfelkraut her. Saure, unreife Äpfel und Birnen konnte man

Umrüstung der 1885 gebauten alten Lützenkirchener Krautpresse („Krückschespaasch")
von Einzelbeheizung auf Dampfkesselbetrieb (1930/1931).
Die Personen sind (v. links): Magd Maria Körsgen, war über 50 Jahre hindurch im Haushalt der Familie Boddenberg;
Peter Steinacker, Bruder von Frau Katharina Boddenberg; Tochter Katharina Boddenberg; Frau Katharina Boddenberg;
Seniorchef Josef Boddenberg, Betreiber der Krautpresse und des landwirtschaftlichen Betriebes; Arbeiter Hubert Koll und Eckardt
aus Ropenstall und ein weiterer Arbeiter, Josef Boddenberg (Vetter der Geschwister Boddenberg) und Kaminbauer Kremer.
Auf dem Kessel sitzend: Jakob Steinhaus, Knecht auf dem Hof der Familie Boddenberg.

tense nit jebruche. Dat dä feine, söße Krückschesjeschmack besonders jot eruskom, wuerd dänne Äppel ne klindere Deel söße Birre dozojejovve.

Dat Oobs kom en jruße, enjemuerte Kofferkessel un wuerd dodren jekoch. Dat wor dann „Die Zupp". Die decke Zupp kom dodrop en de Paasch: en „Lage" Oobsbrei un dronger en „Lage" Jutesäck. Dann widder Oobsbrei un noch ens Jutesäck drop. Dat janze paarmol üvvernander. Dä Brei wuerd dann met 300 Atü Dampdruck durch die Säck jepaasch. Dä op die Aat fein jefilterte, heeße Sirup leef onge zom Avköhle en en extra Köhlwann. Dobei jov et ovvendrop vill Schuum, dat wor et „Schuumkrücksche". Dat schmoot ävver längs nit esu jot wie hengernoh dat feine Appelkrücksche. Et Schuumkrücksche wuerd avjeschepp. Ming Oma sät immer, „vun Schuumkrücksche kritmer kromm Been".

Dä Sirup wuerd sulang zesammejekoch, bes et „Reine Apfelkraut, hergestellt aus süßen Äppeln", üvverichblevv.

Met däm feine Krücksche om Heuwage jing et dann widder op heem aan. Manchmol wuerd sech ongerwächs och noch jezänk: „Du bes et schold, dat mer nur esu winnich jekrät han! Luer doch, watmer he jetz han! Fönnef kleen Emmerche für alle Mann!" „Es dat dann nit jenoch?" meent dä andere, „du kris de Hals och nie voll!"

nicht gebrauchen. Damit der edle, süße Apfelkrautgeschmack besonders gut zustandekam, wurden den Äpfeln kleine Mengen süßer Birnen beigegeben.

Das Obst kam in große, eingemauerte Kupferkessel und wurde darin gekocht. Das ergab dann „die Suppe". Dieser dicke Brei kam alsdann in die Krautpresse: eine Schicht Obstbrei und drunter eine Schicht Jutesäcke. Dann wieder Obstbrei und noch einmal Jutesäcke. Das ganze ein paarmal übereinander. Alsdann wurde der Brei mit 300 Atü Dampfdruck durch die Säcke gepreßt. Der auf diese Weise fein gefilterte Sirup lief unten zum Abkühlen in eine besondere Kühlwanne. Dabei bildete sich auf der Oberfläche viel Schaum, das war das „Schaumkraut". Das schmeckte aber längst nicht so gut wie das delikate Apfelkraut am Ende selbst. Das Schaumkraut wurde abgeschöpft. Meine Oma sagte immer, „Schaumkraut gibt krumme Beine".

Der Sirup wurde solange zusammengekocht, bis das „Reine Apfelkraut, hergestellt aus süßen Äpfeln", übrigblieb.

Mit dem feinen Apfelkraut auf dem Handwagen ging es dann wieder nachhause zu. Unterwegs gab es oft Streit: „Du bist schuld, daß wir nur so wenig bekommen haben! Sieh doch, was wir hier nun haben. Fünf Eimerchen für alle zusammen!" „Ist das etwa nicht genug?" meint ein anderer, „du kriegst den Hals nie voll!" „Was?" ruft

„Wat?" sät dann widder drop dä eene, „dat beßje soll jenoch sin? Du hätts jo och ens de Muul opmaache künne! Ävver nä! Nix häsde jesaat! Un ech Doll ben och noch op de Bööm jeklomme, dat du nur opzeläse broots!" Am Eng wuerd mer sech dan doch noch eenich.

Un ze Hus dät jeder dat Drama op sing Aat noch ens jet spannender maache: „Ech ben eropjeklomme un han jeschöggelt! Wenn dä Buur mech dobei jekrät hätt, sößemer jetz beim Stolze Oskar op de Polizeiwach!" Un der andere ze Hus: „Kinner hät üvverhaup metkräje, dat ech stekum mem Fooß op de Wooch jetrodde han! Hätt ech dat nit jedon, hätte mer hühtstens zwei Emmerche heembraat!"

Deheem wor de Mutter fruh, datse widder jet op de Botteramm ze schmiere hatt. Sonndachs jov et nämlich Platz — mannechmol sujar ene selvsjebakene. Op de Stroß beim Dümpse, Höppe oder Fußballspille wuerd dann noch wochelang schwer jestrunks, wivill Emmer Krücksche jeder op de Paasch däm Boddenberg avjeluchs hätt.

Noh de Währungsreform joven de Lück nix mih öm Appelkrücksche. Et wor inne wall nit mih jot jenoch. Fritte, Ketschapp, Körriwuersch, Hämbörger un andere fremde Krom woren jetz besser.

Et sollt mech ävver nit wundere, wenn dis Daach nit doch ens irjendeen jewitzte Firma Appel-

der erste darauf, „das bißchen soll genug sein? Du hättest den Mund ja mal aufmachen können. Aber nein. Nichts hast du gesagt! Und ich Dämelack bin auch noch auf die Bäume geklettert, damit du nur aufzulesen brauchtest!" Schließlich einigte man sich dann doch noch.

Zuhause machte jeder das Drama auf seine Weise spannend: „Ich kletterte also rauf und schüttelte. Wenn der Bauer mich dabei erwischt hätte, säßen wir jetzt alle beim Stolzen Oskar auf der Polizeiwache!" Und der andere zuhause: „Niemand hat bemerkt, daß ich heimlich mit dem Fuß auf die Waage getreten habe! Hätte ich das nicht riskiert, hätten wir höchstens zwei Eimerchen voll nachhause gebracht!"

Mutter war daheim froh über den zusätzlichen Brotaufstrich. Sonntags gab es nämlich Platz, manchmal sogar selbstgebackenen. Auf der Straße beim Knickern, Seilspringen oder Fußballspielen wurde noch Wochen danach angegeben, wieviel Eimer Apfelkraut jeder auf der Krautpresse „dem Boddenberg" abgeluchst hätte.

Nach der Währungsreform gaben die Leute nichts mehr um Apfelkraut. Offenbar war es ihnen nicht mehr gut genug. Fritten, Ketchup, Currywurst, Hamburger und andere fremde Neuheiten waren jetzt mehr geschätzt.

Es sollte mich aber nicht wundern, wenn eines Tages nicht doch mal irgendeine gewitzte Firma

krücksche als „Rheinisches Apfelkraut" für fünnef Mark et Döppe „wie selbstgemacht" un als „altbekannte Spezialität" oder „aus Großmutters Küche wie anno dunnemals" erusbrengk, un dobei och noch esu deet, als ov domet endlich et „Ei des Kolumbus" jefonge wör.

Wann ech ze sage hätt, mööt do ävver dropjeschrevve weerde: „Recycling aus EWG-Überbeständen".

Et Knuuze

Bes dat jede Stroß, jede Hoff un och noch et letzte Pädche zojeflastert un asphaltiert wurde wor, han mir Schliebijer Pänz — un och die Kenger en all denne Dörper drömeröm — em Fröhjohr met Dümps jespillt.

Dümps jov et klindere us Jlas (Jlasheuer), für die decke hammer Kletschheuer jesaat. Dann jov et noch janz kleen Dümps us Tonmäll jepreß un bongk jlasiert. Dat woren de „Mällknicker". Usserdäm hatte mer och noch die schwer Dümps us Blei.

Dümps woren mihts klindere, ävver och decke un jruße Kugele. Jespillt hammer domet op mäncherlei Aat: Penninghaue met Jlasdümps, Bleiküjjelche un Kletschheuer; et „normale" Dümpse nur met Mällknicker. Domet kunntmer jet jewenne: Penningstöcker oder ne janze Büggel voll Dümps.

„Rheinisches Apfelkraut" zu fünf Mark pro Kleinpackung „wie selbstgemacht" als „altbekannte Spezialität" oder „aus Omas Küche wie anno dazumal" auf den Markt brächte und auch noch den Eindruck zu erwecken versuchte, damit endlich das Ei des Kolumbus gefunden zu haben.

Wenn es mir nach ginge, müßte allerdings der Aufdruck „Recycling aus EWG-Überbeständen" auf den Packungen erscheinen.

Das „Knuuzen"

Bis jede Straße, jeder Hof und schließlich auch der letzte Gehweg zugepflastert oder asphaltiert war, haben wir Schlebuscher Kinder — und auch die in den umliegenden Ortschaften — im Frühjahr mit „Dümpsen" gespielt.

Es gab kleinere Dümpse aus Glas („Jlasheuer"), dickere wurden „Kletschheuer" genannt, ferner solche aus Tonmehl, gepreßt und bunt glasiert. Das waren die sog. „Mällknicker". Außerdem gab es noch die schweren Dümpse aus Blei.

Allen gemeinsam war die Kugelform: kleine, mittlere und große Kugeln. Gespielt wurde auf mancherlei Art: „Penninghauen" mit Glasdümpsen, Bleikügelchen und Kletschheuern oder das normale „Dümpsen" mit den „Mällknickern". Mit ersterem konnte man Pfennigstücke, mit dem

Üvver e ander Spill met Dümps, bei däm et öm et „Knuuzhale" jing un wobei et nix ze jewenne jov, well ech he jet verzälle:

Jeknuuz wuerd haupsächlich met kleen Jlasdümps, die ävver jet decker wie Mällknicker wore. Zeierts moot eener mem Schohavsatz e Loch en de Eerd erendriehe, nit ze flach un nit ze deep, dat et en kleen Kuhl jov. Die noch jet lose Eerd en däm Kühlche wuerd dann noch vürsichtich met de Soll jet faßjetrodde un jlatt jemaat.

(Et Knuuzze es at lang us de Mood. Em Schliebesch wor et ävver, wie en janze Reih andere Spillche met Dümps, bestemmp e Johrhundert lang e Spill, dat jruß un kleen Kenger immer widder jedon han. Ih dat och su e Spill verjesse wüerd, sollen sing Räjele, su wie ech mech noch drop besenne kann, jet jenauer vürjestellt un faßjehale weerde):

Us däm Loch erus moot eener vun uns, der noch nit en allzejruße Schohnummer hatt, drei „Jänseföößje" hengernander setze un aan de Spetz vum drette quer ene Strich trecke.

Wenn also dat Kühlche un dä Knuuzstrech jemaat wore, däten all, die metspille wollten, vun enem „Aanstrich" us, dä en enem Avstand vun

Dümpsen einen ganzen Beutel Mällknicker gewinnen.

Über ein weiteres Spiel mit Dümpsen aus Glas, bei dem es um das „Knuuzhale" ging und nichts zu gewinnen gab, will ich hier berichten:

Zunächst mußte jemand mit dem Schuhabsatz ein Loch in die Erde hineindrehen, nicht zu flach und nicht zu tief, damit eine kleine Kuhle entstand. Die noch etwas lockere Erde dieses „Kühlchens" wurde alsdann vorsichtig mit der Sohle befestigt und geglättet.

(Das Knuuzen ist seit langem aus der Mode gekommen. Es war aber, wie eine Reihe weiterer Murmelspiele auch, mindestens in Schlebusch ein Jahrhundert lang eine vielgeübte Freizeitbeschäftigung kleiner und großer Kinder. Bevor auch dieses Spiel in Vergessenheit gerät, sollen seine Regeln hier, soweit ich mich an sie noch erinnern kann, etwas ausführlicher dargestellt und festgehalten werden):

Einer von uns Mitspielern mit noch nicht ganz so hoher Schuhnummer mußte, aus dem Kühlchen heraus beginnend, drei „Gänsefüßchen" hintereinander setzen und an der Fußspitze vom dritten einen Querstrich ziehen.

Wenn also Kühlchen und Knuuzstrich fertig waren, warfen alle Mitspieler von einem Anfangstrich aus, der in einem Abstand von sieben,

unjefähr sibbe, aach Meter vun de Kuhl aan jetrocke wuerd, de Reih noh hengernander met eenem Jlasdumps op de Kuhl aan schmieße. Wer dobei tireck en de Kuhl kom, wor at „erus" un broht at ens nit de Knuuz ze hale.

Jetz durf jeder, deselve Reih noh, wie aanjeworfe wuerde wor, vun dä Stell aan, wo singe Dumps loch, vum Boddem us versöke, met eemol Knuuze singe Dumps en de Kuhl eren ze krijje.

Dobei jov et zwei Dümpstechnike: „Usem Föttche" („Höhnerföttche"), vum Dummenäel oder „vum Knoche" (Dummeknöchel) us. Wer op die Aat en de Kuhl kom, wor och erus. Nur als Vürletzte nit. Der moot dann nämlich met hühtstens dreimol Knuuze versöke, dän Letzte, der met singem Dumps noch drusse wor, jedesmol su ze treffe, dat dä en de Kuhl erenleff. Dat klappten nit immer. En sunem Fall wor dä andere widder draan. Am Eng moot der, der singe Partner met hühtstens dreimol Knuuze en de Kuhl erenbugsiert hatt, versöke, vum Kuhlerand oder vum Knee us dän andere met singem Dumps eruszeflitsche. Dobei durf hä ävver nit selver met singem Dumps en de Kuhl „klevve blieve", villmih moot der zesamme met däm andere us de Kuhl erusfleeje. Dann hatt dä andere „de Knuuz".

acht Metern (vom Kühlchen aus gemessen) gezogen wurde, in bestimmter Reihenfolge mit einer Glasmurmel auf das Kühlchen zu. Wer dabei sofort in der Kuhle landete, war bereits „raus" und brauchte schon mal nicht „die Knuuz halten".

Nun durfte jeder, in derselben Aufeinanderfolge wie angeworfen worden war, von der Stelle aus, wo sein Dumps lag, vom Boden aus versuchen, mit e i n maligem Knuuzen seine Glaskugel ins Kühlchen zu befördern.

Es gab zwei Knuuz- oder Dümpstechniken: „Usem Föttche" („Höhnerföttche") vom Daumennagel oder „vum Knoche" (Daumenknöchel) aus. Wer auf diese Weise ins Kühlchen gelangte, war ebenfalls „raus". Nur als Vorletzter, noch nicht. Der mußte dann nämlich mit höchstens dreimaligem Knuuzen versuchen, den Letzten, der mit seinem Dumps noch draußen war, jedesmal so zu treffen, daß dieser in die Kuhle weiterbefördert wurde. Das klappte nicht immer. In diesem Fall war der andere wieder an der Reihe. Am Ende mußte derjenige, der seinen Partner mit höchstens dreimaligem Knuuzen in die Kuhle bugsiert hatte, vom Kuhlenrand oder vom Knie aus versuchen, diesen mit seiner Glasmurmel herauszudümpsen. Dabei durfte er allerdings nicht mit seiner Kugel im Kühlchen „klebenbleiben", sondern mußte vielmehr zusammen mit dem anderen aus der Kuhle herausfliegen. Dann hatte dieser „die Knuuz".

Blevv hä selver klevve, durf dä andere ömjekiehrt met im datselve Spillche maache. Verlore hatt der, der zeletz us de Kuhl erusjeflitsch wuerde wor.

Wer verlore hatt, mot nämlich mem Dumps en de Fuuß op däm Strich „de Knuuz" hale. Wer am schläätste knuuze kunnt, wor ärm draan. Dä krät nämlich die Fengerknoche jrön un blau jedümps. Ängslije Type däten ehr Fuuß immer nur janz schlapp hinhale. Dat wor dann noch schlimmer. Nur wer sing Fuuß dobei janz stramm öm singe Dumps eröm spanne dät, dat die Knöchele wieß erusluerten, kunnt domet rechne, dat et nit su wieh dät. Dozo moot mer ävver jet Moot han: Allemole däten nämlich zejlich vum Knee us mem Dumps däm ärme Deuvel op de Knuuz flitsche.

Wor dat jedon, durf dä Verlierer opston un moot singe Dumps op dä Knuuzstrech läje. Dann däten die andere versöke, vum Knee us dä Dumps met eenmol Flitsche ze treffe. Dobei moot der, dä de Knuuz hatt, singe Fooß quer henger singe Dumps stelle, dat die andere Dümps nit esu wick fottrolle kunnte.

Wuerd jetz dä Dumps jetroffe — wat off vürkom — moot dä immer un immer widder de Knuuz hale. Datt jing esu lang, mihtstens aach bes zehn

Blieb er aber selber „kleben", durfte umgekehrt sein Partner mit ihm dasselbe Spielchen machen. Verloren hatte der, der zuletzt aus der Kuhle hinausbefördert worden war.

Wer später verlor, mußte nämlich zum Schluß, seine Glaskugel in der geballten Faust, diese auf dem Strich als „Knuuz" hinhalten. Wer am schlechtesten knuuzen (oder „dümpsen") konnte, war zu bedauern. Er bekam nämlich seine Fingerknöchel grün und blau gedümpst. Ängstliche Typen hielten dabei ihre Faust immer nur ganz schlaff hin. Das war dann noch schlimmer. Nur, wer seine Faust so stramm beim Hinhalten um seinen Glasdumps spannte, daß die Knöchel weiß hervortraten, konnte damit rechnen, daß es nicht so schmerzte. Es gehörte aber einiges an Mut dazu: Alle knuuzten nämlich gleichzeitig dem armen „Delinquenten" mit ihrer Glaskugel vom Knie aus auf die dargebotene Faust.

War das geschehen, durfte der Verlierer sich hinstellen und mußte seinen Dumps auf den Knuuzstrich legen. Dann versuchten die anderen, vom Knie aus diesen Dumps mit einmaligem Knuuzen zu treffen. Dabei mußte der, der „die Knuuz hatte", seinen Fuß quer hinter seinen Dumps stellen, damit all die anderen Glaskugeln nicht soweit wegrollen konnten.

Wurde nun der Dumps des Delinquenten getroffen — was oft geschah — mußte dieser immer und immer wieder die Knuuz hinhalten. Das

Mol, bes allemole ens dolansjeknuuz hatte. Dann wor dat ärme Mädche oder der ärme Jong endlich erlös, un e neu Spill kunnt widder aanfange.

Usser dä „lehr", jot knuuze ze künne un nur selden ens de Knuuz hale ze mösse, jov et bei däm Spill nix ze jewenne. Et wor ävver jeder stolz, wann hä „erus" wor un däm Schläätste op de Knuuz haue durf, dä dobei off jenoch jrön un blau jeknuuzte Knoche met op de Heemwäch krät.

dauerte so lange, meistens acht- bis zehnmal, bis alle einmal danebengeknuuzt hatten. Dann war die oder der Ärmste endlich erlöst, und ein neues Spiel konnte beginnen.

Außer der „Ehre", gut knuuzen zu können und nur selten mal die Knuuz hinhalten zu müssen, gab es bei diesem Spiel nichts zu gewinnen. Jeder war aber stolz, wenn er „raus" war und dem Schlechtesten auf die Knuuz „hauen" durfte, der dabei oft genug grün und blau geknuuzte Knöchel mit auf den Heimweg bekam.

Schliebijer Kall
Schlebuscher „Berichte"

Penninghaue un Dümpse

Vum „Penninghaue un Dümpse" weeß och de Hänselers Helmut vum Ophovve jet ze sage. Bei im künne mer die „Dümpstechnik", et „Vum-Knoche-Haue" un et „Höhnerföttche" noch ens hoorkleen metmaache:

Tja, die „Erwerbslosen", wie die Arbeitslose domols jenannt wuerten, woren ärm, ävver doch irjendwie frei un nit immer jrad esu elend un onjlöcklich, wie sech dat hück op ahl Bilder un en Stummfilme aansüht. En Fläsch Bier un jet ze rooche hattense mihtstens un soßen bei Syrings hengerm Huus vill op de Bank.

Daachsüvver dätense stondelang Penninghaue, usjerechnet op usem Spillplatz en de Driescher Heck, ongen aan de Quell. Penninghaue wor e Spill met jrön Jlasdümps, die fröher als Verschluß en Selterswasserfläsche drenwore. Op enem jlatte Boddem wuerten op ungefähr anderthalv Meter Avstand hengernander Striche en de Eerd jetrocke. Suvill Mann wie metspille däte, suvill Striche jov et. Op singe Strich moot jeder ne Penning jrad hinstelle. Vun enem Aanfangsstrich us durf jeder de Reih noh probiere, met singem Dumps ne Penning ze treffe un ömzeläje. Trof hä dän beim iertstemol, durf hä dä Penning behale un sulang wiggerdümpse, bes hä dolanstreffe dät. Dann kom de nächste draan.

„Penninghaue" und „Dümpse"

Zum Thema „Penninghaue" und „Dümpse" weiß auch Helmut Hänseler aus Ophoven noch einiges zu sagen. Bei ihm können wir die Technik des Dümpsens — nämlich das „Vom-Knochen-Hauen" und das „Höhnerföttche" — nochmal genau nochvollziehen:

Tja, die „Erwerbslosen", wie man Arbeitslose damals nannte, waren zwar arm, aber doch gewissermaßen frei und nicht gerade so elend und unglücklich, wie sich das heute auf alten Fotos und auf Stummfilmbildern immer anschaut. Meistens hatten sie doch ihre Flasche Bier und etwas zum Rauchen und saßen häufig bei Syrings hinterm Hause auf einer Bank.

Tagsüber beschäftigten sie sich stundenlang mit „Penninghauen", ausgerechnet auf unserem Spielplatz in der Driescher Hecke, unten an der Quelle. Penninghaue war ein Spiel mit grünen Glasmurmeln, die sich früher als Verschluß in Selterwasserflaschen befanden. Auf ebenem Untergrund wurden in ca. 1 1/2 m Abstand parallel zueinander verlaufende Striche ins Erdreich gezogen. Pro Mitspieler gab es einen Strich. Auf „seinen" Strich mußte jeder ein Pfennigstück senkrecht hinsetzen. Von einem Anfangsstrich aus durfte zunächst jeder der Reihe nach versuchen, mit seiner Glasmurmel einen Pfennig zu treffen und umzulegen. Traf er einen beim ersten Mal, durfte er den Pfennig behalten und solange

Dat Dümpse — wäjen nem andere Spill, bei däm de Verlierer „de Knuuz hale" moot, wobei die Technik ävver dieselve wor, och „Knuuze" jenannt — wuerd met Dumme un Zeijefinger jemaat. Dozo kom dat iertste Dummejleed vun onge onger et Meddeljleed vum Meddelfinger. Dä Dumps wuerd dann zwesche däm Dummeknoche un däm jekrömmte Zeijefinger jelaat, vun ovve met de Spetz vum Zeijefinger ne Moment faßjehale un dann mem Dumme fottjeflitsch. Die Technik — womet mer besonders faß un jenau treffe kunnt — wor et „Vum-Knoche-Haue".

Dat andere Dümpse — die Weeter däter dat mihstens — kom usem „Höhnerföttche". Dobei wuerd dat iertste Dummejleed onger et meddelste Stöck vum Zeijefinger oder vum Meddelfinger jelaat. Dä Dumps kom dismol nit op de Dummeknoche. Villmih blevv der en däm Loch, em „Höhnerföttche" lijje, wat durch dä jekrömmte Zeijefinger su ussoch. Dann wuerd dä Dumps mem iertste Dummejleed — ävver jetz vum Dummenäel us — noh vürre jeflitsch. Op die Aat kunnt mer zimmlich jenau, ävver nit faß un wick jenoch dümpse.

weiterspielen, bis er vorbeitraf. Dann kam der nächste an die Reihe.

Dieses sog. „Dümpsen" — wegen einem anderen Murmelspiel, bei dem der Verlierer die geballte Faust in gewissem Abstand allen übrigen Mitspielern zum „Beschuß" mit Glasmurmeln auf der Erde darbieten mußte — auch „Knuuze" genannt — geschah mittels Daumen und Zeigefinger. Hierzu legte man das erste Daumenglied unter das Mittelglied des Mittelfingers derselben Hand. Die Glasmurmel wurde dann zwischen Daumenknochen und der Spitze des gekrümmten Zeigefingers durch Druck eingeklemmt, einen Moment lang festgehalten und dann mit dem Daumen herausgeschnellt. Diese Technik, mit der man besonders hart und genau treffen konnte, war das „Vom-Knochen-Hauen".

Ein anderes Dümpsen — meistens von Mädchen geübt — kam aus dem „Höhnerföttche". Hierbei wurde das erste Daumenglied unter das Mittelstück des Mittel- oder Zeigefingers derselben Hand gelegt. Die Glaskugel kam dieses Mal nicht auf den Daumenknochen zu liegen. Sie ruhte vielmehr in dem kleinen Loch, „Höhnerföttche" genannt, das durch diese Fingerstellung entsteht. Dann wurde die Kugel mit dem ersten Daumenglied, jetzt jedoch vom Daumennagel aus, nach vorne geschleudert. Auf diese Weise „dümpste" man ziemlich genau, aber nicht hart und weit genug.

Außer der Ophovener Kirmes und den Festen der Schießgesellschaft gab es in Ophoven auch andere Vergnügungsmöglichkeiten: z. B. das Schlittschuhlaufen auf dem zugefroreren „Ellepohl". Aufnahme aus dem Jahre 1927. Ganz vorne: Josef Jannes jr.

Et jov etlije, die sämplije opjestellte Penninge hengernander trofe. Dät mer paarmol jewenne, wor dat jenoch für e Dösje Zirrette. Mir Klindere jingen dann jeern noh Syrings, öm für die Jruße für zwei Jrosche sechs „Eckstein", „Alva" oder „Halpaus" ze holle. Do woren nämlich Zirrettebildche dren, die mir wie doll sammele däte, öm vun de Zirrettefirma e Album ze krijje. Un dat jov et nur dann, wammer en Serie voll hatte.

Vun nix kütt nix

En de Schullferie hammer immer versök, jet ze verdeene. Besonders en de Eerpelsferie, die jetz „Herbstferie" heeße, jinge mer noh de Buure — mihstens nohm Klespers Johann en de Jüsch — Eerpel opläse. Bei denne andere tireck en de Nöh hattemer immer jet em Salz lijje, woren om Heemwäch vun de Schull quer durch de Fälder jeloofe oder hatte en Heuhoofe un Koornhüsje Versteche jespillt.

Usser Röggeping krätemer für et Opläse bis zwei Mark am Daach un et Esse. Für uns wor dat domols vill. Nommendachs kom eener met ener jruße Milchkann, wo Kakau dren wor. Dozo jov et Platzbotteramme met jot Botter un Röbe- oder Appelkrücksche drop. Dat wor jet für uns! Un wie lecker dat wor!

Es gab einige, die sämtliche aufgestellten Pfennige hintereinander trafen. Gewann man öfter, reichte das zu einer Packung Zigaretten. Wir Jüngeren gingen dann gerne zu Syrings, um den Großen für zwei Groschen sechs „Eckstein", „Alva" oder „Halpaus" zu holen. In diesen Packungen lagen nämlich Zigarettenbildchen, die wir leidenschaftlich sammelten, um bei der Herstellerfirma ein Album zu bekommen. Das gabs nur dann, wenn man eine Bilderserie voll hatte.

Von nichts kommt nichts

In den Schulferien versuchten wir immer etwas zu verdienen. Besonders in den Kartoffelferien, die jetzt „Herbstferien" heißen, gingen wir zu den Bauern — meistens zu Johann Klespe in der „Jüsch" — zum Kartoffelnauflesen. Bei den anderen Bauern in der Nähe hatten wir immer etwas im Salz liegen, waren auf dem Heimweg von der Schule quer durch bestellte Felder gelaufen oder hatten in Heumieten und Kornhäuschen Verstecken gespielt.

Außer Rückenschmerzen erhielten wir fürs Auflesen bis zu zwei Mark pro Tag und das Essen. Das war viel für uns damals. Nachmittags kam jemand mit einer großen Milchkanne, in der Kakao war. Dazu gabs Platzbutterbrote mit guter Butter und Rüben- oder Apfelkraut. Das war was für uns! Und wie gut das schmeckte!

Ävver och met Eechele- un Kuschteiesammele kunnte mer paar Jrosche verdeene. Domet jinge mer bei de „Hippemoder" en de Steenrötsch. Dat wor en pensionierte Studienrätin, die en ener Barack, en der se selver och wunne dät, Hippe züchte dät. Die Barack hatt fröher jäjenüvver vun de „Villa Seeburg" jestaane, wo die Kloß domols dren wunnten. Hengernoh es die Barack op Holzrolle rongertransportiert wuerde bis op die Stell, wo de Berch vun de Steenrötsch aanfängk, jenau jäjenüvver vum Essers Huus. Die Hippemoder hatt als Wachhöng zwei jeföhrlije Dobermänner. (Vun de „Bockstation" es noch aan ener andere Stell jet mih ze sage).

Wie mer at Fahrräder hatte, fuhr ech en de Schullferie och meddachs noh de Fabrike de Henkelmänner usdrage. Dofür krät ech vun de Nohberschlück immer jet.

Om 12 Uhr wor beim Wuppermann Meddachspaus. Dann moot et Esse dosin. De Henkelmann vum Opa Jassel es mer eemol ens vum Lenker jefalle un eene Kessel wor leer. Do han ech vun denne andere flöck jet avjekipp, dat dä Opa och jet krät. Ki Minsch hät jet jemerk un ech durf mer ming Jröschelche wiggerverdeene.

Dat Essebrenge wor nit janz esu eenfach. Mer moot immer pünklich am Fabrikstor ston. Bei de Dynamit öm Vierdel op Zwölf. Do moot ech

Aber auch mit Eicheln- und Roßkastaniensammeln konnte man ein paar Groschen verdienen. Die Baumfrüchte brachten wir der „Hippemoder" in der Steinrütsch. Das war eine pensionierte Studienrätin, die in einer Baracke, in der sie selber ebenfalls wohnte, Ziegen hielt. Die Baracke hatte einst gegenüber der „Villa Seeburg" gestanden, die damals von Familie Kloß bewohnt wurde. Später ist die Baracke auf Holzrollen bis zu der Stelle heruntertransportiert worden, wo der Berg der Steinrütsch beginnt, genau gegenüber Essers Haus. Die Hippemoder hatte als Wachhunde zwei gefährliche Dobermänner. (Zum Thema „Bockstation" ist noch an anderer Stelle mehr zu sagen).

Als wir schon Fahrräder hatten, fuhr ich in den Schulferien außerdem mittags zu den Fabriken Henkelmänner austragen. Dafür bekam ich von den Nachbarsleuten immer etwas.

Bei Wuppermann war um 12 Uhr Mittagspause. Dann mußte das Essen dort sein. Opa Jassels Henkelmann ist mir einmal vom Fahrradlenker gefallen und ein Kessel war ausgelaufen. Da habe ich schnell von den anderen etwas abgekippt, damit der Opa auch etwas bekam. Keiner hat etwas gemerkt, und ich durfte weiterhin meine Gröschelchen verdienen.

Das Essenbringen war nicht ganz so problemlos. Man mußte immer punktum am Fabriktor stehen. Bei der Dynamitfabrik um ein Viertel nach

vum Wuppermann us örntlich en de Pedale tredde. Ming Fahrradbereifung wor nit de beste. Wie off krät ech Plattföß ongerwächs! Üvverall logen Jlassplitter un Blotschenäel op de Stroß. Die Blotschenäel wuerten domols noch op de Schohsolle dropjeklopp, dat die Schohn länger hale sollte. Wer op die Aat ne Platte krät, moot et Rad däue un loofe.

Ketteposch un 100 Schläch

Nohm Meddachesse moote mer de Aufjabe maache. Hatte mer die fädich, jingen die mihtste von uns Kningsfoder holle. Et jov koum en Familich, die kin Kning hale dät. Mir hatten immer üvver zehn dovun em Stall. Dä jruße Jade un use Köcheavfall langten nit für all die Fresser. Dröm wuerd ene Sack un die Hääb jeschnapp un Foder jesök. Wo Foder ze fenge wor, wosse mer jenau: Steenklei om Jrön-Weiß-Platz, vill Ketteposch op de Wise öm et Wagners Huus eröm en de Holl Kull. Wuerd dä Fodersack ens nit janz voll, hammer och at ens jet Klei op enem Feld erusjerupp.

Ze Hus moote mer de Hoff fäje, däm Vatter em Jade helpe, für de Mutter enkoofe jon un — nä, wor dat schlimm! — de Wäschmaschin schlage. Für mech wor dat en blöd Arbeet. De Wäschma-

zwölf. Da mußte ich von Wuppermann aus gehörig in die Pedalen treten. Meine Fahrradbereifung war nicht die allerbeste. Wie oft bekam ich einen Platten unterwegs! Überall lagen Glassplitter und dicke Schuhnägel auf der Straße. Diese Nägel wurden damals noch in die Schuhsohlen geklopft, damit sie länger hielten. Wer auf diese Weise einen Platten bekam, mußte das Rad schieben und laufen.

Löwenzahn und 100 Schläge

Nach dem Mittagessen mußten die Hausaufgaben gemacht werden. Waren die fertig, gingen die meisten von uns Kaninchenfutter holen. Es gab kaum ein Haus, das keine Kaninchen hielt. Wir hatten hiervon stets über zehn im Stall. Der große Garten und unser Küchenabfall reichten nicht für all die Fresser. Darum nahmen wir Futtersack und Sichel und gingen auf Futtersuche. Wo solches zu finden war, wußten wir genau: Steinklee auf dem Grün-Weiß-Platz und reichlich Löwenzahn auf den Wiesen rings um Wagners Haus in der ,,Holl Kull". Wurde der Futtersack mal nicht ganz voll, rupften wir auch mitunter etwas Klee auf einem Feld aus.

Zu Hause mußte der Hof gefegt, Vater im Garten geholfen, für Mutter einkaufen gegangen und — nein, war das schlimm! — die Waschmaschine geschlagen werden. Mir war das eine blöde Ar-

53

Der „Große Driesch", nicht weit von Ophoven. Ein geschichtsträchtiges Anwesen, das Jahrhunderte überdauert hat. Die Zeichnung stammt von dem Schlebuscher Dr. Rudolf Bubner, angefertigt während seiner Studentenzeit im Jahre 1922 (Bach und Brücke wurden hinzugefügt). Dr. Rudolf Bubner, älterer Bruder des verstorbenen Oberkreisdirektors Dr. Karl Bubner, lebt heute 92jährig in Kassel-Wilhelmshöhe. Ihm verdanken wir die einzige existierende wissenschaftliche Arbeit über Schlebuscher Platt: „Untersuchungen zur Dialektgeographie des Bergischen Landes zwischen Agger und Dhünn", die u. a. eine „Laut- und Formenlehre der Mundart von Schlebusch" enthält.

schin met däm Fringer drop stund drusse om Hoff em Stall, en de „Wäschkösch". Jeschlage wuerd noch met Handbetrieb, e Wäschbrett stund als Reserve parat. Uns Mutter maat die Maschin immer voll, ohne bei wieße Wäsch die „Hoffmann's Bläue" (met de Katz!) ze verjesse. Dann moot ech met däm schwere Driehschwengel 100 Schläch maache, wodurch die Wäsch en dä Looch hin- un herjeschwenk wuerd. 100 Schläch woren vill, die jingen op de Ärm. Natürlich han ech dobei versök, de Mama ze befuckele un reef dann laut erop: „Mama, ech ben fädich!"

Die hatt ävver die Schläch vun de Kösch us metjezällt: „O nä, dat woren nur achzich! Zwanzich mußte noch maache!" Dat wor hatt!

Ömzoch nohm Köhnsbösch

Die Landwehrsch han fröher om Köhnsbösch jewunnt, op de Nr. 2. Mir Knapps wunnten vun 1934 aan em selve Huus, nevvenaan op Nr. 4.

En de zwanzijer, dressijer Johre wor dat Huus met däm spetze Jivvel noch et iertste op de räte Sick. Vun do us bes noh de Opladener Stroß jov et nur Feld. Späder sin do üvverall neu Hüser dropjebaut wuerde.

beit. Die Waschmaschine mit ihrem aufgesetzten Wringer stand in einem Stall draußen auf dem Hof, in der „Waschküche". Geschlagen wurde noch im Handbetrieb, ein Waschbrett stand zur Reserve parat. Unsere Mutter füllte die Maschine immer bis oben hin, ohne bei Weißwäsche „Hoffmann's Bläue" (mit der Katze!) zu vergessen. Dann mußte ich mit dem schweren Schwenkarm 100 Schläge machen, wodurch die Wäsche in der heißen Lauge hin- und hergeschwenkt wurde. 100 Schläge waren viel und gingen ganz schön in die Arme. Natürlich habe ich dabei versucht, die Mama zu beschummeln und rief dann laut zum Küchenfenster hinauf: „Mama, ich bin fertig".

Doch die hatte die Schläge von der Küche aus mitgezählt: „O nein, das waren nur achtzig! Zwanzig mußt du noch!" Das war hart.

Umzug zum Kühnsbusch

Die Familie Landwehr wohnte früher auf dem Kühnsbusch Nr. 2. Ab 1934 wohnten wir im selben Haus, nebenan auf Nr. 4.

In den zwanziger, dreißiger Jahren war dieses Haus mit seinem spitzen Giebel noch das erste auf der rechten Straßenseite. Von dort an bis zur Opladener Straße gab es nur Feld. Später sind überall neue Häuser dort draufgebaut worden.

Haus Am Kühnsbusch Nr. 2-4 im Juli 1934. Die rechte Hälfte war von Familie Landwehr bewohnt.
Links unten wohnte meine Großmutter Auguste Lottermoser, verwitwete Schweizer, mit Kindern.
In die erste Etage waren meine Eltern mit mir im April desselben Jahres eingezogen,
als Nachfolger der Familie meines Onkels Otto Schweizer, die in ein Haus „Am Märchen" umgezogen war.

De Landwehrs Josef un singe jöngste Broder, de Karl, wesse noch vill us der Zick un han mir jo och für ming iertste Böcher jet vum Köhnsbösch verzallt, wo ech vun mingem aachte Johr aan die schönste Zick em Levve, de Jugendzick, verbraht han, bes ech 1943 Zaldat weerde moot.

Dröm häng ech noch immer am Köhnsbösch un ben fruh, och üvver die Zick, die vür 1934 wor, noch jet ze hüere:

„Mir han fröher op de Sandstroß (jetz ‚Am Scherfenbrand') jewunnt un woren die iertste, die 1921 en die neu jebaute Hüser om Köhnsbösch erenjetrocke sin.

Dä Ömzoch däte mer nur met eenem inzije Heuwage maache. E Päärdsfuhrwerk ze bestelle wor ze düer, mir wöre üvverhaup nit op sune Jedanke jekumme. Ming Mutter, et ‚Kalinche', dät hengernoh immer verzälle, dat mir domols drücksehn Strühsäck met Krom volljestopp han. Die hammer — een Heuwagefuhr noh de andere — de Sandstroß erav en et Dorp, aan de Au verbei, durch de Lindenstroß (jetz ‚Felix-von-Rollstraße') un de Dünfelder Stroß erop bes nohm Köhnsbösch jetrocke. Alles aan eenem Daach!

Die us de Au ruskome, han dä Ömzoch bewundert: ‚Luert ens do! Do kummen die Landwehrsch at widder met de Strühsäck!'

Josef Landwehr und sein jüngster Bruder Karl wissen noch sehr viel über diese Zeit und haben mir ja auch für meine ersten Bücher manches über den Kühnsbusch erzählt, wo ich von meinem achten Lebensjahr an die schönste Lebenszeit, die Jugend, verbracht habe, bis ich 1943 zu den Soldaten kam.

Ich hänge darum immer noch am Kühnsbusch und bin froh, auch über die Zeit, die vor 1934 war, noch etwas von dort zu erfahren:

„Früher haben wir auf der Sandstraße (heute ‚Am Scherfenbrand') gewohnt und waren die ersten, die 1921 in die neugebauten Häuser auf dem Kühnsbusch eingezogen sind.

Den Umzug führten wir mit nur einem einzigen Heuwagen durch. Ein Pferdefuhrwerk zu bestellen war zu teuer. Auf einen solchen Gedanken wären wir überhaupt nicht gekommen. Meine Mutter ‚Kalinchen' erzählte später immer, daß wir damals dreizehn Strohsäcke mit Hausrat vollgestopft haben. Die wurden — eine Heuwagenladung nach der anderen — die Sandstraße hinunter ins Dorf, an der ‚Au' vorbei, durch die Lindenstraße (jetzt ‚Felix-von-Rollstraße') und die Dünfelder Straße hinauf bis auf den Kühnsbusch gezogen. Alles an einem Tag!

Die aus der Au herauskamen ‚bewunderten' den Umzug: ‚Schaut mal da! Da kommen Landwehrs schon wieder mit ihren Strohsäcken!'

Tierbörse

En den zwanzijer Johre un och noch donoh hammer vill, vill Freud jehat om Köhnsbösch. Un dat met de eenfachste Saache un trotz all dä Ärmot! Ne richtije Fußball jov et domols nur em Sportverein. Us e paar Lappe, mannechmol och us op Striefe jeschneddene, kapodde Fahrradschläuch, wuerd ene ‚Ball' zeräätjemaat. Domet hammer sulang erömjepöhlt, bes hä usenanderfeel.

Kauetjage wuerd em Hervs un em Fröhjohr immer nur sonndachsmorjens jedon. Dann hatten die Kauede Jonge, un mir jinge met vier, fönnef Mann en de Bösch. Aan jedem Boom met enem Kauetspott ovven dren däte mer met enem decke Knöppel aan de Stamm kloppe oder örntlich dojäjetredde. Die ahl Kauede sprongen dann verschreck erus und hauten av. Eener vun us moot jetz met singe Sonndaachsbrocke ropklemme. Un wie off kom et vür, datmer eropjeklomme wor, renjefoolt hatt — un nix wor dren! Dann jing et widder ronger vum Boom un aan dä nächste.

Eemol kom ech ens widder draan. All reefense opjeräch durchenander: ‚Au! Jetz es eener rus! Jupp, erop!' Ech klomm also erop, un watt meenste wall: drei kleen Käuetche dren! Ech nämme die erus, eent bießmer och noch janz örntlich en de Fenger — ech dunse ävver all en de Jacketäsch. Die moot ech ejentlich jetz zoha-

Tierbörse

In den zwanziger Jahren und auch danach noch haben wir viel, viel Freude auf dem Kühnsbusch gehabt. Und das an den primitivsten Dingen und trotz der ganzen Armut! Einen richtigen Fußball gab es damals nur im Sportverein. Aus paar Lappen, zuweilen auch aus in Streifen geschnittenen, ausgedienten Fahrradschläuchen, wurde ein ‚Ball' zurechtgemacht. Damit haben wir solange herumgebolzt, bis er auseinanderfiel.

Eichhörnchenjagen fand im Herbst und Frühjahr immer nur sonntags statt. Dann hatten die Eichhörnchen Junge, und wir gingen zu vier, fünf Mann in den Wald. An jedem Baum mit einem Eichhörnchennest schlugen wir mit einem dicken Knüppel an den Stamm oder traten kräftig dagegen. Die Alten sprangen dann erschreckt heraus und ergriffen die Flucht. Jemand von uns mußte nun in seinen Sonntagskleidern hinaufklettern. Und wie oft kam es vor, daß man hinaufgeklettert war, hineingefaßt hatte — und nichts war drin! Dann ging es wieder hinunter vom Baum und an den nächsten.

Einmal war ich wieder an der Reihe. Alles rief aufgeregt durcheinander: ‚Da! Jetzt ist eins rausgesprungen. Jupp, hinauf!' Ich kletterte also hinauf, und was glaubst du wohl? Es sind drei kleine Eichhörnchen drin! Ich nehme die heraus, eines beißt mir dazu noch ganz gehörig in den Finger — ich stecke sie aber alle in die Jackenta-

le — söns jingken die jo tirre. Un beim Eravklemme kunnt ech dat nit.

Flupp, flupp, flupp! sprongen die drei erus. Ävver de Raabesch Alwis hatt onge opjepaß. Met singer Flätsch hät hä se opjefange. Alle drei! Vun ovve hatt ech jrad noch ,paß op!' jeroofe. De Alwis wor flöck dobei. Dä kunnt dat suwiesu am allerbeste vun uns. Zwei Kauede krät der mindestens jedesmol. Die däte mer dann aan Liebhaber verkoofe.

Aan enem Sonndaachmorje kom ech ens kuert nohm Opston en de Hoff — steht do ne jrusse met Droht bespannte Kaste met nem Kauet dren! Dat wor ne richtije Kauetskaste met Walze un enem Denge für ze Springe, met all Schikane. Dat kom esu:

Use Häns hatt usem Will e Kning jeklaut un hatt dat verkoof öm Jeld ze han für danze ze jon. Die dat Kning jeschlach un sujar at opjejesse hatte, han dat usem Will widderverzallt. Se hätten däm Häns fönnef Mark dofür jejovve!

Jetz jing dat Jedöns loß. ,Du häs mer e Kning jekläut!' ,Bes still', sät de Häns dodrop, ,dofür brengen ech dir e janz schön Käuetche!'

sche. Die mußte ich jetzt eigentlich zuhalten, sonst gingen mir die ja laufen. Und beim Hinunterklettern schaffte ich das nicht.

Flupp, flupp, flupp! sprangen die drei hinaus. Aber der Alois Raabe hatte unten aufgepaßt. Mit seiner Schlägermütze hat er sie aufgefangen. Alle drei! Von oben hatte ich grade noch ,paß auf!' gerufen. Der Alois war flink. Der konnte das am besten von uns. Zwei Eichhörnchen fing der mindestens jedesmal. Die verkauften wir dann an Liebhaber.

Eines Sonntagsmorgens kam ich mal kurz nach dem Aufstehen in den Hof — steht da ein großer, mit Draht bespannter Kasten mit einem Eichhörnchen darin! Ein zünftiger Eichhörnchenkasten war das, mit Laufwalze, Springvorrichtung und allen Schikanen. Das war so gekommen:

Unser Hans hatte unserem Willi ein Kaninchen geklaut und hatte das verkauft, um Geld zu haben für tanzen zu gehen. Die das Kaninchen geschlachtet und sogar schon aufgegessen hatten, hatten das Willi wiedererzählt. Fünf Mark hätten sie dem Hans dafür gegeben!

Jetzt ging der Krach los: ,Du hast mir ein Kaninchen gestohlen!' ,Sei still', hatte Hans darauf gesagt, ,dafür besorge ich dir ein wunderbares Eichhörnchen!'

Aufnahme eines Teils der noch zahlreicheren Familie Landwehr aus dem Jahre 1967.
Vorne links: Eltern Heinrich und Karoline Landwehr. Mitte: Maria Landwehr, geb. Herweg.
Daneben: Karl Landwehr mit Töchterchen. Hinten Mitte, von links: Peter, Josef und Maria Landwehr.

Do hatt doch dä Häns medden en de Näät dä jruße Kauetskaste vun Kahleherberch us — wo hä dän orjanisiert hatt — ze Fooß un om Rögge bes nohm Köhnsbösch jeschleef!

Verschwörung

Wie de Köhnsbösch noch nit asphaltiert wor un noch kin Bürjersteije jemaat wore, kunnte mir Pänz do wunderbar spille. Mir han Fußball un Völkerball jespillt, Käßje jehöpp, Nohloofe un Versteche jespillt, jedümps, jeknuuz un de Pattevuel opjeloße. Die Lindebööm, die jetz do ston, woren noch janz dönn un kleen.

Penninghaue wor mih jet für die Jruße. En de Erwerblosezick jingen die äldere Lück dafür en et Jezelines. Dat jing och noh de 'Machtergreifung' 1933 noch en Zicklang so wigger.

Op de Stroß om Jeld spille — un wann et och nur um paar Penning jing — wor verbodde. Et kom ävver ki Minsch op die Idee, dojäje jet ze ongernämme. Em Jezelines jov et ne kleene Wäch, der vun de Opladener Stroß am Dännebösch verbei bes noh de Jezelinallee jing. Do

Da hatte der Hans doch wahrhaftig mitten in der Nacht den großen Eichhörnchenkasten von Kaltenherberg aus — wo er den 'besorgt' hatte — zu Fuß und auf dem Rücken bis zum Kühnsbusch geschleift!

Verschwörung

Als der Kühnsbusch noch nicht asphaltiert war und noch keine Bürgersteige hatte, konnten wir Kinder dort wunderbar spielen. Wir haben Fußball, Völkerball, Nachlaufen und Verstecken gespielt, Kästchen gehüpft, mit Klickern und Glasmurmeln 'gedümpst' und 'geknuuzt' oder Drachen steigen lassen. Die Lindenbäume von heute waren noch klein und dünn und hatten alle noch einen Holzpfahl zur Verstärkung an der Seite.

'Penninghauen' war mehr etwas für Erwachsene. In der Erwerbslosenzeit gingen die älteren Leute dazu ins Gezelin. Auch nach der 'Machtergreifung' 1933 ging das noch eine Zeitlang so weiter.

Auf der Straße um Geld spielen, selbst wenn es nur um Pfennige ging, war verboten. Es kam jedoch niemand auf die Idee, dagegen etwas zu unternehmen. Im Gezelinwald gab es einen kleinen Weg, der von der Opladener Straße am Tannenwald entlang zur Gezelinallee führte. Dort

kunnten die ‚Jruße' em Halvdüstere en Rauh spille, un mir Pänz han dobei jespannt zojeluert.

Wie 1933 die Nazis draankome, muß dat wall ne besondersch Eifrije em Weßdorper Rothuus jemeldt han. Do han die wahrhaftich aan eenem Daach, wiese em Jezelines all ens widder am Penninghaue wore, e janz Rollkommando met Polizei hinjescheck. Die han all, die do am spille wore, faßjenomme.

Anschließend moot dä janze Verein ze Fooß üvver Rodt aan de Dhünn elans bes nohm Weßdorper Rothuus loofe. Bei de Polizei sinse ‚verhört' wuerde. Die hatte jedaach, dat ‚regelmäßige Treffen' em Bösch wör en ‚politische Verschwörung' un ‚Die haben wir jetzt!'

Hengernoh mootense die Pennighäuer ävver widder loofe loße."

Prozessione

Dis Daach ben ech noch paarmol beim Otto Marx jewäse. Ühr kennt in jo all — et ‚Schlebuscher Denkmal' met enem Jedächnis wie ne Elefant.

konnten die Erwachsenen im Halbdunkel ungestört spielen, und wir Kinder schauten gespannt dabei zu.

Als 1933 die Nationalsozialisten an die Macht kamen, mußte wohl ein besonders Beflissener im Wiesdorfer Rathaus ‚Meldung' erstattet haben. Daraufhin wurde wahrhaftig eines Tages, als im Gezelinwald wiedermal alle beim ‚Penninghauen' waren, ein komplettes Rollkomando mit Polizei dorthingeschickt. Die haben alle, die da gerade beim Spielen waren, festgenommen.

Anschließend mußten alle zu Fuß über Schlebuschrath an der Dhünn entlang bis zum Wiesdorfer Rathaus laufen. Bei der Polizei wurden sie ‚verhört'. Dort hatte man den Verdacht gehabt, das ‚regelmäßige Treffen' im Wald sei eine ‚politische Verschwörung' und man glaubte, ‚die haben wir jetzt!'

Danach mußten sie die ‚Penninghauer' jedoch wieder freilassen."

Prozessionen

Dieser Tage bin ich noch einige Mal bei Otto Marx gewesen. Sie kennen ihn ja alle — das ‚Schlebuscher Denkmal' mit einem Elefantengedächtnis.

In der Gastwirtschaft Johann Peter Schneider auf der Opladener Straße im Gezelin, 1935.
Von links: Inh. Johann Peter Schneider, Sohn Hans Schneider, Karl Schönermarck und Josef Jannes sen.

Für dat Booch he hät hä mir noch etlije Bilder jejovve. De „Ött" hätmer at suvill Schliebijer Episödche verzallt, datmer meene sollt, hä wöß jetz kin mih. Ävver zo jedem Bild, dat hä süht, fallen im immer widder neu Stöckelche en.

He sin noch paar:

„Prozessione jov et fröher vill öfter wie hück. En jruß Ereichnis wor jedes Johr de Jezelines-Prozession. Do komen die fromm Lück ze Fooß usem Berjische un us Kölle, öm en de Jezelines-Oktav aan de Statione ze bedde. Om lange Wäch nohm Kapellche wuerd onger anderem immer widder jebät: ‚Seliger Gezelinus, zu Dir kommen wir!'

Em Schliebesch verzällt mer sech noch hück, dat eemol ens met ener Prozession us em Berjische en Frau met ehrem kleene Pitterche dobei wor. Dä Kleen hatt dä wigge Wäch ze Fooß metjemaat, fing ävver doch, wie et allmählich op et Jezelines aanjing, immer mih aan ze quengele.

Jrad komense aan de Wiertschaff Schneider verbei, un wie die Stroß dä Booge maat, wor et Kapellche at ze sin. En däm Moment wuerd noch ens jebät: ‚Seliger Gezelinus, zu Dir kommen wir!'

Zu diesem Buch gab er mir noch einige Bilder. Der „Ött" hat mir ja schon soviele Schlebuscher Episödchen erzählt, daß man meinen könnte, er wüßte jetzt keine weiteren mehr. Doch zu jedem Bild, das er anschaut, fallen ihm immer wieder neue Begebenheiten ein.

Hier sind noch ein paar:

„Prozessionen fanden früher häufiger statt als heute. Ein Großereignis war jedes Jahr die Gezelinus-Prozession. Da kamen fromme Pilger aus dem gesamten Bergischen und sogar aus Köln, um während der Gezelin-Oktave an den Stationen zu beten. Auf dem langen Hinweg zum Kapellchen lautete eins der Gebete immer wieder: ‚Seliger Gezelinus, zu Dir kommen wir!'

In Schlebusch erzählt man sich noch heute, daß einmal in einer Prozession aus dem Bergischen eine Frau mit ihrem kleinen Sohn Pitterchen dabei war. Der Knirps hatte den weiten Weg zu Fuß mitgemacht, begann aber nun, da es allmählich dem Gezelinwald zuging, zunehmend mehr zu quengeln.

Soeben kommt nun der Zug an der Wirtschaft Schneider vorbei. Da, wo die Straße den Bogen macht, ist das Kapellchen bereits zu sehen. In diesem Moment wird erneut gebetet: ‚Seliger Gezelinus, zu Dir kommen wir!'

Et Pitterche es hongsmöd, luert vun onge noh singer Mutter erop un sät: ‚Sach, Mam, jetz stell dir vür, mir kumme hin un dä Keerl wör jar nit do!'	*Pitterchen ist hundemüde, blickt von unten rauf seine Mutter an und meint: ‚Sag, Mama, jetzt stell dir vor, wir kommen hin und der Kerl ist gar nicht da!'*
Als Kenger moote mer met de Bittprozession jon. Dat wor dreimol en de Woch. Janz fröher wor die sujar et Morjens öm fönnef Uhr — die Lück mooten jo fröh op de Arbeet sin.	*Als Kinder mußten wir mit der Bittprozession gehen. Die fand vor der Erntezeit bis zu dreimal wöchentlich statt. Ganz früher begann sie sogar schon morgens um fünf, die Leute mußten ja früh zur Arbeit.*
De Bittprozession jing en drei Richtunge: die een durch et Dünnefed op de Köhnsbösch aan, en andere en Richtung Scherpebraand un en drette nohm Iedelrodt erop bes nohm Uppersberch.	*Die Bittprozessionen führten in drei Richtungen: eine durch das Dhünfeld zum Kühnsbusch hinauf, eine zweite in Richtung Scherfenbrand und die dritte nach Edelrath bis Uppersberg hinauf.*
Bei der ben ech ens metjejange. Nevven mir jing de Neuhuus Johann. De Johann wor üvverall bekannt, alleen at durch die Kreßbööm, die hä immer verkoofe dät. Die Neuhuus sin urahl Buure. Hück steht sujar ne Stall vun ehrem Hoff em Freilichtmuseum en Kommern.	*Bei dieser bin ich einmal mitgegangen. Neben mir ging Johann Neuhaus. Johann war überall bekannt, allein schon durch seinen Christbaumverkauf. Die Neuhaus sind eine uralte Bauernfamilie. Heute steht sogar ein Stall ihres Hofes im Freilichtmuseum zu Kommern.*
Haupsächlich wuerd op de Bittprozessione öm de Feldfrüchte jebät. Su wor de Pastur jrad widder ens am vürbedde, dat use Här doch su jnädich sin sollt, dat om Fääl alles jot jedeihe mööt.	*Bei Bittprozessionen wurde vorwiegend wegen der Ernte gebetet. Der Pastor betete gerade wieder vor, unser Herr möge doch so gnädig sein, alle Frucht auf dem Felde gut gedeihen zu lassen.*
Op eemol sät dä Johann für mech: ‚Sach, Otto, jetz well ech der ens jet sage: He hölp kin Bedde! He muß Meß dren!'	*Plötzlich sagt Johann zu mir: ‚Sag Otto, jetzt will ich dir mal was sagen: Hier hilft kein Beten! Da muß Mist rein!'*

Colonialwaren

Met denne Hirringe wor dat at esujet domols. Se däten jo nit jot rüche un wuerten als ‚Ärm-Lücks-Esse' aanjesin. En jedem Levvensmeddellade stund en Hirringstonn met ener Holzzang dobei, datmer dä Fesch nit met de Fingere aanzepacke broot. Mer krät zehn Stöck vür en Mark. Die komen eenfach en ahl Zeitungspapier zom Metnämme.

Mer muß sech nur ens vürstelle, wie sune Lade usstaffiert wor: En de Eck stund ene Sack Zucker, donevve et Hirringsfaaß, Schwatze Seef un ne Sack Mäll. Alles wuerd pongkswies verkoof, och Sure Kappes, Jrismäll un Botter am Stöck. Dä einmalije Jeruch, der en sunem Jeschäff wor, han ech hück noch en de Naas. Dat wor en Mischung us Kaffe, Fesch, Oobs, Jemös, Kaneel, Kappes un Petroleum. Wer ene jode Umsatz met Kaffee, Kakau, Appelsine un Zitrone maat, dofür jet winnijer met Opnämmer, Soda, Niehjaan oder Schmirjelpapier, dät sech ‚Colonialwaren-Handlung' nenne.

Uns Lebensmittelgroßhandlung met Kafferösterei vun 1908 wor zo minger Jugendzick dä jrößte Verteiler vun Petroleum en dä janze Ömjäjend. Mir hatte zwei Livverwage, die nur Petroleum aan de Jeschäfte usjelivvert han. Sujar de Dyna-

Colonialwaren

Es war schon so etwas mit den Heringen damals. Sie dufteten ja nicht gerade gut und wurden als ein ‚Arme-Leute-Essen' angesehen. In jedem Lebensmittelladen stand eine Heringstonne mit einer Holzzange dabei, damit der Fisch nicht mit Fingern angefaßt zu werden brauchte. Für eine Mark erhielt man zehn Heringe. Zum Mitnehmen wickelte man sie einfach in altes Zeitungspapier.

Man muß sich nur mal vorstellen, wie so ein Laden ausstaffiert war: Abgepackte Ware gab es nur wenig. In der Ecke stand der Zuckersack, daneben das Heringsfaß, Schwarze Seife und ein Sack Mehl. Alles wurde pfundweise verkauft: Sauerkraut, Griesmehl oder Butter vom Stück. Den eigenartigen Mischgeruch, der in einem solchen Laden herrschte, spüre ich heute noch in der Nase. Es war eine Duftkomposition aus Kaffee, Fisch, Obst, Gemüse, Zimt, Sauerkraut und Petroleum. Wer einen guten Umsatz mit Kaffee, Kakao und Südfrüchten machte, dafür aber weniger mit Aufnehmern, Soda, Nähgarn oder Schmirgelpapier, nannte sein Geschäft ‚Colonialwaren-Handlung'.

Zu meiner Jugendzeit war unsere Lebensmittelgroßhandlung und Kaffeerösterei von 1908 der größte Verteiler von Petroleum in der Umgegend. Wir hatten zwei Lieferwagen, die nur Petroleum an die Geschäfte auslieferten. Sogar die

„Kaffee Dhünperle" steht im Jahre 1928 auf dem großen Lieferwagen
der Fa. Gebr. Marx, Berg. Dampf-Kaffeerösterei in Schlebusch.
Den Wagen fährt August Schneider, vorher langjähriger Pferdekutscher bei der Firma.
Vor dem LKW, ganz links: Otto Marx; daneben: sein Vetter Robert Marx (später in Rußland gefallen).
Man beachte die vierstellige Autonummer mit den Buchstaben IZ für Bezirk Köln.
„Kenner trinken Kaffee Dhünperle" hieß der Werbespruch für die ges. gesch. Handelsmarke
mit dem Altenberger Dom als Markenzeichen auf den Packungen.

Ein Foto aus dem Ersten Weltkrieg: die Schlebuscher Lebensmittelgroßhandlung Gebr. Marx auf der „Lang Jaß",
(zeitweilig Bahnstraße und Bahnhofstraße, heute „Am Dhünnberg").
Hinter den beiden Schaufenstern (en gros und en détail) der Laden. Im Fenster, rechts: Peter Marx (Büro).
Im Hauseingang, 2. v. rechts: Frau Maria Marx. 3. v. rechts: die Großmutter. In der Ausfahrt: ein Plateau-Wagen der Firma,
mit dem damals noch Lebensmittel ausgeliefert wurden.

mit un de Carbonit kräten rejelmäßich Petroleum vun uns.

Öm noch ens op die Hirringe zeröck ze kumme: Hück maachense ne Zottier domet, als ov ene Hirring, nur weil jet winnijer dovun jefange wüerd, op eemol en besondere Tillikatess wör. Dobei hät der fröher at jenauso jot jeschmoot wie hück.

Dofür krittmer hückzedaachs ävver de Appelsine zentnerwies aanjebodde un e halv Hähnche ‚vom Grill' es at bahl e ‚Arm-Lücks-Esse'. Sujet jov et fröher — wenn et jotjing — fierdaachs oder nur op Weihnachte . . .

Lompekrämer

Et jov immer allerhand Avwäßelung für uns Kenger en Schliebesch. Övverall, wo et jet ze sin jov, wore mir Puute dobei. Mir woßte, wann de iertste Karresell kom un wann ene Zirkus ongerwächs wor, sing Zelt he opzeschlage.

Un dann die Lompesammeler! Vun wiggem kunnt mer die at hüere, wann se roofe däte: ‚Lompe! Lompe! Knoche, Flasche, Eisen und Papier!'

Sujet dätemer wochelang sammele. Nit nur öm et Huus eröm, och op de Kipp. Un hatte mer

Dynamit- und die Carbonitfabrik erhielten regelmäßig von uns Petroleum.

Um nochmal auf Heringe zurückzukommen: Heute wird ein Kult damit betrieben, als ob ein Hering, nur weil weniger davon gefangen wird, plötzlich eine besondere Delikatesse sei. Dabei hat der früher schon genauso gut geschmeckt wie heute.

Dafür bekommt man heute aber Apfelsinen zentnerwiese nachgeworfen und ein halbes Hähnchen vom Grill ist bald schon ein ‚Arme-Leute-Essen'. So etwas gabs damals — wenn es gutging — feiertags oder nur zu Weihnachten . . .

Lumpenkrämer

Es gab immer genug Abwechslung für uns Kinder in Schlebusch. Wo es etwas zu sehen gab, waren wir Rangen überall dabei. Wann wieder das erste Karussell kam, wußten wir, und wann ein Zirkus unterwegs war, hier seine Zelte aufzuschlagen.

Und dann die Lumpenkrämer! Wenn ihr Ruf erscholl: ‚Lumpen! Lumpen! Knochen, Flaschen, Eisen und Papier!' waren sie schon von weitem zu hören.

Sowas sammelten wir wochenlang, nicht nur ums Haus herum, sondern auch auf der Müllkip-

dann jet zesamme, jov et vum Lompekeerl jet dofür: e Fähnche, e Propellerrädche met enem Penn, ne Luffballong, ne Jo-Jo oder sujar ne richtije Dilldopp. Et kunnt och vürkumme, dat uns dä Lompekrämer paar Kofferlappe, fönnef Penning oder sujar ne Jrosche für ene ahle Fahrradbau en de Hand dröcke dät.

Die janze Herrlichkeete jov et am Päädswage. En Handwooch hattense all met dobei, womet dat ahle Metall, die Lompe un dat Papier avjewooch wuerd. Do moote mer ävver jot bei oppasse, dat die jerööchte Jaubröder bei däm flöcke Weeje eene nit befuckele däte.

Et es kin Wunder, dat etlije vun denne Altrööcher rich jewuerde sin. Nit ömesöns jov et domols dä Sproch, met däm nit nur alleen die Lompekrämer jemeent wore:

‚Mer handele met Ieser, Koffer un Blei,
fuul Appelsine un Spetzboverei...'

Et Diekes Huus

stund om Terreng vun de Wuppermanns Villa, jäjenüvver vun de evanjelische Kirch, jenau do, wo jetz nur noch ene Parkplatz es. Dat schöne ahle Fachwerkhüsje es — wie suvill andere och — avjeresse wuerde.

pe. Und hatten wir dann etwas beisammen, gabs beim Lumpensammler was dafür: ein Fähnchen, ein Propellerrädchen mit Stock, einen Luftballon, Jo-Jo oder gar einen richtigen Kreisel. Es konnte auch vorkommen, daß uns der Lumpenkrämer ein paar Kupferpfennige, fünf Pfennig, oder für einen alten Fahrradbau sogar einen Groschen in die Hand drückte.

Alle genannten Herrlichkeiten gab es am Pferdewagen. Eine Handwaage hatte jeder mit dabei, womit Altmetall, Lumpen und Papier gewogen wurden. Bei dem flinken Abwiegen mußte man aber gut achtgeben, daß die gerissenen Schlitzohren nicht schummelten.

Es ist kein Wunder, daß einige von diesen Strategen reich geworden sind. Nicht ohne Grund ging damals ein Spruch um, mit dem allerdings nicht nur Lumpenkrämer gemeint waren:

*‚Mer handele met Ieser, Koffer un Blei,
fuul Appelsine un Spetzboverei...'*

Diekes Haus

stand auf dem Gelände der Wuppermann-Villa, gegenüber der evangelischen Kirche, genau dort, wo jetzt nur noch ein Parkplatz ist. Wie soviele andere schon, ist das schöne alte Fachwerkhäuschen abgerissen worden.

Lang Zick hät do de Familije Dieke dren jewunnt. Dä Senior wor Holländer un beim Wuppermann als Gartenmeister aanjestellt. (Ne Sonn vun dä Diekes wor späder Atomphysiker un Dekan vun de Universität Baltimore. Bei ner Vorlesung en Schottland es hä 1965 met 64 Johr jestorve. Prof. Dr. Gerhard Dieke wor ene Schullkolleech vun de Bröder Drs. Karl un Rudolf Bubner, die die ältere Schliebijer besonders vun denne ihrem Vatter her noch kenne, der ne leitende Forstbeamte beim Baron von Diergardt wor. Gerhard Dieke, dän et en Amerika immer widder noch Schliebesch hinjetrocke hät, schreff eemol en enem Breef aan ene Fründ: ‚Ich habe die ganze Welt gesehen. Aber nirgends ist es so schön wie in Schlebusch und im Bergischen Land.')

Die am mihtste jetrockene Schell en Schliebesch wor die Klingel am Diekes Hüsje. Dat kom wall doher, dat dat Hüsje janz alleen do stund. Jeder, der op dä Stroßesick en et Dorp jing oder usem Dorp kom, moot do verbei. Sujar ming Mutter, Jahrgang 1883, hät at beim Dieke jeschellt. Anschließend wuerd tireck loofejejange. Mir als Kenger han dat natürlich üvvernomme, och die nächste Jeneration hät dat noch jedon. Die ärm Diekes hammer manchmol leedjedon. Wann eener heemkom et Ovends usem Dorp oder vum Dahlhuus aan de Bröck, un och die Pänz meddaachs vun de Schull — jeder dät do schelle.

Lange Zeit hindurch hatte dort Familie Dieke gewohnt. Der alte Herr war Holländer und bei Wuppermann als Gartenmeister angestellt. (Ein Sohn der Diekes war später Atomphysiker und Dekan der Universität Baltimore. Er starb 64jährig bei einer Vorlesung in Schottland im Jahre 1965. Prof. Dr. Gerhard Dieke war Schulkollege der Gebrüder Drs. Karl und Rudolf Bubner, älteren Schlebuschern besonders von deren Vater her bekannt, der leitender Forstbeamter bei Baron von Diergardt war. Gerhard Dieke, den es in den USA immer wieder nach Schlebusch zog, schrieb einmal in einem an einen Freund gerichteten Brief: ‚Ich habe die ganze Welt gesehen. Aber nirgendwo ist es so schön wie in Schlebusch und im Bergischen Land.')

Die ‚meistgezogene' Klingel in Schlebusch war die an Diekes Häuschen. Das war wohl deswegen so, weil das Häuschen ganz alleine dort stand. Jeder, der auf dieser Straßenseite zum Dorf ging oder von dort kam, mußte da vorbei. Sogar meine Mutter, Jahrgang 1883, hat bereits bei Diekes geschellt. Anschließend lief jeder weg. Wir Kinder haben das natürlich übernommen, auch die nächste Generation hat das noch getan. Die armen Diekes haben mir oft leidgetan. Kam jemand abends aus dem Dorf nachhause oder aus dem Gasthaus Dahlhaus an der Brücke, ja selbst mittags die Schulkinder — jeder klingelte dort an.

Vor der Dhünn-Regulierung: Das fast alljährliche Frühjahrshochwasser in Schlebusch, aufgenommen 1922 vom alten Küsterhause aus.
Rechts das Haus vom „Klütte Becker", Ecke v. Diergardtstraße (früher Wilhelmstraße).
Wer über die Dhünnbrücke mußte wurde von der Hauderei Dünner mit Pferd und Wagen trockenen Fußes hinübergebracht.
Im Hintergrund, links, warten bereits die Leute, welche ins Dorf wollen.

Hengernoh jing at kinner vun dä jeplochte Lück mih aan de Dür. Se mooten ävver winnichstens am Fenster luere kumme, ov nit wall doch eener jeschellt hatt, der tatsächlich zo inne hinwollt.

De Bellachini

wor ene Zauberkünstler un dät en Wirklichkeet Karl Steinbach heeße. Sing Wohnung hatt hä en Zicklang op de Bahnstroß. Als Schullkenger wore mir janz doll dodrop, dat de Steenbachs Karl uns paar Zauberstöckelche vürmaache dät. Kamelle un Fönnefpenningstöcke kräte mer dann vun im jezaubert — et wor eenfach nit ze jlöve, wat der all für Denger kunnt.

Ech han in et letztemol em Conradis Saal jesin, wo hä nevven singer Zauberei och als Hypnotiseur optrot. Aan däm Ovend sät hä für ene Mann em Publikum: ‚Sie stehen punkt 11 Uhr von Ihrem Stuhl auf und rufen laut in die Vorstellung hinein: Hipp, hipp, hurra! Es lebe der Schlebuscher Sportverein!'

De Vorstellung jing wigger. Stondelang kom ee Zauberkunsstöck nohm andere. Die Lück sin bejeistert un klatsche. Medden en ener Nummer, en der jrad en Frau durchjesäch wuerd, steht dä Mann jenau öm 11 Uhr op, stellt sech op singe

Nach mehrfachem vergeblichen Hinauskommen ging niemand von den Geplagten mehr zur Haustür. Man mußte aber wenigstens zum Fenster hinausschauen, ob nicht etwa doch jemand geschellt hätte, der tatsächlich zu ihnen hinwollte.

Bellachini

war ein Zauberkünstler und hieß mit bürgerlichem Namen Karl Steinbach. Seine Wohnung hatte er eine Zeitlang auf der Bahnstraße. Als Schulkinder waren wir ganz versessen darauf, daß Karl Steinbach uns Zauberkunststücke vormachte. Er zauberte dann nämlich Bonbons und Fünfpfennigstücke — es war einfach unglaublich, was für Gaukeleien Karl zustandebrachte.

Zum letzten Mal habe ich ihn in Conradis Saal erlebt, wo er außer als Zauberer noch als Hypnotiseur auftrat. An dem Abend rief er irgendeinem Mann im Publikum zu: ‚Sie stehen punkt 11 Uhr von Ihrem Stuhl auf und rufen laut in die Vorstellung hinein: Hipp, hipp, hurra! Es lebe der Schlebuscher Sportverein!'

Die Vorstellung lief weiter. Stundenlang folgte ein Zauberkunststück auf das andere. Die Leute sind begeistert und applaudieren. Mitten in einer Nummer, in der gerade eine Frau durchgesägt wird, steht der Mann um 11 Uhr auf, stellt sich

Stohl un bröllt en dä Saal: ‚Hipp, hipp, hurra! Es lebe der Schlebuscher Sportverein!' Dä Mann woß hengernoh nix mih dovun, dat hä dat jeroofe hatt.

Eemol hät de Bellachini ne kleene Wage met enem Muuläsel dovür eenfach op de Bühn verschwinde loße. Der wor weg, wie fottjeblose! Dä Wage jehuert däm kleene Stevens Willibert vun de Müll — singe Vatter hatt im dän jrad op Weihnachte jeschenk. Nä, wor dat e Drama!

En de Paus wor dat Äselche mem Wage ävver widder do.

Jot pariert

De Kerps Düres vun de Bahnstroß (jetz ‚Dhünnberg') wor at zick Johr un Daach em Schlebuscher Kriegerverein. Hans Schäperclaus, Inhaber vun de Sensenfabrik H. P. Kuhlmann Söhne, moot als Vorsitzender zom 75jöhrije Jeburtsdaach vum Düres de Laudatio hale.

Mer muß do ävver sage, dat dä Düres op manche Aat en Orijinal wor, op Fastelovend en de Bütt jing un em Schliebesch als schlagfädich bekannt wor.

Jetz soßense also all do: de Metjleeder vum Kriegerverein, Avjesandte vun Nachbarvereine, de

auf seinen Stuhl und brüllt in den Saal hinein: ‚Hipp, hipp, hurra! Es lebe der Schlebuscher Sportverein!' Hinterher wußte er nichts mehr davon, daß er das gerufen hatte.

Einmal hatte Bellachini einen kleinen Wagen samt davorgespanntem Maulesel einfach auf der Bühne verschwinden lassen. Weg war er, wie fortgeblasen! Das Gespann gehörte dem kleinen Stevens Willibald aus der Mühle — sein Vater hatte es ihm gerade erst zu Weihnachten geschenkt. Nein, war das ein Drama!

Zur Pause war dann das Eselchen mit Wagen aber wieder da.

Gut pariert

Der Kerps Düres von der Bahnstraße (heute ‚Dhünnberg') war schon seit eh und je Mitglied des Schlebuscher Kriegervereins. Hans Schäperclaus, Inhaber der Sensenfabrik H. P. Kuhlmann Söhne, mußte als Vorsitzender zu Düres' 75stem Geburtstag die Laudatio halten.

Hierzu muß gesagt werden, daß der Düres in mancherlei Hinsicht ein Original war, auf Karneval in die Bütt ging und in Schlebusch als schlagfertig bekannt war.

Nun saß also alles da: die Mitglieder vom Kriegerverein, Abordnungen von Nachbarvereinen,

Der erste Schützenkönig der Schlebuscher St. Sebastianer kurz nach dem ersten Weltkrieg 1921: Willi Marx (geb. 1881) und Frau Maria geb. Boddenberg, Eltern von Otto Marx.
Willi Marx erwarb die Königswürde in Agathaberg bei Wipperfürth außerhalb der „entmilitarisierten Zone". Hier durften seiner Zeit noch keinerlei Schußwaffen gebraucht werden.

Vorsitzende vum Roten Kreuz Wilhelm Marx, de Ehrenvorsitzende Baron v. Diergardt un natürlich de Kerps Düres aan singem besondere Ihredaach, allemole vürren en de iertste Reih. De Fahnedräjer hatten Opstellung jenomme un de Vorsitzende fing aan ze kalle: üvver de ‚Lebenslauf' un de ‚Werdegang', vun de ‚Verdienste' un ‚Erfolge' un wat su alles noch bei suner Jeläjenheit opjezällt wüerd. Dann kom dä Redner zom Schluß:

‚Lieber Kriegerkamerad Theo Kerp! Du hast nun mit Deinen 75 Lebensjahren immerhin ein schönes Alter erreicht. Namens der Kriegerkameradschaft gratuliere ich Dir hierzu und wünsche Dir auch fernerhin alles Gute!'

De Düres let met singer Replik nit lang op sech wade:

‚Lieber Herr Schäperclaus, wenn Sie meinen, 75 wäre ein ‚schönes Alter', dan hat Ühr bestemmmp tösche 20 un 50 nit jeläv!'

De Carbonitfabrik

hät noch bes en de zwanzijer Johre op däm Jelände jestaane, wo jetz de Waldsiedlung es. En de Wiertschaff Kürten, wo jetz de Schröders Büb dren es, wor fröher de Verwaltung.

der Ehrenvorsitzende des Roten Kreuzes Wilhelm Marx, der Ehrenvorsitzende des Vereins Baron v. Diergardt und natürlich der Kerps Düres zu seinem besonderen Ehrentag vorne in der ersten Reihe. Die Fahnenträger hatten Aufstellung genommen und der Vorsitzende begann mit seiner Ansprache über Lebenslauf, Werdegang, Verdienste, Erfolge und was sonst noch alles zu solchen Anlässen aufgezählt zu werden pflegt. Alsdann kam der Redner zum Schluß:

‚Lieber Kriegerkamerad Theo Kerp! Du hast nun mit Deinen 75 Lebensjahren immerhin ein schönes Alter erreicht. Namens der Kriegerkameradschaft gratuliere ich Dir hierzu und wünsche Dir auch fernerhin alles Gute!'

Düres ließ mit seiner Replik nicht lange auf sich warten:

‚Lieber Herr Schäperclaus, wenn Sie meinen, 75 sei ein ‚schönes Alter', dann haben Sie bestimmt zwischen 20 und 50 nicht gelebt.'

Die Carbonitfabrik

stand bis in die zwanziger Jahre hinein auf dem Gelände, wo jetzt die Waldsiedlung ist. Im Gebäude der Gaststätte Kürten, jetzt ‚Büb' Schröder, war früher die Verwaltung.

Öm de Meddaachszick komen die Fraue met Heuwage oder met Fahrräder aan un däten für ehr Männer et Esse brenge. Die Heuwäjelche woren voll belade met Henkelmänner, en denne et Meddaachesse noch wärm wor. Een Frau braat mihts su un esuvill Portione met. Domet wuerd sech en de Nohberschaff avjewäßelt.

Henkelmänner jov et zweierlei: eene Typ hatt zwei Pött. En eene kom de Zupp eren, em andre woren Eerpel, Zaus un Jemös. Mihtstens wor noch ene Piele Speck, Wuersch oder sujar Fleesch dren.

Die andere Henkelmänner hatte vier ‚Etage' für Fleesch un Zaus, Eerpel, Jemös un een böverschte für Pudding un Oobs.

Ech kenne dat met denne Henkelmänner noch vun minger Mutter her, die fröher vill für Wöchnerinne jekoch hät, öm denne Fraue, die jo nur selden Hölp ze Hus hatte, üvver de Zick ze helpe. Sun Nohberschaffshölp jov et fröher ongernander mih wie hück, wo koum eener de andere noch kennt.

Als Jong krät ech fröher manchmol dä Auftrag, Henkelmänner bei bestemmde Adresse avzelivvere, wat do jedesmol vill Freud braat.

Um die Mittagszeit sah man Frauen mit Handwagen oder auf Fahrrädern herankommen, um ihren Männern das Essen zu bringen. Die ‚Heuwägelchen' waren voll beladen mit ‚Henkelmännern', in denen das Mittagessen grade noch warm war. Eine Frau brachte meistens mehrere Portionen mit. Man wechselte sich in der Nachbarschaft damit ab.

Es gab zweierlei Henkelmänner. Ein Typ bestand aus zwei Töpfen. In einen kam die Suppe hinein, im anderen befanden sich Kartoffeln, Soße und Gemüse. Meistens war noch ein Stück Speck, Wurst oder sogar Fleisch drin.

Der andere Henkelmann hatte vier ‚Etagen' für Fleisch mit Soße, Kartoffeln, Gemüse und eine oberste für Pudding oder Obst.

Die Praxis mit den Henkelmännern kenne ich noch von meiner Mutter her, die früher oft für Wöchnerinnen kochte, um diesen Frauen, die ja nur selten Hilfe zu Hause hatten, über ihre schwierige Zeit hinwegzuhelfen. Nachbarschaftshilfe solcher Art gab es früher öfter als heute, wo kaum jemand den anderen noch kennt.

Als Junge erhielt ich damals manchmal den Auftrag, Henkelmänner bei bestimmten Adressen abzuliefern, was dort jedesmal viel Freude bereitete.

Eßkuschteie, Nöß un Mispele

sin bahl janz un jar usem Stroßebild fottjekumme. Ne wunderbare Maroneboom steht noch vür de Dhünnbröck nevven de Wiertschaff ‚Zur Erholung', fröher Kamphausen, späder Dahlhaus.

Ne andere wor em Park vun de Wuppermanns Villa, hengerm Huus vum Großbachs Ziemes, der op de Bahnstroß fröher ne Oobs- un Jemöslade hatt.

Om Jelände vum Haus Nazareth steht och noch eene. Et jov noch mih Stelle, die mir Jonge kannte. Vürm Lichtenbergs Huus, op de Bahnstroß, tireck nevven de kath. Schull, stund ne schöne Noßboom. Für uns Pänz wor dat jet. Ih dat de Schull aanfing, hammer do off jenoch die Nöß eravjeknöppelt. Beim Opmaache krätemer do brung Fenger vun, dat jing so leet nit widder av.

En däm Stöck, wo jetz henger de Gezelinallee de ‚Zylindersiedlung' dropsteht un vun do us noch jet mih op et Schloß Morsbroich aan, jov et fröher Mispele. Die kleen Denger, die nit vill jrößer wie Knutschele wore, schmooten ävverierts dann wunderbar söß, wann et örntlich jefrore hatt. Dann woren die nämlich durch die Kält su richtich fuulkackich un brung jewuerde. Vürher worense noch zimmlich hatt un schmooten suur un jatz, dat sech eenem de Muul zesamme-

Eßkastanien, Walnüsse und Mispeln

sind fast völlig aus unserem Straßenbild verschwunden. Ein herrlicher Maronenbaum steht noch vor der Dhünnbrücke neben der Gastwirtschaft ‚Zur Erholung', früher Kamphausen, später Dahlhaus.

Ein anderer befand sich im Park der Wuppermann-Villa, hinter dem Haus von Großbachs Ziemes, der früher auf der Bahnstraße ein Obst- und Gemüsegeschäft betrieb.

Ein weiterer steht im Garten von Haus Nazareth, und es gab noch mehr Stellen, die wir Kinder kannten. Vor Lichtenbergs Haus, direkt neben der kath. Schule Bahnstraße, stand ein schöner Nußbaum. Das war etwas für uns Kinder. Ehe die Schule begann, haben wir dort manchesmal die Nüsse mit Knüppeln heruntergeholt. Beim Aufmachen bekamen wir braune Finger davon, was so leicht nicht wieder wegzubekommen war.

In dem Gelände, auf dem jetzt hinter der Gezelinallee die ‚Zylindersiedlung' steht und von dort aus noch etwas mehr zum Schloß Morsbroich hin, gab es früher Mispelsträucher. Die kleinen Früchte, nicht viel größer als dicke Stachelbeeren, schmeckten allerdings erst herrlich süß, wenn es gehörig gefroren hatte. Der Frost hatte sie nämlich dann so recht faul und braun werden lassen. Vorher waren sie noch ziemlich hart und schmeckten pelzigsauer, daß sich einem der

trok. Söns jov et em Wengter nit vill ze ‚ernte‘, et Mispelekläue wor dann de inzije Sport vun der Aat.

Bes dann etlije Johre späder, nohm Kreech, die Zuckerröbe ‚orjanisiert' wuerte. Dat es ävver e Thema für sech.

Zeekelsteen un Knochemäll

Ming Tant Lisjen hatt en Kölle ‚de Kösch' jeliert un hät och en Zicklang für de Bürjermeester Sürder jekoch.

Em Schliebesch wor se dröm als jot Köschin bekannt. Späder hätse us Lebensmittel-Detail-Geschäft üvvernomme. Dat wor johrelang en enem ahle Huus op de Bahnhofstroß (späder Bahnstroß, jetz ‚Am Dhünnberg'). Dat ahle Huus dät janz fröher däm Anton Boddenberg jehüere, der en Ziejelei hatt, wo jetz dat Freibad ‚Auermühle' es. Nevvenaan wor de Auer Müll, en der die Weyers Koorn mahle däte.

Wie späder de Stevens Will als Päächter die Müll vun de von Diergardt'schen Verwaltung üvvernohm, hatt die at en janze Zick stelljestaane un et wuerd kin Jetreide mih jemahle.

De Steven hät die Enrichtunge dann für Knoche ze mahle jebruch. Die Knoche kome vun Metz-

Mund zusammenzog. Im Winter gab es sonst nicht viel zu ‚ernten'. Mispelklauen war dann der einzige Sport dieser Art.

Bis etliche Jahre später, nach dem Krieg, Zuckerrüben ‚organisiert' wurden. Das ist jedoch ein Thema für sich.

Ziegel und Knochenmehl

Meine Tante Lischen hatte in Köln ‚die Küche' gelernt und auch noch eine Zeitlang für Bürgermeister Sürder gekocht.

In Schlebusch war sie darum als eine gute Köchin bekannt. Später übernahm sie unser Lebensmittel-Detail-Geschäft. Das befand sich jahrelang in einem alten Haus auf der Bahnhofstraße (später Bahnstraße, jetzt Dhünnberg). Das alte Haus gehörte damals Anton Boddenberg, der eine Ziegelei betrieb, wo jetzt das Freibad ‚Auermühle' ist. Nebenan befand sich die Auer Mühle, in der von Pächter Weyer Getreide gemahlen wurde.

Als später Willi Steven die Mühle von der von Diergardt'schen Verwaltung pachtete, hatte das Mahlwerk schon eine ganze Zeitlang stillgestanden, und es war kein Getreide mehr gemahlen worden.

Steven hat später die Einrichtung zum Knochenmahlen genutzt. Die Knochen kamen von Metz-

jereie un Schlaachhöff. Dä Name ‚Knochemüll‘ kom also ierts späder op. Un weil die Stevens die Müll jepaach hatte, han die Schliebijer och ‚Stevens Müll‘ dofür jesaat.

He stund dä schönste Birreboom vun janz Schliebesch, tireck vür de Stevens Müll. Do woren Wengtermotte drop, en rong Bier, die wunderbar schmecke dät."

Zweimol e Martyrium

En mingem letzte Booch ‚Bunnefitsch un Kappesschav' ston en janze Reih Verzällstöckelche üvver de Isenbügels Paul us Schliebesch. Singe Vatter Otto Isenbügel wor Hauptlehrer un Rektor aan de evanjelische Volksschull op de Morsbroicher Stroß.

De Paul jeht jetz och at op et zweiunachzichste aan un kütt vill op singe Vatter, der domols wigk üvver nüngsich jewuerde es. Ne friede Schlaach, die zwei.

Wie mer de Paul sät, jütt et noch mih aan Episödche us singem Levve als ene Lehrerssonn ze verzälle.

Met paar dovun will ech jetz aanfange:

gereien und Schlachthöfen. Die Bezeichnung ‚Knochenmühle' ist also jünger. Und weil die Familie Steven die Mühle gepachtet hatte, haben die Schlebuscher auch ‚Stevens Müll' dazu gesagt.

Der schönste Birnbaum von Schlebusch stand hier, unmittelbar neben der Stevens Mühle. Er trug ‚Wintermotten', eine runde, herrlich schmeckende Birnenköstlichkeit."

Zweifaches Martyrium

In meinem letzten Buch ‚Bunnefitsch un Kappesschav' stehen mehrere Erzählungen über den Schlebuscher Paul Isenbügel. Sein Vater Otto Isenbügel war Hauptlehrer und Rektor an der evangelischen Volksschule Morsbroicher Straße.

Paul geht heute aufs zweiundachtzigste und kommt viel auf seinen Vater, der damals weit über neunzig geworden ist. Ein gesunder Schlag, die beiden.

Wie Paul mir kürzlich erzählte, gibt es noch manches Episödchen aus seinem Leben eines Lehrersohnes zu berichten.

Mit einigen davon will ich hier beginnen:

Forsthaus „Im Bühl", Schlebusch 1961.
Federzeichnung von Helmut Hänseler nach einem Foto des Stadtarchivs Leverkusen.
Ehemals Wohnung der Familie Bübner.

„Wie ech at verzällt han, sin die Erinnerunge aan de ‚Klavierstunde' bei mingem Vatter nit jrad et Schönste üs minger Jugendzick. Rotz un Wasser han ech jekresche, wann ech rejelmäßich Klöpp krät un doch jar nix dafür kunnt, dat ech nit esu musikalisch wor wie minge Zwillingsbroder Fritz. Et Klavier hät noch lang existiert un es och 1938 met op de Opladener Stroß jekumme, wie mir dohin ömjetrocke sin. Bes 1946 stund et onge en de Parterrewonnung.

Minge Vatter dät zo der Zick ovve wunne, un dat Klavier sollt och erop. Alles wat möchlich es hammer usprobiert, et jing nit. Mer kräten et nit de Trapp erop.

Et es mer nit leechjefalle, en der schläte Zick jet ze orjanisiere, womet dä Transport passiere kunnt. Endlich hätmer eener e Dreirad-Wäjelche jeliehnt, un ech han dat Monstrum vun enem Klavier met Ach und Krach dodropjepack.

Su ben ech dann met däm waggelije Dreirädche durch de Kastanienallee un durch de Mannefet jezöckelt. Sulang wor et Klavier noch drop stonjeblevve. En de Kurv noh de Bismarckstroß es et dann eravjefalle, medden em Stroßeverkehr. Die

„Wie ich schon erzählt habe, zählen die Erinnerungen an die Klavierstunden bei meinem Vater nicht gerade zum Angenehmsten meiner Jugendzeit. Rotz und Wasser habe ich geheult, wenn ich regelmäßig Prügel bezog und doch gar nichts dafür konnte, nicht so musikalisch wie mein Zwillingsbruder Fritz zu sein. Das Klavier hat noch lange existiert und ist 1938 noch mit zur Opladener Straße gekommen, als wir nach dorthin umgezogen sind. Bis 1946 stand es unten in der Parterrewohnung.

Mein Vater wohnte zu der Zeit oben, und das Klavier sollte ebenfalls hinauf. Alles Menschenmögliche wurde ausprobiert, es ging nicht. Wir bekamen es nicht die Treppe hinauf.

Da wurde der Familienbeschluß gefaßt, daß ich es mit nach Küppersteg nehmen sollte, wo ich eine Eigentumswohnung hatte.

Es ist mir in der schlechten Zeit nicht leicht gefallen, etwas zu organisieren, womit der Transport bewerkstelligt werden konnte. Schließlich hat mir jemand einen kleinen Dreiradwagen geliehen, und ich habe mit großer Mühe das Monstrum von einem Klavier aufgeladen.

So ging nun die langsame Fahrt mit dem wackligen Dreirad durch die Kastanienallee und durch Manfort. Das Klavier war bis dorthin drauf stehengeblieben. In der Kurve zur Bismarckstraße aber fiel es hinunter, mitten im Straßenverkehr.

Lück dromeröm hatte Mitleid met mir: ‚Helpt däm doch, däm ärme Keerl, ih dat de Polizei kütt! Dä kritt söns noch e Prottekoll!' Dodrop hanse all met aanjepack un die Trümmer vum ‚Martergerät' widder opjelade.

En Küppersteg hammer met Liem un Näel dat Janze noch ens zesammejeschustert un sujar noch johrelang drop jespillt. Die Tön, die do ruskome, mösse für de Zuhörer wall nit jrad ene Uhreschmaus jewäse sin. Dröm hatt ech ne Klavierstimmer kumme loße. Doch der sät, wie hä dat ahle Denge soch, dat et sech nit mih lohne dät.

Do wor och et zweite Martyrium verbei.

Om Heemwäch

Vum fönnefte Schulljohr aan jinge minge Zwillingsbroder un ech noh Oplade op et Gymnasium. Dat Stöck vum Schliebijer Bahnhoff us, manchmal ävver och dä janze Wäch vun Oplade aan, wor als Heemwäch ze Fooß immer interessant. Em Sommer, mem Schulltonister om Rögge, jing et bläckfööß durch de Dhünn. Wammer vun Oplade kome, jinge mer at bei Schliebeschrodt eren, durch de Bubners Bösch. Kunnte mer ävver nit durch et Wasser jon, simmer üvver

Die Leute drumherum hatten Mitleid mit mir: ‚Helft ihm doch, dem armen Kerl, bevor die Polizei kommt! Der bekommt doch sonst ein Protokoll!' Alle haben daraufhin mit angepackt und die Trümmer des ‚Martergerätes' wieder aufgeladen.

In Küppersteg haben wir mit Leim und Nägeln das Ganze nochmal zusammengeschustert und sogar noch jahrelang drauf gespielt. Die produzierten Töne werden den Zuhörern nicht gerade Ohrenschmäuse bereitet haben. Drum hatte ich einen Klavierstimmer bestellt. Doch der meinte, als er das alte Ding sah, daß es sich nicht mehr lohne.

Damit war auch das Martyrium meines Marterinstrumentes zuende.

Auf dem Heimweg

Vom fünften Schuljahr ab gingen mein Zwillingsbruder und ich nach Opladen aufs Gymnasium. Das Stück vom Schlebuscher Bahnhof aus, manchmal aber auch der gesamte Weg von Opladen an, waren als Heimweg zu Fuß immer interessant. Im Sommer ging es mit dem Schulranzen auf dem Rücken barfuß durch die Dhünn. Wenn wir von Opladen kamen, stiegen wir bereits bei Schlebuschrath hinein und wateten so durch den ‚Bubners Bösch'. Konnten wir

de Zung jeklomme, do wor nämlich für Fußjänger jesperrt.

De Ahle Bubner hät uns paarmol dobei jeschnapp. Jottseidank hatte mer ene Fründ, de Hermann Jahn, däm sing Ältere wore met de Bubners jot bekannt, dröm wor dat nit janz esu schlimm. Dä Hermann hatt bei singer Römströferei immer e Jewehr met dobei un dät domet die ärm Kauede kapottscheeße. Mir kunnte dat nit verston un han in jedesmol jefroot, woröm hä dat dät. Dä sät dann dodrop immer, Kauede wören ‚Schädlinge'.

Die Bubners hatte ne wunderbare Kierscheboom. Wammer aan däm verbeikome un sochen die leckere Kiersche, hammer do met Knöppele renjeschmesse. Ropklemme kunnte mer nit, en breet Heck hillt uns dovun av. De Bubner kom dann rejelmäßich aanjerannt: ‚Wollt ihr wohl aufhören mit der Schmeißerei!' Mir jingke dann natürlich stifte.

Die Bubners hatten en Doochter, et Irene. Däm Irene singe Spetzname wor ‚Kräutlein Rührmichnichtan'. Wiemer at jet länger Latein hatte, hammer im ‚noli me tangere' nohjeroofe.

De Här Bubner wor als huhe Forstbeamte beim Baron von Diergardt en Schliebesch un en de janze Ömjäjend üvverall bekannt. Sing zwei

aber nicht durch das Wasser gehen, sind wir über den Zaun geklettert, dort war nämlich für Fußgänger gesperrt.

Der Alte Bubner hat uns ein paarmal dabei gefaßt. Gottseidank hatten wir einen Freund, den Herman Jahn, dessen Eltern mit Bubners gut bekannt waren. Deshalb war das Ganze nie ganz so schlimm. Hermann hatte übrigens bei seinem Umherstreifen immer ein Gewehr mit dabei und schoß damit die armen Eichhörnchen tot. Wir konnten das nicht verstehen und fragten ihn jedesmal, warum er das denn mache. Der antwortete darauf regelmäßig, Eichhörnchen seien Schädlinge.

Bubners hatten einen wunderbaren Kirschbaum. Wenn wir an dem vorbeikamen und sahen die leckeren Kirschen, warfen wir mit Knüppeln hinein. Hinaufklettern konnten wir nicht, eine breite Hecke hinderte uns daran. ‚Der Bubner' kam dann prompt angerannt: ‚Wollt ihr wohl aufhören mit der Schmeißerei!' Dann machten wir natürlich, daß wir wegkamen.

Bubners hatten eine Tochter, die Irene. Irenes Spitzname war ‚Kräutlein Rührmichnichtan'. Als wir schon etwas länger Latein hatten, haben wir ihr ‚noli me tangere' nachgerufen.

Herr Bubner war als hoher Forstbeamter bei Baron von Diergardt in Schlebusch und in der ganzen Umgegend überall bekannt. Seine beiden

Sönn, de Rudolf un de Karl, woren ze der Zick at Studente. De Dr. Karl Bubner wor späder Oberkreisdirektor vum Rhein-Wupper-Kreis un es 1988 jestorve. Singe ältere Broder, Dr. Rudolf Bubner, es em 93te un wunnt at zick Johr un Daach en Kassel. En singer Jugend- un Studentezick hät hä onger anderem en janze Heerd Federzeichnunge vun Schliebesch un vun de Ömjäjend jemaat. Een Bild dovun hing bei uns em Wonnzimmer un de Dokter Witzheller hät et domols ens als ‚Honorar' met nohusjenomme.

Sing Dokterarbeet hät de Dr. Rudolf Bubner üvver uns Schliebijer Platt jeschrevve met de Üvverschriff: ‚Untersuchungen zur Dialektgeographie des Bergischen Landes zwischen Agger und Dhünn'. Dat Werk vun enem Schliebijer, wat et nur eemol jütt, hätmer Moot jemaat, op Schliebijer Platt ze schrieve, öm jedem Schliebijer aan et Hätz ze läje, sing Muttersproch huhzehale.

Söhne Rudolf und Karl studierten bereits zu dieser Zeit. Dr. Karl Bubner war später Oberkreisdirektor des Rhein-Wupper-Kreises und starb 1988. Sein älterer Bruder, Doktor Rudolf Bubner, wurde im September 1992 zweiundneunzig Jahre alt und lebt seit Jahrzehnten in Kassel. In seiner Jugend- und Studienzeit hat er unter anderem eine ganze Reihe Federzeichnungen von Motiven in Schlebusch und Umgebung gefertigt. Eins seiner Bilder hing bei uns im Wohnzimmer, und Doktor Witzheller hat es einst als ‚Honorar' mit nachhause genommen.

Seine Doktorarbeit hat Dr. Rudolf Bubner über unser Schlebuscher Platt geschrieben zum Thema: ‚Untersuchungen zur Dialektgeographie des Bergischen Landes zwischen Agger und Dhünn'. Dieses einzigartige sprachwissenschaftliche Werk eines Schlebuschers hat mir Mut gemacht, in unserer Mundart zu schreiben und sie damit den Schlebuschern zur Erhaltung ans Herz zu legen.

Schlittschohloofe op Morsbroich

Om Wasserjrave rongk öm et Morsbroicher Schloß kunntmer em Wengter schlittschohloofe. Nur aan dä Zofahrtsbröck moot mer die Fahrt durch Erop- un widder Eravklemme eemol ongerbreche. Dä Wasserjrave loch jet deeper wie dä Feschweiher hengerm Schloß un dät wäjen däm fleeßende Wasser nur schlät zofriere. Et

Morsbroicher Schlittschuhlaufen

Auf dem Wassergraben rings ums Morsbroicher Schloß konnte man im Winter schlittschuhlaufen. Nur an der Zufahrtsbrücke mußte die Fahrt durch Hinauf- und Hinunterklettern einmal unterbrochen werden. Der Wassergraben lag etwas tiefer als der Fischweiher hinter dem Schloß und fror wegen des zufließenden Wassers nur

85

moot eener at jet Kurasch han, üvver dat dönne Ies ze fahre. Dat ‚Schwungeis' jing janz nett rop un rav dobei. Mir Jonge sin wengterdaachs off jenoch met de Schlittschohn üvver dat Ies jefläch un manchmol dobei enjebroche.

Jedesmol, wann ech met däm stenkije Schlamm Bekanntschaff jemaat hatt un kletschnaaß heemkom, ben ech do jehürich opjefalle. ‚Woher stinkst du denn so?' froot mech ming Mutter dann immer. ‚Ich war auf dem Schloß', wor ming Antwoort dodrop, su als ov dat en ausreichende Entschuldijung wör.

En wunderbare ‚Belohnung' für suvill Kurasch wor für mech, wann ech de Frau Baronin beim Schlittschohaantrecke helpe durf. Die Baronin wor en jeborene von Mallinckrodt, soch jot uus, wor en sportlije Frau un let sech immer ne Sessel op de Feschweiher brenge. Se kom met Schohn en der Haand aan, aan denne Schlittschohn at faßjemaat wore. Die moot ech ehr aantrecke, wat ech natürlich besonders jeern jedon han."

Drei Berufe op eemol

Wat jetz kütt, hätmer och noch de Helmut Hänseler verzällt:

„De Breefdräjer Josef Wirtz dät janz für sech hengen em Ophovve en enem inzelne Huus

schlecht zu. Es gehörte schon etwas Mut dazu, über das dünne Eis zu fahren. Das ‚Schwungeis' ging dabei ganz schön rauf und runter. Wir Jungen sind oft genug wintertags mit Schlittschuhen über das dünne Eis geflitzt und manches Mal dabei eingebrochen.

Jedesmal, wenn ich mit dem übelriechenden Schlamm Bekanntschaft gemacht hatte und völlig durchnäßt nachhause kam, bin ich dort unangenehm aufgefallen. ‚Woher stinkst du denn so?' fragte mich meine Mutter dann immer. ‚Ich war auf dem Schloß', lautete meine Antwort, so als ob das eine ausreichende Entschuldigung sei.

Eine wunderbare ‚Belohnung' für soviel Courage bedeutete es mir, wenn ich der Frau Baronin beim Schlittschuhanziehen behilflich sein durfte. Die Baronin, eine geborene von Mallinckrodt, sah blendend aus, war eine sportliche Erscheinung und ließ sich immer einen Sessel auf den Fischweiher bringen. Sie kam gewöhnlich mit Schnürschuhen in der Hand, an denen bereits Schlittschuhe festgeschraubt waren. Die mußte ich ihr anziehen, was ich natürlich besonders gern tat."

Drei Berufe zugleich

Was nun folgt, hat mir auch noch Helmut Hänseler erzählt:

„Briefträger Josef Wirtz wohnte hinten in Ophoven ganz allein für sich in einem einzelnen

wunne. Nevven singer Bienezüchterei wor hä och noch schwer aktiv em Musikverein un moot ze Hus vill übe. Dat wor immer ovends un sambsdaachs.

Use Wirtz' Jupp stund dann ovven em Finster un wor wunderbar op singer Trompeet am blose. Spille kunnt dä su herrlich, dat jeder jeern zohüre dät. Un kinnem vun denne Ophovvener wuerd dat schöne, rejelmäßije Trompeeteständche zevill.

Immer, wann ech hück noch ens e Trompeetesolo hüre, muß ech aan dä Breefdräjer, Bienezüchter un Musiker denke, der uns met singem Spille suvill Freud jemaat hät.

Ophovvener Toreros

Die Buure en de Nohberschaff hatten nit immer jet ze laache met uns. Beim Ströfe durch Bösch un Fälder kome mer döckes om Wäch noh Alt Steenbüchel en de Nöhde vun ener Wiß vum Buur Sülz verbei.

Dä hatt do immer en janze Heerd jong Öß op de Weed. Vun enem Stierkampf hatte mit Jonge zo der Zick wall och at ens jet jehuert, mih äver nit.

Haus. Neben seiner Bienenzüchterei war er auch noch im Musikverein sehr aktiv. Er mußte daher zu Hause häufig üben. Das geschah regelmäßig abends und samstags.

Unser „Wirtz Jupp" stand dann oben im Fenster und blies wunderbar auf seiner Trompete. Er spielte so herrlich, daß ihm jeder gern zuhörte. Und niemandem der Ophovener wurde das regelmäßige, schöne Trompetenständchen je zuviel.

Wenn ich heute mal ein Trompetensolo höre, muß ich immer an den Briefträger, Bienenzüchter und Musiker denken, der uns mit seinem Spiel einst soviel Freude bereitete.

Ophovener Toreros

Die Bauern in der Nachbarschaft hatten mit uns nicht immer etwas zu lachen. Beim Umherstreifen durch Wald und Feld kamen wir häufig auf dem Wege nach Alt Steinbüchel in der Nähe einer Wiese des Bauern Sülz vorbei.

Der hatte dort immer eine Anzahl junger Ochsen zur Weide. Zwar hatten wir Jungen zu dieser Zeit schon mal etwas von einem Stierkampf gehört, mehr jedoch nicht.

Dröm hammer et beim Sülz ens op Ophovver Aat probiert. Us däm Bösch, der jäjenüvver vum Waldschlößje loch, hammer us de ‚Deckung' erus denne Öß met rut Täschedöcher zojewonke. Die Diere wuerten janz jeck dovun, un dä Buur kunnt et üvverhaup nit bejriefe, wat do eejentlich met singer Öß immer loß wor."

Drum haben wir einen solchen bei Bauer Sülz auf Ophovener Art ausprobiert. Aus dem Waldstück, das gegenüber vom Waldschlößchen lag, winkten wir aus der ‚Deckung' heraus den Jungochsen mit roten Taschentüchern zu. Die Tiere wurden davon ganz ‚jeck'. Der Bauer konnte einfach nicht verstehen, was mit seinen Ochsen da eigentlich immer im Gange war."

Das „Waldschlößchen" liegt auf dem durch Straßenverlegung zur „Heinrich-Lübke-Straße" umfunktionierten, ehem. Endstück des Grünen Weg. Es selbst hat sich erfreulicherweise kaum verändert.

Theekeverzäll
Thekengeplauder

Mitte der zwanziger Jahre stellte die Fa. Gebr. Marx den vollgummibereiften Wagen der Schlebuscher K. G. Dhünberg, Vorläuferin der heutigen K. G. Grün-Weiß, mit dem Motto: „Dän Dhünbergischen Humor loße mer nit verdärfe, denn söns hamer jo doch nix zu verärfe". Der „Zugweg" verlief damals vom Vereinslokal Richerzhagen aus über Mülheimer- und Reuterstraße wieder zurück.
Mitte: Präsident Otto Marx sen., dahinter (mit spitzer Mütze): Adolf Frowein. Rechts neben dem Präsidenten: Willi Selbach, links neben ihm: Metzger Willi Krey. Rechts hinten (mit Schnurrbart): Wilhelm Schmitz, 1. Vorsitzender des Schlebuscher Schießvereins 1913. Links neben ihm: R. Birlenberg, Gemeindevertreter. Vorne, ganz rechts: Wilhelm Krämer, genannt „Kolle-Krämer". Links neben ihm: Peter König. Ganz oben, Mitte: Otto Marx jun. als Page. Vorne links: Josef Boden. Rechts dahinter: Johann Kierdorf.

En Schliebesch bruchmer nur ens noh Fierovend oder am Wocheeng e Kölsch drenke ze jon — mihtstens triffmer eene aan de Theek, dän mer noch vun fröher kennt. Dann jeht et loß mem Verzälle un Schwade. Üvver die Denger, die dann dropkumme, jütt et immer widder jet ze laache. Un dat bruche mer jo hück.

Ech künnt et jetz jar nit mih su rät sage, wer jenau mir dit oder dat nohm aachte, nüngte Kölsch eejentlich all verzallt hät. Ech meen, et köm jo och nit esu jenau drop aan, ov dat de Bicks Theo vun de „Loreley", de Dünnersch Hein, de Hermanns Werner, de Musikprofesser Franz Klein oder söns eener vun denne ahle Schliebijer wor.

Su joot et jing, han ech die Episödche vun de Theek opjeschrevve, für uns Ältere — un besonders für uns Kenger. Die sollen och wesse, wie schön et em Schliebesch immer wor, datse et sech selver op ehr Aat och esu schön maache.

In Schlebusch braucht man nur nach Feierabend oder am Wochenende mal ein Kölsch trinken zu gehen — einen, den man von früher her kennt, trifft man meistens an der Theke. Dann gehts los mit dem Erzählen und Plaudern. Über das, was dann zur Sprache kommt, gibt es immer was zu lachen. Und das brauchen wir ja heute.

Heute könnte ich es gar nicht mehr so recht zusammenkriegen, wer nun genau mir dieses oder jenes nach dem achten, neunten Kölsch eigentlich alles erzählt hat. Ich meine, es kommt ja auch gar nicht so streng darauf an, ob es Theo Bick von der „Loreley", Heinrich Dünner, Werner Hermanns, Musikprofessor Franz Klein oder sonst jemand von den alten Schlebuschern war.

So gut es ging, habe ich diese Episödchen von der Theke aufgeschrieben, für uns Ältere — aber besonders für unsere Kinder. Sie sollen doch auch wissen, wie schön es in Schlebusch immer war, damit sie es für sich selber auf ihre Art ebenfalls so schön gestalten.

Wer Jeld hät

„Nä, wor dat jemütlich un wat hammer off Spaß jekrät, wenn mir noh de Probe bei de ‚Loreley' noch met etlije Mann en de Wiertschaff jinge, öm aan de Theek use drühjesongene Hals met e paar Kölsch widder aanzefööchte. De Eidmanns

Wer Geld hat

„Nein, war das gemütlich und wie oft haben wir Spaß gehabt, wenn wir nach der ‚Loreley'-Probe noch mit einigen Sangesbrüdern in die Kneipe gingen, um unsere trockengesungene Kehle mit einigen Kölsch wieder anzufeuchten. Karl Eid-

Karl roochten sing ‚Krumme Hunde'-Zijarre, de Stuplichs Hein song ‚Die holde Müllerin' un de Noßbooms Ahl maat de Abschluß met singem ‚Leed vum Jeld', vun däm he nur paar Verse opjeschrevve weerde künne. De Ahl sät nämlich jedesmol vürher: ‚Dat Leed hät 42 Strophe! Do han sech at janze Völkerstämm draan dutjesonge!'

Dä Refräng wuerd metjesonge: ‚Es mer alles eins, ob ech Jeld han oder keins...'

Un he sin noch paar Strophe dovun:

‚Wer Jeld hät, speist am Hoteltisch,
wer keint hät, jeht nohm Firmenich.

Wer Jeld hät, kann sech 'n Freundin halten,
wer keint hät, bleibt bei seiner Alten.

Wer Jeld hät, scheck sing Frau ent Bad,
wer keint hät, zoppse de Wäschbütt rav.

Wer Jeld hät, wüerd en de Himmel jeprädich,
wer keint hät, däm sei de Herrjott jnädich!'

mann rauchte seine Spezial-Zigarrenmarke ‚Krumme Hunde', Hein Stuplich sang ‚Die holde Müllerin' und ‚Noßbooms Ahl' machte den Abschluß mit seinem ‚Lied vom Geld', von dem hier nur wenige Verse aufgeschrieben werden können. Der ‚Ahl' sagte nämlich jedesmal vorher: ‚Das Lied hat 42 Strophen! Daran haben sich schon ganze Völkerstämme totgesungen!'

Der Refrain wurde gemeinsam gesungen: ‚Es mer alles eins, ob ech Jeld han oder keins . . .'

Hier sind noch ein paar Strophen des Liedes:

‚Wer Jeld hät, speist am Hoteltisch,
wer keint hät, jeht nohm Firmenich.

Wer Jeld hät, kann sech 'n Freundin halten,
wer keint hät, bleibt bei seiner Alten.

Wer Jeld hät, scheck sing Frau ent Bad,
wer keint hät, zoppse de Wäschbütt rav.

Wer Jeld hät, wüerd en de Himmel jeprädich,
wer keint hät, däm sei de Herrjott jnädich!'

Eemol ohne

Wie mir widder ens eenes Ovends noh de Probe ne kleene Treck durch de Wiertschafte jemaat han, kome mer beim Gülpens Max en de Lindenschenke ren. Aan de Theek stund de Engstenbergs Hennes (jenannt ‚Wieße') un dronk sech jemütlich etlije Kölsch. Op eemol rötsch dä Hennes unverhoff mem Elleboge us un schmieß et Bier op de Eerd. Wann sujet vürkom, wuerd dä Max immer jet iggelich. Sing Frau, et Else, stund ävver op un hatt em Nu alles widder opjewösch.

Et duerten en janze Zick, bes dä Wieße e neu Bier krät. Un wie hä dat endlich do ston hatt duerten et kin zwei Minutte, do hatt hä dat och at widder ravjeschmesse.

Do wuerd dä Max su wödich, dat hä henger de Theek fottjing. Et Else moot widder opwösche, de Hennes krät ävver ki neu Bier.

En Zicklang jing dat joot. Am Eng sät de Wieße dann doch für et Else: ‚Dummer noch e Kölsch — ävver ohne Jlas!'

Noch schlimmer

Die Gülpens hatten Bekannte us Weßdorp, die komen eenes Ovends ehr Fründe ens en de

Einmal ohne

Als wir wieder mal eines Abends nach der Probe einen kleinen Treck durch die Kneipen machten, kamen wir zu Max Gülpen in die Lindenschänke rein. An der Theke stand Hennes Engstenberg, der ‚Wieße' genannt, und trank gemütlich einige Kölsch. Plötzlich rutschte Hennes unverhofft mit dem Ellbogen ab und warf sein Bierglas auf den Boden. Wenn so etwas passierte, war Max immer etwas ungehalten. Seine Frau Else stand aber auf und hatte im Nu alles wieder aufgewischt.

Es dauerte eine ganze Zeitlang, bis der ‚Wieße' ein neues Bier erhielt. Und als er endlich wieder eins da stehen hatte, dauerte es keine zwei Minuten bis er dieses auch schon wieder heruntergeschmissen hatte.

Da wurde Max so wütend, daß er seinen Platz hinter der Theke verließ. Frau Else mußte aufs Neue aufwischen, Hennes bekam aber kein neues Bier mehr.

Eine Zeitlang geschah nichts. Schließlich sagte der ‚Wieße' dann doch zu Else: ‚Gib mir noch ein Kölsch — aber ohne Glas!'

Noch schlimmer

Die Wirtsleute Gülpen hatten Bekannte aus Wiesdorf. Die kamen eines Abends in die Wirt-

Wiertschaff besöke un woren en de Eck laut am schwade. Ävver immer nur op Huhdücksch.

De Wieße stund och widder aan de Theek un moot sech dat aanhüere. Hä wuerd at immer onjedöldijer, die huerten ävver nit op met de Huhdückschkallerei.

Op eemol drieht dä Wieße sech vun de Theek eröm un sät für die: ‚Ühr verdammde Pimmocke!'

Do sprong eene vun denne op un reff: ‚Erlauben Sie mal, wir sind alteingesessene Wiesdorfer!'

Do sät dä Wieße drop: ‚Wat? Dat es jo noch schlimmer!'

Avsacker

Eemol stund dä Reß vum Schliebijer Sparklub et sonndaachs noch öm zwei Uhr met fönnef Mann beim Fergers Urban aan de Theek. Et Bier leff ‚rundenweise'. De Thewes Josef (jenannt ‚Decke') wor och met dobei un hatt vun morjens aan at örntlich jelade.

Plötzlich jov et ne schwere Rums — un dä Decke looch de Länge lang vürm Treese.

schaft ihre Freunde besuchen und schwadronierten lautstark in ihrer Sitzecke. Aber immer nur auf Hochdeutsch.

Der ‚Wieße' stand ebenfalls wieder am Tresen und hörte gezwungenermaßen zu. Er wurde schon immer ungeduldiger, ‚die' hörten aber nicht auf mit ihrer ‚Hochdeutschquasselei'.

Auf einmal dreht ‚Wieße' sich herum von der Theke und sagt zu den Gästen: ‚Verdammte Pimmocken ihr!'

Da sprang einer der Beschimpften auf und rief: ‚Erlauben Sie mal, wir sind alteingesessene Wiesdorfer!'

Darauf antwortete ‚Wieße': ‚Was? Das ist ja noch schlimmer!'

Absacker

Einmal stand der Rest des Schlebuscher Sparklubs sonntags noch um zwei Uhr mit fünf Mann bei Urban Ferger an der Theke. Das Bier kam rundenweise. Josef Thewes (genannt ‚Decke') war auch mit dabei und hatte von morgens an schon ordentlich geladen.

Urplötzlich gabs einen schweren Rums — und der ‚Decke' lag die Länge lang vorm Tresen.

Do sät dä Asselborns Pitter: ‚Urban, dummer noch vier Bier!' ‚Fönnef!' kütt do vum Boddem die Stemm. ‚Für mech och noch eene!'

Dä neue Mantel

De Thewes Decke hatt vill Fründe en Schliebesch un wor als Orijinal üvverall joot jeledde. Eener vun all singe Bekannte wor de Hülstrunks Hennes vum Ring- un Stemmklub.

Met däm fuhr de Decke eenes Daachs ens noh Kölle öm sech ene neue Mantel ze koofe. Do jingk et natürlich nit ohne Kölsch av. De Früh, et Sion un noch e paar andere Wiertschafte wuerten avjeklopp.

Zeröckjekumme wuerd noch ens beim Ferger renjeluert. Do han die zwei dann och noch etlije jepött. Wie et endlich Zick wor für heemzejon, sät dä Hennes op eemol: ‚Josef, do litt jo dinge neue Mantel op de Eerd!'

‚Dat määt nix', meent dä Decke dodrop, ‚dat es ene Überjangsmantel. Dä muß dat verdrage künne!'

Da meinte Peter Asselborn ungerührt: ‚Urban, gib noch vier Bier!' ‚Fünf!', kommt da vom Boden die Stimme. ‚Für mich auch noch eins!'

Der neue Mantel

Der ‚Thewes Decke' hatte viele Freunde in Schlebusch und war als Original (wegen seiner oft etwas groben Späße) überall gut gelitten. Einer seiner vielen Bekannten war Hennes Hülstrunk vom Ring- und Stemmklub.

Mit diesem fuhr der ‚Decke' eines Tages mal nach Köln um sich einen neuen Mantel zu kaufen. Dort ging es natürlich nicht ohne Kölsch ab, ‚Früh', ‚Sion' und noch einige andere Wirtschaften wurden abgeklopft.

Zurückgekehrt schaute man noch mal bei Ferger rein. Hier haben die beiden dann auch noch einige gezwitschert. Als es endlich Zeit für den Heimweg war, sagte Hennes plötzlich: ‚Josef, da liegt ja dein neuer Mantel auf dem Fußboden!'

‚Das macht nichts', meinte der ‚Decke' dazu, ‚das ist ja ein Übergangsmantel. Das muß der vertragen können!'

Dat wiehe Been

De Eidmanns Karl wor ene jestandene Schliebijer Schreinermeester, dä joot jeaach wuerd. Ech wor zo der Zick — sätmer de Bicks Theo — als jonge Keerl at beim Wuppermann als Elektriker. Do hammer eemol ens zesamme en de Petersens Villa jearbeet. Wie de Deuvel et well, rötsch dä Karl op eemol met de Leeder us un deet sech janz jehüerich wieh dobei. Hä hatt sech et Been verletz.

Et ovends denk ech: ‚Jehste doch noch ens noh im luere.' Wie ech renkumme, hatt dä Karl schwer Ping un sät: ‚Et Lis es nohm Dokter Witzheller, dä muß jede Moment kumme!'

En däm Moment schellt et och un de Karl meent: ‚Mach de Dür op, do kütt et Lis zeröck.'

Aan de Dür steht de Dokter Witzheller. Et ierschte, wat dä für mech sät: ‚Wäm hüersch du dann?' Do sät ech drop: ‚Minger Mutter!'

‚Dann es et joot. Jangk opsick!' sät dä Dokter un jing eren.

‚Karl, wat häste jemaat?'

‚Ech ben vun de Leeder jefalle. Jetz deetmer dat Been esu wieh!'

Das schlimme Bein

Karl Eidmann war ein gut gelittener, gestandener Schlebuscher Schreinermeister. Ich war zu der Zeit — erzählt Theo Bick — als junger Mensch schon bei Wuppermann als Elektriker beschäftigt. Da haben wir einmal zusammen in der Petersen-Villa gearbeitet. Wie es der Teufel will, rutschte Karl plötzlich auf einer Leiter aus und hat sich ganz gehörig dabei wehgetan; ein Bein war verletzt.

Abends dachte ich so bei mir: ‚Geh doch nochmal nach ihm sehen.' Als ich in die Wohnung komme, hatte Karl arge Schmerzen und sagte: ‚Die Elisabeth ist zum Doktor Witzheller, der muß jeden Moment kommen!'

In dem Augenblick klingelt es auch und Karl meint: ‚Mach die Tür auf, da kommt Elisabeth zurück.'

Vor der Tür steht Doktor Witzheller. Das erste, was er zu mir sagte, war: ‚Wem gehörst du denn?' Darauf sagte ich: ‚Meiner Mutter!'

‚Dann ist es gut. Geh beiseite!' sagte der Doktor und ging hinein.

‚Karl, was hast du gemacht?'

‚Ich bin von der Leiter gefallen. Jetzt tut mir das Bein so weh!'

‚Also, dann dun ens dä Stromp us!'

De Karl trick singe Stromp us. Un wie hä dän ushät, hät dä do en Flaster dronger! Dat kom däm Dokter ävver dann doch jet komisch vür: ‚No sachmer jetz ens, wer hät dir dann dat Flaster do dropjekläv?'

‚Och, Hä Dokter', kühmp dä Karl do, 'ech woß vür Ping nit mih wat ech maache sollt, do ben ech nohm vom Hagen jejange!'

Dat hät däm Ahle Witzheller jar nit jeschmoot: 'Nohm vom Hagen! Dä kläv och jedes A . . . . l . . . zo!'

(De Här vom Hagen wor ne Schliebijer Heilpraktiker un spezialisiert op Knocheverrenkunge un Verstauchunge. De Lück hillten vill op in, un hä hät manch eenem jeholpe).

Noch nit

Däm ahle Lengsdorfs Aujuß, och eener vun de Mitbejründer vun de ‚Loreley', jingk et jar nit mih joot. Hä soh och elend us, wie hä do em Bett looch. Dröm leff sing Frau rüvver nohm Frisör Pohl un sät für dä Hans: ‚Hans, kumm doch eröm un dun use Opa noch ens rasiere!'

Dä Hans jeht erüvver, seef en en, un dä Aujuß wor at immer am Luffschnappe. En däm Moment

‚Also, dann zieh den Strumpf mal aus!'

Karl zieht seinen Strumpf aus. Und als er den ausgezogen hatte, kam da ein Pflaster zum Vorschein! Das kam dem Doktor denn doch ziemlich eigenartig vor: ‚Nun sag mir jetzt mal, wer hat dir denn das Pflaster dadrauf geklebt?'

‚Ach, Herr Doktor', stöhnt der Karl, ‚ich wußte vor Schmerzen nicht mehr was ich machen sollte, da bin ich zum vom Hagen gegangen!'

Das schmeckte dem Alten Witzheller gar nicht: ‚Zum vom Hagen! Der klebt doch jedes A . . . . l . . . zu!'

(Herr vom Hagen war ein Schlebuscher Heilpraktiker und auf Knochenverrenkungen und Verstauchungen spezialisiert. Die Patienten hielten viel von ihm. Er hat vielen helfen können).

Noch nicht

Dem alten August Lengsdorf, ebenfalls einer der Mitbegründer der ‚Loreley', ging es gar nicht mehr gut. Elend sah er aus, wie er da so im Bett lag. Seine Frau lief drum rüber zu Frisör Pohl und sagte zu Hans Pohl: ‚Hans, komm doch mal vorbei und rasiere unseren Opa nochmal!'

Hans geht hinüber, seift ihn ein und August japst dazu arg nach Luft. In dem Moment kommt

Dr. Johann Witzheller, geb. 1872 in Kamp bei Lützenkirchen, hier um 1895 als Medizinstudent in Greifswald und Berlin, wirkte als Assistenzarzt und anschließend als niedergelassener prakt. Arzt von 1898 bis 1912 in Schmallenberg. Im selben Jahr übernahm er in Schlebusch die Praxis von Dr. Faßbender in der Morsbroicher Straße und praktizierte dort bis zu seinem Tode 1953.
Den Schlebuschern lebt Dr. Witzheller als der „Ahle Witzheller" in vielen Anekdoten über sein hohes ärztliches Können und seine humorvoll-deftige, volkstümliche Art fort.

kütt de Dokter Witzheller ren, süht dä Aujuß, stellt sech aan et Fooßeng un sät: ‚Aujuß, wann wells du eejentlich sterve?'

Do rieß dä Aujuß sing Ooge op un jütt em de richtije Antwoort: ‚Henger dir!'

Un dat es im och jerode.

Rückantwoort

Et wor su öm 1946/47 eröm, do maat de ‚Loreley' widder et ierschte Stiftungsfeß nohm Kreech beim Cramersch Mathildche om Äselsdamm. All die ahl Mitbejründer, die zo der Zick noch läävten, wuerten enjelade. Dozo krät jeder en extra Enladung zojescheck, met ener Rückantwoort-Kaat.

Dä en Schliebesch üvverall bekannte Kerps Düres krät natürlich och sun Kaat un hät och tireck zeröckjeschrevve: ‚Ich habe mich über die Einladung sehr gefreut. Ich komme auch. Sollte es jedoch Samstag regnen, komme ich schon am Freitag!' "

Doktor Witzheller herein, blickt auf August, stellt sich dicht ans Fußende und sagt: ‚August, wann willst du eigentlich sterben?'

Da reißt August die Augen auf und gibt ihm die passende Antwort:
‚Nach dir!'

Und das ist ihm auch gelungen.

Rückantwort

Es war so um 1946/47 herum, da veranstaltete die ‚Loreley' wieder ihr erstes Stiftungsfest nach dem Kriege bei Mathilde Cramer auf dem Eselsdamm. All die alten zu der Zeit noch lebenden Mitbegründer wurden eingeladen. Dazu bekam jeder eine besondere Einladung mit Rückantwort-Karte zugeschickt.

Der in Schlebusch überall bekannte ‚Kerps Düres' erhielt natürlich ebenfalls so eine Karte und schrieb auch sofort zurück: ‚Ich habe mich über die Einladung sehr gefreut. Ich komme auch. Sollte es jedoch Samstag regnen, komme ich schon am Freitag!' "

Rosenmontag 1938 in Schlebusch. Der damals einzige Schlebuscher Karnevalswagen, bestehend aus einer Pferdekutsche mit Anhänger, trug das Motto „Es dat dann nix, Marie?". 2. v. links: Heinrich Dahmen, als „Dahmens Hein" und Schlebuscher Original unvergessen. Sitzend, vorne links: Maria Forst, geb. Höller, der offenbar das Wagenmotto gewidmet war. Mit der „Quetsch": Milly Schick. Vor ihr sitzend: Lischen Röhrig.

Ne Sään vun bovve

„Wammer fröher em Schliebesch en de Boomhöff Äppel kläue jinge, moot immer der eropklemme, der de mihtste Kuraasch hatt. Dobei jing et nit immer pingelich zo.

Eemol hatt widder ens eener vun uns de Leeder aanjesatz un wor jrad esu nett am plöcke. Dä Inhaber hatt dat spetzkräje un kom aanjeloofe: ‚Mach bluß, dat de do ravküß! Ech well dir helpe, ming Äppel ze kläue!' Use Fründ bovven em Boom let sech ävver dovun jar nit jruß stüere un reff erav: ‚No kumm doch, wennde jet wells!' Mir andere han uns flöck verdröck.

Do krät dä Chef et met de Woot un fing aan, de Leeder eropzeklemme. Dä Klaubock wor jetz en de Eng jedrevve. Hä moot jet ongernämme. En singer Nuut fell im nix Besseres en, wie de Botz opzemaache un vun ovve ravzepinkele. Do maat dä op sun Aat jesäänte Chef siehr, dat hä widder eravkom. Onge krät hä ävver widder Kuraasch un fing aan, wie doll jäjen die Leeder ze tredde.

Use Fründ, nit fuul, sprengk wie en Katz op de nächste jruße Aas, löt sech eravrötsche un es em Nu durch de Koord. Die leddije Leeder fällt öm un kipp zesamme met däm wödije Chef en et Jraas.

Ein Segen von oben

„Wenn es in Schlebusch ums Äpfelstibitzen ging, mußte immer der hinaufklettern, der am meisten Mut hatte. Dabei gings nicht immer zimperlich zu.

Einmal hatte wieder jemand von uns die Leiter angesetzt und war grade so schön beim Pflücken. Der Besitzer hatte das beobachtet und kam herbeigelaufen: ‚Mach bloß, daß du da herunterkommst! Ich werde dir helfen, meine Äpfel zu stehlen!' Unser Freund oben im Baum ließ sich davon jedoch gar nicht sonderlich stören und rief herunter: ‚Nun komm doch, wenn du was willst!' Wir anderen haben uns flott verdrückt.

Das brachte den Chef in Wut und er begann, die Leiter hinauf zu klettern. Der Apfeldieb war nun in die Enge getrieben. Er mußte etwas unternehmen. In seiner Not fiel ihm nichts Besseres ein, als die Hose zu öffnen und von oben hinunter zu pinkeln. Da machte der auf solche Art Gesegnete schleunigst, daß er wieder hinunterkam. Unten angekommen, faßte er jedoch wieder Mut und fing an, wie verrückt gegen die Leiter zu treten.

Unser ‚Spezialist', nicht faul, springt wie eine Katze auf den nächsten großen Ast, läßt sich hinabgleiten und ist im Nu verschwunden. Die unbesetzte Leiter kippt um und fällt zusammen mit dem wütenden Besitzer ins Gras.

‚Uns' Äppel kunnte mer dismol nit metnämme.
Dafür hät et ävver beim nächstemol widder besser jeklapp."

Diesesmal konnten wir ‚unsere' Äpfel nicht mitnehmen. Dafür hat es aber beim nächsten Mal wieder besser geklappt."

De „Jo-Ühm"

Beim Kierdorf — ih de Lemmer kom —)
dat wor noh nüngksehnhundert,
hät en de Wiertschaff mallich sech
üvver ne Ühm jewundert.*

*Dä Ühm dät immer „jo, jo, jo!"
un söns jar nit vill sage,
dröm wuerd hä „Jo-Ühm" he jenannt
vun Jruße un von Blage.*

*Met sibbsich kunnt dä Jo-Ühm noch
sing Schnäpsje janz jot ligge,
die Wiertschaff un Jemütlichkeit
däten im vill bedügge.*

*Sing Köernche let hä Daach für Daach
sech jeern beim Kierdorf schmecke,
un dät, wann ens jet drüvverleff,
dä Schnaps vom Desch avlecke.*

*Die andere do drömeröm
kritten dann vill ze laache
un säten für dä Kierdorfs Wiert,
hä sollt su wiggermaache.*

*Dä schott däm Jo-Ühm jedesmol
üvver de Strich erüvver,
wann der drop aan ze schluppe fing
leff im et Pennche üvver.*

*„O jo, jo, jo, dä schöne Korn,
dä sollmer nit verrecke!"
sät hä, un fing zom Jaudium
at widder aan ze lecke.*

*Die use Jo-Ühm usjelaach,
däten für klook sech hale —
un mooten doch ze joder Letz
däm Ühm de Schnaps bezahle.*

*Wer meent, hä künnt janz unscheniert
ne ahle Mann uslaache,
sollt üvver singe domme Kopp
sech ens Jedanke maache.*

*) Die Schlebuscher Wirtschaft Kierdorf („Deutscher Kaiser") wurde nach dem 1. Weltkrieg in „Zum Gambrinus" umbenannt und lange Zeit hindurch von der Familie A. Lemmer geführt.
Heute heißt die seit über 100 Jahren immer noch an derselben Stelle (Mülheimer Straße 35) befindliche Gaststätte „Alt Schlebuscher Treff", nicht zu verwechseln mit dem Restaurant „Alt Schlebusch", Inh. Peter Balzer, Bergische Landstraße 84. „Alt Schlebusch" ist die älteste existierende Schlebuscher Gaststätte (Berg. Landstr. 54). Sie war mehrere Generationen hindurch im Besitz der Familie Boddenberg.

De Hippekünnijin

"Tja", sät de Kleins Fränz, wie mer widder ens beim 'Büb' en de Waldsiedlung soße, "üvver de Hippekünnijin oder Hippemoder wüerd immer noch vill verzallt. Richtich dät die Fräulein Schwarz heeße un wor janz fröher ens Lehrerin jewäse. Ze minger Zick lävten die ävver at janz avjesondert met e paar Höng, Hippe un enem Hippebock en ener Holzbarack jäjenüvver vun de Villa Seeburg. Späder es die Bud op Holzrolle wiggertransportiert wuerde bes jenau vis-á-vis vum Essers Huus. Dat wor die Bockstation en de Steenrötsch.

Do jing dat met de Hippe ren un rus. Fröher hammer immer jesaat: ‚Wennde rich weerde wills, mußde en Bockstation, en Kappesschav un en Hevvamm als Frau han.' "

Aan der Stell hammer ierts ens widder e Bier bestellt. Dann fing de Fränz widder aan:

"Kann sin, dat dat ahle Mädche fröher ens en Enttäuschung em Levve jehat hät. Mer weeß et nit su jenau. Kenger moot et Frollein Schwarz jot ligge. Wenn de Leyhausens Heini dohin jing öm de Eerpelschale ze brenge, krät der als Belohnung manchmol en Tafel Schokkelad. De Heini wor domols noch kleen. Un wie hä widder heemkom, sät hä ze Hus: ‚Die ess ech nit!' ‚Woröm dat dann nit?' kom dann die Frooch.

Die „Hippekünnijin"

"Tja," meinte Franz Klein, als wir wieder einmal bei ‚Büb' in der Waldsiedlung saßen, „über die ‚Hippekünnijin' oder ‚Hippemoder' wird heute immer noch einiges erzählt. Richtig hieß sie Fräulein Schwarz und war früher einmal Lehrerin gewesen. Zu meiner Zeit lebte sie aber bereits völlig abgesondert mit ein paar Hunden, Ziegen und einem Ziegenbock in einer Holzbaracke gegenüber der Villa Seeburg. Später ist die Bude auf Baumstämmen weitertransportiert worden bis genau gegenüber von Essers Haus. Ihre Holzbaracke war eine ‚Bockstation' in der Steinrütsch.

Es herrschte dort ein ständiges Kommen und Gehen. Früher sagte man, „ ‚wenn man reich werden will, muß man eine 'Bockstation', eine 'Kappesschav' und eine Hebamme zur Frau haben.' "

An dieser Stelle haben wir zunächst wieder ein Bier bestellt. Dann begann Franz erneut:

"Es kann sein, daß das alte Mädchen früher einmal eine Enttäuschung erlebt hat. Man weiß es nicht so genau. Kinder mochte Fräulein Schwarz gern. Wenn Heini Leyhausen dorthin ging, um die Kartoffelschalen zu bringen, erhielt er zur Belohnung mitunter eine Tafel Schokolade. Heini war damals noch ein kleiner Junge. Wenn er wieder nachhause kam, sagte er dort: ‚Die esse ich nicht!' ‚Warum denn nicht?', kam dann die

105

‚Nä! Die mach ech nit. Dat es jo Bockschokkelad!'

Kin Wonder, die stonk nämlich noch donoh ...

E schlau Dier

De Spedition Franz Dünner wor och fröher at immer ne Bejriff.

Däm ahle Dünners Franz singe Broder, de Pitter, fuhr domols üvverall met Pääd un Wage röm de Saache avlivvere.

Wenn dä ens durch de Steenrötsch oder de Mülleberch eropkom, durf ech av un zo mem Pitter metfahre. Stolz wie Oskar soß ech dann vürren met om Bock.

Hück muß ech immer noch drüvver laache, wie dä Pitter beim Aanfahre met de Schmeck knallden un laut dobei reef: ‚Jö, Karlheinz! Du bes doch kein dummes Mädche un sühßmer dä Kölsche Dom nit für e Pißhüsje aan!'

En de Bunne am Eertseplöcke

Et Settche, däm Röhrigs Kobes sing Frau, wor e jotmödich Weet un manchmol e besje durjenan-

Frage. ‚Nein! die mag ich nicht. Das ist ja Bockschokolade!'

Kein Wunder, die roch nämlich noch.

Ein schlaues Tier

Die Spedition Franz Dünner war auch früher schon immer ein Begriff.

Peter Dünner, ein Bruder von Franz Dünner sen., fuhr damals überall mit Pferd und Wagen Stückgut aus.

Wenn er dabei mal die Steinrütsch oder den Mühlenberg hinaufkam, durfte ich mitunter mitfahren. Dann saß ich, stolz wie Oskar, vorne mit auf dem Bock.

Noch heute muß ich darüber lachen, wie der Peter beim Anfahren mit der Peitsche knallte und laut dazu rief: ‚Jö, Karlheinz! Du bist doch kein dummes Mädchen und siehst mir den Kölner Dom nicht für eine Pinkelhütte an!'

Sehr zerstreut

Settchen, Frau von ‚Kobes' Röhrig, war gutmütig und manchmal ein wenig durcheinander. Wie

Installationsgeschäft von Jakob Röhrig (genannt „Röhrigs Kobes"), Ecke Gezelinallee/Hauptstraße, heute Berg. Landstraße. Später stand dort das „Fuchs' Büdchen". Die Aufnahme stammt aus dem Jahre 1898. Das Haus brannte um 1934 ab und Jakob Röhrig zog in den Laden der früheren Firma Feinstein, (neben Buchdruckerei Lehmann) auf der Mülheimer Straße, um.

der. Wie et eemol ene Pannekooche jebacke hät, sool et statt Mäll Jips aanjerührt han.

De Kobes hät vum Settche ens verzallt, dat et ens statt Kaffebunne die Peerle vun enem Rusekranz en de Kaffemüll jedon hätt. (Kan sin, dat hä dat sujar selver jewäse wor).

Dä Kobes dät jet stottere.

‚Un ih datmer sech versoh', saat hä, ‚hatt et Settche drei Va... Va... Vatterunser em Schößje lijje.'

Sachfragen

Wann de Röhrigs Kobes jefrooch wuerd: ‚Här Röhrig, wat maachen eejentlich Ühr Kenger?' kom die Antwoort: ‚De Fritz, dä spillt de Vi... Vi... Vije... Vijeliin un ming Doochter, die es... die es... die es doch en A... A... A...merika!'

Wammer ävver de Fritz froge dät: ‚Fritz, wat jüt et hück bei üch ze esse?', sät dä immer: ‚Mir han hück ene halve Hirring jeschlach!'

sie einmal Pfannekuchen backen wollte, soll sie statt Mehl Gips angerührt haben.

Kobes erzählte mal von Settchen, daß sie mal statt Kaffeebohnen Perlen vom Rosenkranz in die Kaffeemühle getan hat. (Kann sein, daß er das sogar selber gewesen war).

Kobes stotterte etwas.

‚Und ehe man es sich versah', erzählte er, ‚hatte Settchen drei Va... Va... Vaterunser im Schößchen liegen.'

Sachfragen

Wenn Kobes Röhrig gefragt wurde: ‚Herr Röhrig, wie gehts eigentlich Ihren Kindern?', kam die Antwort: ‚Der Fritz, der spielt Vi... Vi... Violine und meine Tochter, die ist... die ist... die ist doch in A... A... A...merika!'

Fragte man den Fritz aber: ‚Fritz, was gibt es heute bei euch zu essen?', antwortete der stets: ‚Wir haben heute einen halben Hering geschlachtet!'

Achtung, Kurv!

Wenn et Röhrigs Settche mem Rad fuhr, kunnt dat kin Kurve fahre. Et kunnt immer nur jradus! Kom et de Steenrötsch erop un wollt noh de Lötzekircher Stroß, dät et ierts ens avsteeje, et Rad erömsetze un fuhr dann wigger bes aan de nächste Kurv.

Wie et eemol ens vun de Steenrötsch us rääts eröm de Mölleberch eravfahre moot, blevv et bei uns am Huus zeierts ens op de Eck widder ston. Dann wuerd et Fahrrad noh rääts erömjedrieht. Beim Opsteeje krät et et ävver op eemol met de Angs un reff: ‚Halt mech zeröck, Jonge! Loot mech bluß nit ongen beim Küstersch Knall jäjen de Bräng fahre!'

Für de Musik

Beim Cramer om Äselsdamm es Schötzefeß. Die Kellner han all Häng voll ze dun. Em Saal wüerd jesonge, jedanz un jelaach. De Musik spillt een Denge nohm andere un krit och örntlich Bier un Schabau spendiert.

Die Kellner mössen aandauernd met de Tabletts üvver de Hoff en de Saal erenloofe. Aan däm Daach es vill Aushilfspersonal dobei. Och en de Kösch.

Achtung, Kurve!

Wenn Settchen Röhrig mit dem Rad fuhr, konnte sie keine Kurven fahren, sondern immer nur gradeaus! Kam sie die Steinrütsch hinauf und wollte zur Lützenkirchener Straße, stieg sie zunächst ab, setzte das Fahrrad herum und fuhr dann weiter bis zur nächsten Biegung.

Als sie einmal von der Steinrütsch aus rechts herum den Mühlenberg hinunterfahren mußte, blieb sie zunächst mal wieder bei uns am Haus auf der Ecke stehen. Dann wurde das Fahrrad rechts herum gedreht. Beim Aufsteigen bekam sie es aber plötzlich mit der Angst und rief: ‚Haltet mich zurück, Jungs! Laßt mich nur nicht unten beim 'Küstersch Knall' gegen die Wand fahren!'

Für die Musik

Bei Cramer auf dem Eselsdamm ist Schützenfest. Die Kellner haben alle Hände voll zu tun. Im Saal wird gesungen, getanzt und gelacht. Die Musikkapelle spielt ein Stück nach dem anderen und bekommt fleißig Bier und Schnäpse spendiert.

Die Kellner müssen ständig mit ihren Tabletts über den Hof in den Saal hineinlaufen. An diesem Festtage ist viel Aushilfspersonal dabei. Auch in der Küche.

Eenem vun denne jeploochte ‚Ersatz-Jastronome' sin drusse fönnef Teller met Wüerschje en de Dreck jefalle. Hä lis alles widder op un brengk die Teller en de Kösch zeröck.

‚Wat es domet?' frööt in die neu Kaltmamsell us Heusiefen. ‚Du muamer neu Wüerschje jevve', sät dä ärme Unjlöcksminsch, ‚ech kann doch nix dofür, dat die mer all drusse ravjefalle sin!'

‚Och wat!', sät dat dodrop, ‚brengse flöck widder ren. Die sin jo für de Musik!'

Ne ahle Fründ

Öm die fuffzich Johr wor et at her, dat ech de Heppekausens Fritz nit mih jesin hatt. Un et hätt bestemmp noch länger jeduert, wann eener us singer jruße Schliebijer Famillich mer nit jesaat hätt, dat de Fritz jetz op de Lötzekircher Stroß en Quettinge wunnt. Do han ech in e paarmol besök un hä hät sech mit singer Frau, die us Kleve stammp, jedesmol drüvver jefreut.

Su simmer aan et Schwade jekumme un de Fritz hätmer etlije Schliebijer Episödche us de Jugendzick verzällt un opjeschrevve. He sinse:

Einem dieser geplagten ‚Ersatz-Gastronomen' sind draußen fünf Teller mit Würstchen in den Dreck gefallen. Der sammelt nun alle wieder auf und bringt die Teller in die Küche zurück.

‚Was ist los damit?', fragt ihn die neue Kaltmamsell aus Heusiefen. ‚Du mußt mir neue Würstchen geben', jammert der Unglücksrabe, ‚ich kann doch nichts dazu, daß die mir alle draußen heruntergefallen sind!'

‚Ach was!', meint die darauf, ‚bring sie schnell wieder hinein. Die sind ja nur für die Musikkapelle!'

Ein alter Freund

An die fünfzig Jahre war es her, seit ich Fritz Heppekausen nicht mehr gesehen hatte. Und es hätte gewiß noch länger gedauert, wenn mir nicht jemand aus seiner großen Schlebuscher Familie gesagt hätte, daß Fritz jetzt auf der Lützenkirchener Straße in Quettingen wohnt. Einigemale habe ich ihn dort aufgesucht. Er und seine Frau, die aus Kleve stammt, haben sich jedesmal drüber gefreut.

So sind wir ins Plaudern geraten. Fritz erzählte mir einige Schlebuscher Episödchen aus der Jugendzeit, schrieb sie auf — und hier sind sie nun:

Fußball-Kreismeister 1939: A-Jugend des SV Schlebusch im Manforter Stadion.
Von links: Vereinsbetreuer „Luwi" Görres, Hans Knauf, „Männ" Grieß, Peter Nettesheim, Peter Schmitz, Willi Weinert, Viktor Beeck („Beecks Vick"), Emil Knapp, Alex Stranz, Friedel Baldringer, Helmut Moldenhauer, Fritz Heppekausen („Laus Itz"), Paul „Bebbes" Baldringer; nur z. Teil auf d. Bild: Addy „Bebbes" Baldringer.
Die Schlebuscher wurden Kreismeister durch einen Sieg über die A-Jugendmannschaft von Bayer 04 (3:2).

Miss un Mutz

En de zwanzijer, dressijer Johre dätemer en de Sanderschepp bei uns ‚Oma Lau' wunne, ming Schwesterche ‚Änneke' (dä Name hatt et vum Onkel Hein us Kleve) un ech. Ne ‚Mini-Zoo' hatte mer do: etlije Kning, ne Distelfink, ne Zeisich, en Katz namens ‚Miss' un ene Kater, de ‚Mutz'.

E herrlich, sorjefrei Levve wor dat, bes de Oma aan eenem Daach op eemol janz bedröppelt jet sage dät, wat uns Pänz zimmlich ejal wor: ‚Uns Miss kritt Junge!'

Et kleene Änneke meent dodrop: ‚Do hät secher en fremde Katz uns Miss jebütz...', ävver uns Oma verstunnt üvverhaup nit, wie sujet passiere kunnt.

Wie use jode ahle Dokter Witzheller, der jrad en de Nohberschaff ene Kranke besök hatt, op ene Stipp och bei uns ens evvens erenluere dät, hät im de Oma ehr jroß Problem vürjedrage: ‚Dat eene weeß ech jenau, dat et he en de Nohberschaff röm un töm kinne inzije Kater jütt! Uns Katz es immer zehus, jrad datse em Jade ens en Muus fängk. Ävver Jonge krijje ohne ne Kater — wie soll dat jejange sin?'

Do zeech dä Dokter op use Mutz, der jenöchlich zefridde op enem Stohl lit un am schnurre es: ‚Es dat nit ene Kater?' Dodrop meent de Oma

Miss und Mutz

In den zwanziger, dreißiger Jahren wohnten wir an der Sanderschepp bei unserer ‚Oma Lau', mein Schwesterchen ‚Änneke', (diesen Rufnamen hatte sie von Onkel Hein aus Kleve), und ich. Einen ‚Mini-Zoo' gab es da: einige Kaninchen, einen Distelfink, einen Zeisig, eine Katze namens ‚Miss' und einen Kater, den ‚Mutz':

Ein fröhliches, unbeschwertes Leben war das. Bis Oma eines Tages uns mit sorgenvoller Miene etwas mitteilte, was uns Kindern keineswegs Kummer bereitete: ‚Uns Miss kriegt Junge!'

Klein-Änneke meinte zwar: ‚Da hat sicher eine fremde Katze unsere Miss geküßt...', aber Oma konnte sich einfach nicht erklären, wie so etwas passieren könnte.

Als unser guter alter Doktor Witzheller, der gerade in der Nachbarschaft einen Kranken besucht hatte, auf einen Moment auch bei uns mal reinschaute, offenbarte Oma ihm ihr rätselhaftes Problem: ‚Das eine weiß ich genau, daß es in unserer Nachbarschaft weit und breit keinen Kater gibt! Unsere Katze ist immer zuhause und fängt höchstens mal im Garten eine Maus. Aber Junge kriegen ohne einen Kater, wie soll das gehen?'

Da zeigt der Doktor auf unseren Mutz, der zufrieden schnurrend auf einem Stuhl liegt: ‚Ist das nicht ein Kater?' Darauf winkt Oma Lau ganz

met enem jeringschätzije Jeseech: ‚Der do? Ävver Här Dokter, wie kutt Ühr dann dodrop? Dat es doch ene Broder vun uns Miss!'

Am iertste Schulldaach

Ov et wall vill Lück jevve, die sech nit mih op ehre iertste Schulldaach besenne künne?

Ech weeß noch jot, wie mir I-Dötzje uns en de Bank erensetze moote. Die wor hatt. E janz Deel vun uns woren vun Aanfang aan opjeräch am erömbrölle, däten sech balje un wollten tireck zeeje, wer de Stärkste wör. Andere soßen stief, stell un bang en de Bank.

Dann kom us ‚Frollein' eren un wollt vun jedem de Name wesse, wann hä jebore es un wo hä wunnt. Dat reefen e paar eenfach su en de Klass eren. Do hattense ävver nit mem Frollein Weber jerechnet: ‚Jeder darf nur sprechen, wenn ich ihn frage!' sät et Frollein un dät dobei en de Häng klatsche. ‚Also, einer nach dem anderen! Jetzt dürft ihr euch melden!'

Wie ech aan de Reih kom, han ech minge Name jesaat un dat ech am 1. April 1922 jebore ben.

Do steht op eemol eener op un bröllt laut un jeftich: ‚Frollein, dä lüch! Ech ben am 1. April 1922 jebore, dä do nit!'

lässig ab: ‚Der da? Aber Herr Doktor, wie kommen Sie denn darauf? Das ist doch der Bruder von unserer Miss!'

Am ersten Schultag

Ob es wohl viele Menschen gibt, die sich nicht mehr an ihren ersten Schultag erinnern können?

Ich weiß noch gut, als wir ABC-Schützen uns auf die Schulbank setzen mußten. Hart war sie. Einige riefen aufgeregt etwas in die Klasse hinein, balgten sich und wollten von Anfang an klarstellen, wer der Stärkste sei. Andere wieder saßen stocksteif, still und ängstlich auf der Bank.

Dann kam unser ‚Frollein' herein und wollte von jedem Namen, Geburtsdatum und Anschrift wissen. Das riefen einige einfach nur so in die Klasse hinein. Da hatten sie aber nicht mit dem Frollein Weber gerechnet: ‚Jeder darf nur sprechen, wenn ich ihn frage!' rief das Frollein und klatschte dazu in die Hände. ‚Also, einer nach dem anderen. Jetzt dürft ihr euch melden!'

Als ich an die Reihe kam, sagte ich meinen Namen und daß ich am 1. April 1922 geboren bin.

Da steht plötzlich einer auf und brüllt lautstark und entrüstet: ‚Frollein, der lügt! Ich bin am 1. April 1922 geboren, der da nicht!'

Zehus moot mer ming Oma dat usenanderposementiere, wie sujet üvverhaup sin kann.

‚Singe, wem Gesang gegeben . . .'

Ech weeß nit, ov use Rekter üvverhaup ene Jesanglehrer wor. Dat hä ävver janz jeweß kinne Richard Tauber oder Jan Kipura jewäse es, dat weeß ech bestemmp. Ejal, wie et och wor, hä hät et versök, uns nüng- bes zehnjöhrije Pänz et richtije Singe beizebrenge.

Ech muß ävver vun Aanfang aan sage, dat mir die Volksleeder, wie ‚Am Brunnen vor dem Tore' oder ‚Wem Gott will rechte Gunst erweisen' vun usem strenge Jesanglehrer leedjemaat wuerde sin.

Un dat kom esu:
Tireck en de iertste Jesangsstond moote mer en Zick vun paar Minutte et ‚Do-re-mi-fa-so-la-si-do' liere. (Bes hück weeß ech noch nit, wofür).

Dann jing et loß un et wuerd ‚mehrstimmig' dat schöne Leed ‚Am Brunnen vor dem Tore' enstudiert. Für use Jesanglehrer muß dat schrecklich jeklonge han. Dröm jing hä aan jedem ‚Sangeskünstler' verbei, dät jedem mem Uhr aan de Muul luusche un denne mihtste leis jet

Zuhause mußte mir meine Oma das auseinanderlegen, wie so etwas überhaupt sein kann.

‚Singe, wem Gesang gegeben . . .'

Ich weiß nicht, ob unser Rektor überhaupt ein Gesanglehrer war. Daß er aber gewiß kein Richard Tauber oder Jan Kipura gewesen ist, weiß ich bestimmt. Wie immer es auch war: Er hat versucht, uns Schulblagen, die alle um neun bis zehn Jahre ‚alt' waren, die Sangeskunst beizubringen.

Ich muß aber von vornherein sagen, daß mir Volkslieder wie ‚Am Brunnen vor dem Tore' oder ‚Wem Gott will rechte Gunst erweisen' durch unseren autoritären Gesanglehrer verleidet wurden.

Und das kam so:
Gleich in der ersten Gesangstunde mußten wir in wenigen Minuten das ‚Do-re-mi-fa-so-la-si-do' erlernen. (Warum weiß ich bis heute noch nicht).

Dann gings los und es wurde das schöne Lied ‚Am Brunnen vor dem Tore' mehrstimmig einstudiert. Unserem Gesanglehrer muß das grausig geklungen haben. Deshalb ging er an jedem ‚Sangeskünstler' vorbei, hielt sein Ohr lauschend an dessen Mund und flüsterte den mei-

zoflöstere, wobei et en saftije Uhrfiech jov. Am Eng kom hä mir och met singem Uhr janz nöh aan de Leppe un jov mer tireck och eene an et Backe: ‚Halt den Mund, wenn du nicht singen kannst!'

Dann jov de Här Rektor singem Jesangverein dat Kommando: ‚Nochmal von vorn!' un datselve Spillche jing widder vun vürre loß!

Wie et mir jo jesaat wuerde wor, han ech jetz de Muul jehale. Leider hätmer dat nit vill jenötz. Hä kom widder luusche, jovmer en Uhrfiech un sät met wödije Stemm: ‚Warum singst du nicht?'

En de Ferie noh Kleve

Sommerferie — et Hühtste für Schullblage! Su es et hück noch un esu wor et domols, vür sechsich Johr ...

Zo der Zick, en de dressijer Johre, hät mech de ‚Oma Lau' ens für drei Woche noh de Tant Anna noh Kleve am Niederrhein jescheck. Dat sollt ming iertste ‚janz jruße' Reis sin, vun der ech bes hück jet behale han.

Wiemer sech wall denke kann, wor die Opräjung bei sunem onjewennde Jedöns aan de Sanderschepp su jruß wie noch nie. Ech sollt jo janz alleen op die lang Fahrt jon!

sten leise etwas zu, wobei er eine saftige Ohrfeige verabreichte. Schließlich hing er auch mir mit seinem Ohr an den Lippen und gab auch mir sofort eine Ohrfeige: ‚Halt den Mund, wenn du nicht singen kannst!'

Am Ende befahl Herr Rektor seinem Gesangverein: ‚Nochmal von vorn!' Das gleiche Lauschespielchen begann erneut.

Befehlsgemäß hielt ich jetzt meinen Mund. Leider nützte mir das nicht viel. Er horchte wieder, verpaßte mir die fällige Ohrfeige und sprach mit zornbebender Stimme: ‚Warum singst du nicht?'

In die Ferien nach Kleve

Sommerferien — das Höchste für Schulkinder! So ist es heute, so war es damals vor 60 Jahren.

Seinerzeit, in den Dreißigern also, schickte mich Oma Lau für drei Wochen in die Ferien zu Tante Anna nach Kleve am Niederrhein. Das sollte meine erste ‚ganz große' Reise werden, die ich bewußt erlebte.

Wie man sich denken kann, war die Aufregung an der Sanderschepp anläßlich eines so ungewöhnlichen Ereignisses so groß wie noch nie, sollte ich doch mutterseelenallein auf die lange Fahrt gehen!

Oma Lau mit Enkelin „Änneken" und Enkel Fritz Heppekausen. Rechts: Vater Reinold Heppekausen, aufgenommen in der Sanderschepp, 1926.

Alleen at dä Daach, aan däm et loßjing, wor für mech kleene Stoppe vun jrad 8 Johr jet, wat ech mi Läävdaach nit verjesse. Durch dä janze opjerächte Zottier daachs vürher hatt ech at nääts nimmih richtich schlofe künne. Jetz ävver, am Daach ‚X', hatt sech dat nervöse Jebrassels en luter Freud ömjekiehrt.

Koffer un Marjerine-Kattongs woren at et Ovends vürher jepack wuerde. Jetz krät ech vun de Oma en örntlich Fröhstöck op de Desch: en Pann Brooteerpel met Rührei, Mellech un Botteramme met Marmelad. En eenem maatse noch ene deftije Proviant für de Reis parat: vier decke ‚Doppeldecker'-Botteramme joot belaat un noch en Thermesfläsch met Kakau. Nit ze verjesse: Ech moot jo bestemmp vier Stond ongerwächs sin, un ohne jenoch ze esse hättmer do jo flöck verhöngere künne! Dovun wor ech total üvverzeuch!

Dann jovmer de Oma och noch e deck Täschejeld von RM 2,10 en et Hängche: dat wor jenau ne Jrosche pro Feriedaach un jenoch für drei Woche. Hückzedaachs kummen eenem 10 Penning jet ärch kniestich vür, dobei wor sune Jrosche fröher ne aanjemessene Beitrag für et Kirmesjeld. En Kleve däten nämlich noch paar Kirmesdaach op mech wade!

Ävver noch wor ech jo en Schliebesch. De Oma hatt de Jemeindeschwester Elisabeth ‚ankaschiert', mech noh Kölle nohm Haupbahnhoff ze brenge un en de richtije Zoch erenzesetze.

Allein schon der Abreisetag war für mich kleinen achtjährigen Knirps ein unvergeßliches Erlebnis. Hatten schon die hektischen Vorbereitungstage nächtliche Schlafstörungen bei mir verursacht, so verwandelte sich die nervöse Unruhe jetzt am Tage ‚X' in freudige Erregung.

Koffer und Margarine-Kartons waren bereits abends vorher gepackt worden. Jetzt bekam ich von Oma ein kräftiges Frühstück aufgetischt: eine Pfanne Bratkartoffeln mit Rührei, Milch und Marmeladebroten. Gleichzeitig machte sie mir ein weiteres deftiges Reiseproviant-Paket zurecht — bestehend aus vier dick belegten ‚Doppeldecker-Stullen' nebst einer Thermosflasche mit Kakao. Wohlgemerkt: ich würde ja mindestens vier Stunden unterwegs sein — ohne ausreichende Verpflegung hätte man da ja schnell verhungern können. Davon war ich vollkommen überzeugt!

Schließlich drückte mir Oma noch satte RM 2,10 Taschengeld ins Händchen: das waren exakt 10 Pfennige pro Ferientag, ausreichend für drei Wochen. Heutzutage eine wohl recht knickrige Summe, damals ein angemessener Beitrag zum Kirmesgeld. In Kleve erwarteten mich nämlich einige Kirmestage!

Aber noch war ich ja in Schlebusch. Hier erschien pünktlich zur Abfahrtszeit Gemeindeschwester Elisabeth, die von Oma Lau ‚gechartert' worden war, mich zum Kölner Hauptbahn-

Schwester Elisabeth kom pünklich. Zesamme mem Änneke simmer dann allemole noh de Linie ‚S' jeschürch — un fott woremer.

Am Haupbahnhoff wollt de Schwester Elisabeth ävver nit ussteeje un hatt och en jot Erklärung dofür: ‚Wir haben 25 Pfennig bezahlen müssen bis zur Endstation. Der Straßenbahn schenken wir nix!' Su simmer also wiggerjefahre bes aan de Endstation ‚Museum' un mooten dann met all däm Jepäck nohm Bahnhoff zeröcktalpe.

Jetz soß ech jlöcklich em Dritte-Klasse-Abteil vun de Reichsbahn, Schwester Elisabeth hatt met enem Trönche en de Ooge atschüß jesaat. De Lok trook langsam aan un ech han mech tireck üvver et Proviantpaket herjemaat — ech hatt jo sune Honger!

En Rauh esse kunnt ech ävver nit. Dä Bummelzoch hillt ‚an jedem Klo' — wie ene äldere Här sät, dä metfuhr. Dröm ben ech och jedesmol aan et Abteilfinster jelofe öm die janze Statione opzeschrieve: Nippes — Dormagen — Worringen etc.

Wie ech ävver zwei Stund drop widder ens erusluerten, wor vun fään at de Schwanenburg vun Kleve ze sin un vum Proviant nix mih do. Ävver de Tant Anna, die mech am Bahnhoff avholle kom un vür Freud üvver et janze Jeseech am laa-

hof zu bringen, um mich dort in den richtigen Zug zu setzen. Oma und Änneke begleiteten uns zur Straßenbahn ‚S' — und fort gings!

Am Hauptbahnhof angelangt, machte Schwester Elisabeth jedoch keinerlei Anstalten hier auszusteigen und hatte auch eine plausible Erklärung dafür: ‚Wir haben 25 Pfennig bis zur Endstation bezahlen müssen. Der Straßenbahn schenken wir nichts!' So fuhren wir also weiter bis zur Endstation ‚Museum' und mußten anschließend mit meinem umfangreichen Reisegepäck zurücktraben.

Endlich saß ich glücklich in einem Dritter-Klasse-Abteil der Reichsbahn. Schwester Elisabeth hatte sich mit einer Träne im Auge verabschiedet, die Lok zog langsam an — während ich mich unverzüglich über mein Verpflegungspaket hermachte, denn mein Hunger war ja so groß!

In Ruhe essen war allerdings nicht möglich. Der Bummelzug hielt ‚an jedem Klo', wie sich ein älterer Herr ausdrückte, der mitfuhr. Ich stürzte daher jedesmal ans Abteilfenster, äugte hinaus und schrieb die Namen aller Stationen auf: Nippes — Worringen — Dormagen u.s.w.

Als nach über zwei Stunden bei einem Blick aus dem Fenster von fern die Klever Schwanenburg zu sehen war, war mein Reisevorrat zwar verfuttert — aber Tante Anna, die mich freudestrahlend am Bahnhof abholte, hatte auch für mich

che wor, hatt och für mech en Freud parat: ‚Daheim gibts dein Lieblingsgericht: Bratkartoffeln mit Rührei und Marmeladebrot...'

‚Wenn in Großmutters Stübchen...'

Uns Oma Lau wor met üvver 80 noch jesongk un immer noch am erömbrassele wie en Fuffzichjöhrije.

Koche dätse, putze, flecke, em Stall arbeede, de Kning födere un — ußer Ömjrave — die janze Arbeet em Jade maache. Se jing sujar noch met de Schubkar en de Bösch et Aanstochsholz hole. Et wor en onjemein fließije Huusfrau.

Ovends soß de Oma en ehrem hölzerne Lehnstohl, dät mem Streckzeuch erömhantiere un jet leis vür sech hersenge. Natürlich nur ahl Volksleeder, wie ‚Am Brunnen vor dem Tore' un esu jet. Et wor klor, datse nur die Leeder us ehr Schull- un Jugendzick kannt. E Radio hattemer noch nit, dröm krätse suwiesu vun dä moderne Tanzmusik esu jot wie jar nix met.

Ävver ech!

Ming mihtste Fründe us de Schull un vum Fußball hatten at e Radio deheem. Un et jov jo och et Kino. Av un zo däten do Verwandte oder Bekannte als ‚Platzanweiser' arbeede, die at ens aan ‚Ehrenkarten' raankome. Op die Tour kunnt

eine Freude parat: ‚Daheim gibts dein Lieblingsgericht: Bratkartoffeln mit Rührei und Marmeladebroten...'

‚Wenn in Großmutters Stübchen...'

Oma Lau war mit über achtzig immer noch gesund und geschäftig wie eine Fünfzigjährige.

Sie kochte, putzte, flickte, werkelte im Stall, versorgte ihre Kaninchen, verrichtete sämtliche Gartenarbeiten (außer Graben) und ging noch mit der Schubkarre in den Wald zum Kleinholzholen. Sie war eine ungewöhnlich arbeitsame Frau.

Abends saß Oma in ihrem hölzernen Lehnstuhl, hantierte mit ihrem Strickzeug und sang leise vor sich hin. Selbstverständlich nur alte Volkslieder, wie ‚Am Brunnen vor dem Tore' und so. Oma kannte offenbar nur die Lieder aus ihrer Schul- und Jugendzeit. Radio hatten wir noch nicht; so bekam sie ohnehin von moderner Tanzmusik nichts mit.

Aber ich!

Die meisten meiner Schul- oder Sportsfreunde hatten daheim ein Radiogerät. Und es gab ja auch das Kino. Dort waren zeitweise Verwandte oder Bekannte als Platzanweiser tätig, die schon mal leicht an ‚Ehrenkarten' herankamen. So

ech prima die neu Filmmusik un die modernste Schlager kenneliere. Nevven däm Sport wor für mech de Tanzmusik ‚in'.

Üvver de Fußball dät de Oma nie schänge, ävver Tanzmusik wöer ‚jatzich' sätse. ‚Die neu Jassenhauer, besondersch die Foxtrotts, sin widderlich' meentse un wor nit dovun avzebrenge. ‚Wie kammer sech sujet aanhüere: Was machst du mit dem Knie, lieber Hans? — Wie schön hüert sech do doch dat ahle Volksleed aan: Wenn in Großmutters Stübchen, ganz leise, surrt das Spinnrad am alten Kamin ...'

Eemol han ech et ehr ävver ens klor jesaat: ‚Dat es ene jatzije Foxtrott!'

Vun der Zick aan wuert nie mih üvver de moderne Musik jekallt.

‚Jong, wie jeht et dir?'

De Dokter Witzheller wor use Huusaaz, der domols och at bahl op de Sibbsich aanjing. De ‚Ahle Witzheller' mootense all jot ligge.

Av un zo hatt ech als kleene Patient och at ens jet met im ze dun, dobei jov et su jot wie jedesmol jet ze laache. Eemol wor do dat Jedöns met minger Buchping. Dat kom esu:

---

lernte ich die beliebte Filmmusik und aktuelle Schlager kennen. Neben Sport war für mich Tanzmusik ‚in'.

Über Fußball schimpfte Oma nie, aber Tanzmusik sei ‚greulich', meinte sie. ‚Die modernen Schlager, besonders diese Foxtrotts, sind abscheulich' behauptete sie und war davon nicht abzubringen. ‚Wie kann man sich sowas anhören wie: Was machst du mit dem Knie, lieber Hans? — Wie schön klingt da die herrliche alte Volksweise: Wenn in Großmutters Stübchen, ganz leise, surrt das Spinnrad am alten Kamin ...'

Einmal habe ich da Oma aber aufgeklärt: ‚Das ist ein abscheulicher Foxtrott!'

Seitdem wurde bei Oma nie mehr über moderne Tanzmusik gesprochen.

‚Jong, wie jeht et dir?'

Doktor Witzheller, unser Hausarzt, ging damals bereits auf die Siebzig zu. Der ‚Ahle Witzheller' war bei jedermann beliebt.

Gelegentlich hatte ich als kleiner Patient mit ihm zu tun. Dabei gab es immer etwas zu schmunzeln. Da war z. B. die Geschichte mit meinem Bauchweh. Das kam so:

Ming jruße Fründe vun nevvenaan jingen nämlich immer op ‚Äppelkau'. Dobei mootense zeierts durch die Kuhlmanns Baach, die ne Avzweich vun de Dhünn wor un et Hammerwerk vun de Sensefabrik aandrieve dät. Dann jing et rubbedidupp en de Oobsplantaasch eren, do dätense flöck en Portion Äppel vun de Bööm eravschöddele un maaten siehr, datse om selve Wäch widder fottkome.

Die Äppel wuerten pingelich jenau opjedeelt. Ech krät och dann immer jet dovun met, wann ech jar nit dobeijewäse wor. Vun Oobs kritmer Duersch, dröm han ech eemol aan dä Quell onger de Dhünnbröck am Hammerwäch Wasser drop jedronke.

Hück weeß ech, datmer räuhich Wasser drenke kann, wammer vürher rief Oobs jejesse hät. Äver dä Koor vun ming Fründe muß doch wall noch nit rief jewäse sin — kuert drop krät ech onjewennde Buchping, un wat donoh kom, jing och noch zom Deel en de Botz.

‚Du häs et Abführen', sät de Oma un hät mech nohm Dokter Witzheller jescheck. Dä froot mech: ‚Na, Jong, wie jeht et dir?' Ech han im jet vun minger Buchping verzällt un dann noch dozojesaat: ‚Ech kann — och, wann ech nit will!' Dä Dokter maat en ääns Jeseech un jovmer paar schwatze Pille: ‚Morjens een un ovends een!'

Meine größeren nachbarlichen Freunde gingen nämlich oft auf ‚Äppelklau'. Dazu wateten sie durch den ‚Kuhlmanns Bach', einen Abzweig von der Dhünn, der zum Antrieb des Hammerwerks der Sensenfabrik diente. Dann gings Hals über Kopf in die Obstplantage, dort schüttelten sie flink einige Äpfel herunter und beeilten sich, auf demselben Wege zurück zu kommen.

Die Beute wurde korrekt aufgeteilt. Ich erhielt auch dann immer etwas ab, wenn ich gar nicht dabeigewesen war. Obst macht durstig, darum habe ich einmal an der Quelle unter der Dhünnbrücke am Hammerweg Wasser drauf getrunken.

Heute weiß ich, daß man dann getrost Wasser trinken kann, wenn man vorher reifes Obst gegessen hat. Die Kostprobe meiner Freunde muß aber wohl unreif gewesen sein — kurz darauf plagten mich ungewohnte Bauchschmerzen — und die Folgen gingen sogar zum Teil in die Hose.

‚Du hast das Abführen' sprach Oma und schickte mich zu Doktor Witzheller. Der fragte mich: ‚Na Jong, wie jeht et dir?' Ich berichtete von meinen Bauchschmerzen und erklärte dazu: ‚Ich kann — auch wenn ich nicht will!' Der Doktor überreichte mir mit ernster Miene einige schwarze Pillen mit den Worten: ‚Morgens und abends eine!'

De Oma daach do andersch drüvver un sät: ‚Morje mössemer en de Bösch Holz holle, dann mußde widder jesongk sin. Dröm nümmste jetz tireck vier Stöck op eemol!'

Domet krät ech dann at widder Buchping un moot noch ens nohm Dokter Witzheller.

Wie et sing Aat wor, kom zeierts widder die Froch: ‚Na, Jong, wie jeht et?' Do han ech im jesaat, wie et wor: ‚Jetz muß ech — ävver ech kann nit!'

Do jov hä mir jrön Pille met enem jode Root: ‚Jetz willste un kanns nit ... Wann de ävver hevun mih wie zwei Stöck am Daach nümms, dann kannste un wills nit!' Wie hä doch räät hatt, dä jode Dokter!

Met 15 wor ech en de Liehr un jing widder ens noh ‚mingem' Dokter, der immer noch praktiziere dät un mech widder op dieselve Aat en Empfang nohm: ‚Na, Jong, wie jeht et? Jeht et, oder muß ech dech krankschrieve?' Un dann kuert drop: ‚Wat häste eejentlich?'

Dä Forelle-Ball

Ming Äldere kome beeds us Familije met vill Kenger, die all jeern Sport bedrieve däte. Op jede Fall wor für die mihtste Jonge en de Famillich

Oma dachte da anders drüber und meinte: ‚Morgen müssen wir in den Wald zum Holzholen, dann mußt du wieder gesund sein. Du nimmst also gleich vier Stück auf einmal!'

Damit bekam ich dann schon wieder Bauchweh und mußte erneut zu Doktor Witzheller.

Nach der üblichen Begrüßung: ‚Na Jong, wie jeht et dir?' erklärte ich meine Beschwerden wahrheitsgemäß: ‚Jetzt muß ich — aber ich kann nicht!'

Da gab er mir einige grüne Pillen mit dem guten Rat: ‚Jetz willste un kanns nit. Wenn du hiervon mehr als zwei Stück am Tag nimmst, dann kannste un wills nit!' Wie Recht er doch hatte, der gute Doktor.

Mit 15 war ich in der Lehre und besuchte ‚meinen' Doktor, der immer noch praktizierte. Er empfing mich mit den Worten: ‚Na Jong, wie jeht et? Jeht et, oder muß ech dich krankschrieve?' Und dann nach kurzer Pause: ‚Was haste eijentlich?'

Der Forellen-Ball

Meine Eltern entstammten beide kinderreichen, sportbegeisterten Familien. Jedenfalls entschieden sich die meisten männlichen Nachkommen

Fritz Heppekausen 1941 mit Anzug, Schlips und Kragen beim „Fußballtraining"
auf dem Hof von Oma Lau in der Sanderschepp.

et Turne de ‚Lieblingsbeschäftigung' öm sech fit ze hale.

Als Meisterturner wor minge Ohm ‚Schäng' (Johann Lau) sujar 1913 Turniersiejer om Reichssportfeß en Leipzig jewuerde un wuerd üvverall jefiert. Minge Vatter, ävver och die andere Ühme Pitter un Fränz, woren als ‚Lokal-Turngrößen' jot bekannt.

Nur minge Ohm ‚Fend' (Ferdinand Lau) dät jet us de Reih danze: hä spillden nämlich met Bejeisterung Fußball als Linksaußen beim TuS Schlebusch.

Als kleene Puut soh ech in off de Außenlinie eravfäje. Dat wor en de ‚Sandwüste' vum Sportplatz, jäjenüvver vum ahle Schliebijer Kirchhoff, wo jetz de ‚Textar' dropsteht. O jo, die Spieler un Anhänger vun denne Vereine us de Nohberschaff däten ‚Sandwüste' sage für dat Jelände, op däm se sech ‚dutlofe' däte.

Janz jlich wie et wor — zickdäm ech dä Ohm Fend su fantastisch sing ‚Flankenläufe' maache jesin hatt, jov et für mech als Sport nur noch de Fußball. De Willibald Kreß, Richard Hofmann, Fritz Szepan, Ernst Kuzorra un et Lokalidol Paul Janes woren ming janz jruße Vürbilder. Dröm fing ech aan, zehus met enem kleene 35-Pennings-Jummiball usem Ehape op usem kleene Hoff en de Sanderschepp ze trainiere.

für Körperertüchtigung als Liebslingsbeschäftigung, d. h. fürs Turnen.

Während Onkel ‚Schäng' (Johann) Lau sogar als Meisterturner — z. B. Turniersieger auf dem Reichssportfest 1913 in Leipzig — weit und breit gefeiert wurde, machten Vater sowie seine Onkel ‚Pitter' und ‚Fränz' als lokale Turngrößen von sich reden.

Lediglich Onkel ‚Fend' (Ferdinand) Lau fiel da etwas aus dem Rahmen: er spielte mit Begeisterung Fußball als Linksaußen beim TuS Schlebusch.

Als kleiner Knirps sah ich ihn desöfteren rasant an der Außenlinie entlangfegen — auf der ‚Sandwüste' des Sportplatzes gegenüber dem alten Schlebuscher Friedhof. Ja, Sandwüste nannten die Spieler und Anhänger der Nachbarvereine das Gelände, auf dem sie sich ‚totliefen'.

Wie dem auch immer war: seit ich Onkel Fends schwungvolle Flankenläufe erlebt hatte, kam für mich nur noch der Fußball als sportliche Betätigung infrage. Ich nahm mir Willibald Kreß, Richard Hofmann, Fritz Szepan, Ernst Kuzorra und das Lokalidol Paul Janes zum Vorbild und begann eifrig — zunächst mit einem kleinen 35-Pfennig-Gummiball aus dem Ehape — auf unserem kleinen Hof, daheim an der Sanderschepp, zu trainieren.

Johann Lau, geb. 1890, wurde zeitlebens als vorbildlicher Amateursportler hoch geachtet.
Mit dem Schlebuscher Turnverein 1881 e.V. nahm er an vielen deutschen Turnfesten teil.
Als größten Erfolg errang Johann Lau den Sieg im damals volkstümlichen Sechskampf auf dem Turnerfest in Leipzig im Jahre 1913.
Fast alle Schlebuscher Vereine holten bei seiner Rückkehr den Sieger am Bahnhof Schlebusch ab und geleiteten ihn mit Musik
und begeisterten Hochrufen nachhause. Die Schulkinder und Bürger bildeten Spalier.
Das Foto zeigt ihn an seinem 75jährigen Geburtstag.
Auch mehrere Brüder von Johann Lau waren erfolgreiche Sportler und wurden
nicht nur von ihrem Neffen Fritz Heppekausen bewundert.

Bahl durf ech och en de ‚Sandstroße-Mannschaff' metspille. Wann e jruß Spill wor jäjen de Reuterstroß, de Köhnsbösch oder de Junkernkamp, durf ech do zeeje wat ech kunnt — un dat met enem ächte, jruße Ledderball!

Dotösche immer widder Training op usem enge Hoff, met däm kleene Jummiball, jeföhrlich nöh am Wäch vun de Sanderschepp, der jo piel erav noh de Dhünn eronger jeht.

Un esu jing dat op mingem klitzekleene Trainingsplatz: dat Bällche let ech mem Kopp un mem Fooß vun de Huuswand noh de Stallwand hin- un herspringe. Et avjeschlossene Hoffdöörche wor et ‚Fußballtor', dat ech natürlich us ‚jeder Lage' onger ‚Beschuß' nohm. Wie et och beim richtije Fußballspill vürkütt, fächten dä Ball och at ens üvver et ‚Tor' und floch, wann ech Jlöck hatt, en de Nohberschjade oder — wat vill schlimmer wor — die Schepp erav op de Dhünn aan.

Dann wuerd Hals üvver Kopp us däm Fußball- e Sprinttraining: ech leff wie doll henger däm Ball her, der immer flöcker am eravhöppe wor. Hühtstens noh 40 Meter moot ech in jekräät han — söns dät der aan der Stell en de Dhünn lande, wo die Kuhlmanns Hammerbaach en de jrößte Schliebijer Fluß erenlööf.

Ech kann mech noch jenau aan dä Daach erinnere, wie ming herrlich Trainingsbällche, aan däm ech doch esu hing, singe Wäch nohm Was-

Bald durfte ich auch in der ‚Sandstraßen-Mannschaft' bei deren großen Kämpfen gegen die Reuterstraße, den Kühnsbusch oder den Junkernkamp mein Können beweisen — mit einem echten, großen Lederball!

Zwischendurch immer wieder Training auf unserem engen Hof — mit dem kleinen Gummiball, in gefährlicher Nähe des steil zur Dhünn hinabführenden Weges der Sanderschepp.

Und das ging so: auf meinem winzigen Trainingsplatz ließ ich das Bällchen von der Haus- zur Stallwand hin- und hertanzen, per Kopf und Fuß. Die geschlossene Hofpforte diente als Fußballtor, das ich natürlich ‚aus jeder Lage' unter Beschuß nahm. Wie im richtigen Fußballspiel, sauste der Ball auch schon mal über das ‚Tor' und landete entweder glücklich in Nachbars Garten oder gelangte — viel schlimmer — auf den abschüssigen Weg Richtung Dhünn.

Dann wurde im Handumdrehen aus dem Ball- ein Sprinttraining: Ich spurtete hinter dem immer schneller abwärts hüpfenden Ball her und mußte ihn spätestens nach 40 Metern erwischt haben — oder er landete in der Dhünn, dort, wo der ‚Kuhlmanns Hammerbach' in den größten Schlebuscher Fluß mündet.

Ich erinnere mich noch gut an den Tag, an dem mein ebenso wertvolles wie heißgeliebtes Trainingsbällchen seinen Weg zum Wasser suchte

ser rav fong. Tireck hengerdrensprenge jing jo nit, do wor nämlich ene Stacheldrohtzung un die Böschung, die piel eravjing. Et blevvmer nur noch üvverich, met enem flöcke Spurt üvver et Kuhlmanns Hammerbaachsbröckche op die nit esu avschössije, andere Dhünnsick ze kumme, dann eren en et nidderije Wasser, dat ävver vill Schoß hatt, un jetz däm Ball hengerher, der at nit mih ze sin wor.

Am Eng han ech dat wertvolle Denge noh onjefähr 150 Meter ,Wasserlaufen' doch noch ze packe kräje — wobei mer jetz ierts opfeel, dat ech jo ming Trainingsbällche met Schohn un Strömp jerett hatt. Do kom mer jlönich heeß de Oma Lau en de Senn, die naaße Strömp un Schohn janz un jar nit ligge kunnt. Ech woß ävver och, wie jeern de Oma Fesch esse dät . . .! Besondersch jeern Forelle paniert un jebacke! Un vun denne Dierche jov et domols noch vill en de Dhünn. Ech hatt jo fröher at de Oma met ener Forell oder nem Aal öfter at ens en Freud jemaat . . . Die woren bahl onger jedem jrößere Steen ze fenge: Forelle üvver däm Flußboddem — Aale em Schlamm. Als ene ,ahle' Feschfänger krät ech jetz zimmlich flöck en Forell onger nem Steen ze packe.

Wie ech ehr met enem Fesch aankom, hätse su jedon, als ovse vun naaße Strömp un Schohn üvverhaup nix jesin hätt.

und fand. Sofort hinterherspringen war nicht möglich, ein Stacheldrahtzaun und die steil abfallende Böschung verhinderten es. Da blieb nur eins übrig: ein schneller Spurt über das Kuhlmanns Hammerbachbrückchen zum weniger abschüssigen Dhünnufer und hinein ins niedrige, aber rasch dahinfließende Wasser, dem Bällchen hinterher, das meinen Blicken bereits entschwunden war.

Schließlich erwischte ich das wertvolle Ding noch nach etwa 150 Metern ,Wasserlauf' — und bemerkte erst jetzt, daß ich die feuchte Rettungstat in Schuhen und Strümpfen vollbracht hatte. Siedendheiß fiel mir die Oma ein, die nasse Strümpfe und Schuhe ganz und gar nicht leiden konnte. Andererseits kannte ich ihre Vorliebe für . . . Fische! Besonders Forellen aß Oma Lau für ihr Leben gern, paniert und gebacken! Und von diesen Tierchen gab es damals reichlich in der Dhünn. Schon desöfteren hatte ich der Oma mit einer Forelle oder einem Aal eine Freude gemacht. Die waren unter fast jedem größeren Stein zu finden: Forellen über dem Flußboden — Aale im Schlamm. Als ,alter Fischfänger' gelang es mir nun ziemlich schnell, eine Forelle unter einem Stein zu ergreifen . . .

Nasse Schuhe und Strümpfe ,übersah' Oma immer geflissentlich, wenn ich ihr einen Fisch brachte.

127

Vorbereitungsarbeiten im Frühjahr 1931 zum neuen Fußballplatz für den SV Schlebusch. Hier war die Endhaltestelle der Kölner Straßenbahnlinie „S" nach Schlebusch. Jetzt stehen dort Gebäude der Firma Textar. Auswärtige Fußballvereine bezeichneten diesen bei allen Schlebuschern beliebten Sportplatz als „Sandwüste" und hatten bei Spielen gegen unsere an den Platz gewöhnten Fußballer ihre Konditionsprobleme.

Komisch, ming Oma hät och nie jet üvver ming ‚Hof-Training' un dat aandauernde Rummse mem Ball jäjen de Huuswand ze meckere jehat. Dobei hattse aan Sport nie Interesse un hätmer trotzdäm ming Fußballspillerei nit verbodde oder söns jet dodrüvver jesaat. Ov dat wall jet met de Forelle ze dun hatt?

Ming Trainingsbällche es noch zimmlich off en de Dhünn erenjehöpp — un jenau esu döckes han de Oma Lau noch panierte un jebackene Forelle jeschmoot.'

Seltsamerweise hat sie auch niemals über mein ‚Hof-Training' mit dem ständigen Rummsen gegen die Hauswand gemeckert. Dabei hat sie sich nie für Sport interessiert und dennoch meine Fußballspielerei weder behindert noch kommentiert. Ob das etwas mit den Forellen zu tun hatte?

Mein Trainingsbällchen ist damals noch ziemlich oft in der Dhünn gelandet und entsprechend häufig kam Oma in den Genuß einer panierten, gebackenen Forelle."

Schliebijer Wächwieser

Öm nüngsehnhondertzehn eröm
jov et at lang he Stroße —
bluß kunntmer op die Jäjend sech
noch nit su räät verloße.

Et jov nur he un do e Schild
op däm jet opjeschrevve —
och Schliebesch wor, wat dat aanjing,
noch jet zeröckjeblevve.

En Bürrich un en Upladin,
do kunntmer och nix fenge;
nur dä, dä do jebore wor,
fong sech zeräät em Denge.

Die Lückcher däten jeder Hött
eenfach ne Name jevve,
un domet let sech röm un töm,
sujar en Weßdorp, levve.

Wo he bei uns de Steenrötsch es
kunntste wall jede froge:
Du krääts dä rääte Wäch jenannt
un wuerds och nit beloge.

Die Hollkull un dä Äselsdamm,
och deep dä Hammer onge,
han op die Aat he mallich flöck,
selvs Fremde, jot jefonge.

Dä Dünnersch Pitter wor vum Saan,
jing jeden Daach spaziere
öm ongerwächs, beim Boddenberg,
paar Schnäpsje ze probiere.

Om Röckwäch durch et Freudenthal
kunnt hä sech nie besinne,
ov links röm oder rääts et jing:
De Berch rop kom jo kinne!

Doch hing im su ne Tirpitz-Baat *
dubbelt de Backe ronge,
domet hät Pitter jede Wäch
vun janz alleen jefonge.

Hä broht jo nur aan jeder Sick
sech jet am Baat ze trecke,
öm domet sing Erinnerung
aan „Rääts" un „Links" ze wecke:

„Links jeht et rav nohm Scherpebraan,
dohin well ech nit lofe —
doch rääts, do jeht et treck nohm Saan!
Dat küttmer wie jerofe!"

Do sühtmer, wie em Schliebesch jau
un klook die Minsche wore:
Wer nit mih richtich wigger woß
hatt jo sing Backehoore!

---

* Es war zur Zeit des letzten Kaiserreichs in Deutschland Mode, die Barttracht der Großen nachzuahmen. Der hochgezwirbelte Schnäuzer Kaiser Wilhelms II. war am weitesten verbreitet. Seltener der in zwei getrennten Teilen herabhängende Bart des Großadmirals von Tirpitz (1849-1930), des Schöpfers der kaiserlichen Flotte. Wer einen solchen trug, hatte einen „Tirpitz-Bart" und brauchte für die typisch rheinländischen Hänseleien nicht zu sorgen.

Mannefeder Verzäll
Manforter Berichte

Wat jetz kütt, hät mem „Bahnhof Schlebusch" ze dun. Dä lit op de Mannefet, wie mer jo all wesse. Die Mannefeder han dat denne Schliebijer ävver nie für üvvel jenomme. Et Mannefeder Platt es jo och vum Schliebijer su jot wie nit ze ongerscheede. Do kammer at draan sin, dat de Mannefet un Schliebesch — wat us Muttersproch aanjeht — zesammejehüere.

Dröm well ech och jeern noch jet vun de Mannefet schrieve. Der mer dat he verzallt hät, es de Reinhold Spiegel vun de Ahl Heed. Met sing 80 Johr es de Här Spiegel immer noch stärk aan Historie intressiert un at zick Johr un Daach em Bergischen Geschichtsverein.

Losse mer in also verzälle:

Schnaps muß sin

„Minge Ühm, de Veits Ewald, wor at vürm lertste Weltkreech Kutscher bei de Dynamit. Do moot hä sing ‚fein Häre' vun de Fabrik-Verwaltung nohm Schliebijer Bahnhoff un zeröck fahre. Et mihtste jing jo domols noch met Päärd un Wage. Autos jov et nur janz paar.

Die Häre soße nur hühstens en half Stöndche om Landauer oder em jeschlossene Wage. De

Das Folgende hat mit dem Bahnhof Schlebusch zu tun. Wie jeder weiß, liegt der in Manfort. Den Schlebuschern haben die Manforter das jedoch nie verübelt. Manforter Platt ist ja auch vom Schlebuscher so gut wie gar nicht zu unterscheiden. Allein daran kann man schon sehen, daß Manfort und Schlebusch — was die Muttersprache angeht — zusammengehören.

Ich will drum auch gerne noch etwas über Manfort berichten. Reinhold Spiegel von der Alten Heide hat mir diese Episödchen erzählt. Mit seinen 80 Jahren ist Herr Spiegel immer noch sehr an Heimatgeschichte interessiert und schon seit langen Jahren Mitglied im Bergischen Geschichtsverein.

Lassen wir ihn also erzählen:

Schnaps muß sein

„Mein Onkel Ewald Veit war schon vor dem Ersten Weltkrieg Kutscher bei der Dynamit-Fabrik. Dort war es seine Aufgabe, ‚seine feinen Herren' aus der Unternehmensverwaltung zum Bahnhof Schlebusch und zurück zu fahren. Das meiste lief ja damals noch per Pferd und Wagen. Autos gab es nur ganz wenige.

Die Herren saßen höchstens nur ein halbes Stündchen auf dem Landauer oder im geschlos-

Ewald moot die Fahrt ävver bei jedem Wedder drei-, viermol am Daach maache. Un wann hä sing Sprengstoff-Toure en et Berjische hatt, wor hä paar Daach hengernander alleen met Päärd un Wage ongerwächs.

Em lertste Weltkreech wuerd alles rationiert. Och de Schabau. Für de Ühm Ewald wor dat dubbelt schlemm — wie hätt hä sech söns om Bock och wärmhale künne? Un Sprengstoff transpottiere wor jo jet wat sin moot. Besondersch em Kreech jing et dröm, die Berchwerke un Steenbröch enjang ze hale.

En singer Nuut fill mingem Ühm de Dokter Witzheller en, der domols at etlije Johre em Schliebesch op de Morsbroicher Stroß sing Praxis hatt. Die Witzhellersch woren en jruße Famillich un hatten ne Buurehoff en Kamp bei Lötzekirche. Däm Dokter sing Bröder däten do en ehr Brennerei Gebr. Witzheller dä bekannte ,Witzheller's Korn' brenne. Korn wuerd domols vill mih en de Wiertschafte jedronke wie hück. Och ,Steinacker's Korn'; dat wor de Konkerrenz.

De Ühm Ewald jing also nohm Dokter Witzheller. Wie immer, kom vun däm zeierts die Froch: ,Ewald, häsde e Schingche?' ,Ja', sät dä, ,he es minge Krankesching'. Drop dä Dokter: ,Wat häsde dann, Ewald?' ,Hä Dokter! Ech muß de janzen Daach vürren om Bock setze. Do es et kalt un ech fange em Nu aan ze freese. Öm nit krank

senen Wagen. Ewald mußte hingegen die Fahrt bei jedem Wetter drei-, viermal machen. Und wenn er seine Sprengstoff-Touren ins Bergische hatte, war er tagelang hintereinander alleine mit Pferd und Wagen unterwegs.

Im Ersten Weltkrieg wurde alles rationiert. Auch der Schnaps. Für Onkel Ewald war das doppelt schlimm — wie hätte er sich anders auch auf dem Kutschbock warmhalten können? Und Sprengstoff transportieren war ja etwas, was sein mußte. Gerade im Kriege ging es darum, Bergwerke und Steinbrüche in Betrieb zu halten.

In seiner Bedrängnis fiel meinem Onkel der Doktor Witzheller ein, der damals schon seit einigen Jahren seine Praxis in Schlebusch auf der Morsbroicher Straße hatte. Witzhellers waren eine Großfamilie und hatten einen Bauernhof in Kamp bei Lützenkirchen. Brüder des Doktors brannten dort in ihrer Brennerei Gebr. Witzheller den bekannten ,Witzheller's Korn'. Korn wurde damals in den Gaststätten viel häufiger getrunken als heute. Auch ,Steinacker's Korn'; das war die Konkurrenz.

Onkel Ewald suchte also Doktor Witzheller auf. Wie immer, kam zuerst dessen Frage: ,Ewald, häsde e Schingche (Krankenschein)?' ,Ja', sagte der, ,hier ist mein Krankenschein'. Drauf der Doktor: ,Was fehlt dir denn, Ewald?' ,Herr Doktor! Den ganzen Tag muß ich vorn auf dem Bock sitzen. Da ist es kalt und ich friere im Nu. Damit

ze weerde, muß ech dann winnichstens ene Schnaps zom Opwärme han. Dän kritmer ävver jetz nur noch op Bezuchssching!' ‚Do häsde wall räät', sät dä Dokter und schreff däm Ewald en Atteß us, dat hä ‚zur Erhaltung seiner Gesundheit täglich eine kleine Menge' Schnaps han mööt. (Op dä Sching han minge Ühm Ewald, minge Vatter un minge Ühm Walter noch de janze Kreech üvver Schabau jekräät).

Wie jetz dä Dokter däm Ewald dä Sching en de Hand dröck, jov hä singem ‚Patient' noch ene wichtije Root met op de Wäch: ‚Ewald, jetz mußde ävver och nur Witzhellersch Korn drenke!' Dovun wollt dä ävver nix wesse: ‚Nä, Hä Dokter, dat dun ech nit! Dä Steenackersch es mer vill leever!'

‚Jetz mach ävver, dat de rusküs!', reff dä Dokter. ‚Verdammde Keerl! Wann ech dat jewoß hätt, hätt ech dr dä Sching nit jejovve!'

Do hät sech de Ewald flöck durch de Koord jemaat.

Die drei Ieshillije

Om Schliebijer Bahnhoff wor noch bes en de dressijer Johre ne stärke Personenverkehr. Et jov sujar ne ‚Wartesaal I. Klasse', do hanse och de ‚Marmorsaal' für jesaat.

ich nicht krank werde, muß ich dann wenigstens einen Schnaps zum Aufwärmen haben. Den bekommt man aber jetzt nur noch auf Bezugsschein!' ‚Da magst du wohl recht haben', meinte der Doktor und schrieb Ewald ein Attest, daß er ‚zur Erhaltung seiner Gesundheit täglich eine kleine Menge' Kornschnaps benötige. (Auf diesen Schein haben Onkel Ewald, mein Vater und mein Onkel Walter noch den ganzen Krieg hindurch Schnaps bezogen).

Als nun der Doktor Ewald die Bescheinigung überreichte, gab er seinem ‚Patienten' noch einen wichtigen Rat mit auf den Weg: ‚Ewald, jetzt mußt du aber auch nur Witzheller's Korn trinken!' Der wollte aber davon nichts wissen: ‚Nein, Herr Doktor, das mache ich nicht! Der Steinacker's ist mir viel lieber!'

‚Jetzt mach aber, daß du hinauskommst!', rief der Doktor. ‚Verflixter Kerl! Wenn ich das gewußt hätte, hätte ich dir den Schein nicht gegeben!'

Da hat sich Ewald schnell dünne gemacht.

Die drei Eisheiligen

Auf dem Bahnhof Schlebusch herrschte noch bis in die dreißiger Jahre starker Personenverkehr. Es gab sogar einen ‚Wartesaal I. Klasse', der auch ‚Marmorsaal' genannt wurde.

Zick Johr un Daach hatt de Reichsbahn die jruße ‚Bahnhofs-Wirtschaft' aan ene langjedeente Vetteraan namens Eckel verpaach. Do jingen nit nur Fahrjäß en un us öm sech eene ze drenke. Et soßen och immer die Mannefeder Jonge do. De Pastuur jing at ens dohin un sujar de Polizeisergeant kom mem Päärd aanjeredde, dät de Helm av un wor dann op etlije Köernche ‚außer Dienst'. (Nit all Mannefeder hatten et op dän jot ze ston. Eemol solltense däm dobei ens ene örntlije Hoof en de Tschako renjelaat han — dat soll he ävver nit et Thema sin).

Stammjäß beim Eckel — och en de Wiertschaff Paas (späder Schweigert op de Mannefeder Stroß) — woren zwei Fründe vun mingem Ühm Ewald: de Schohmächer König un de Bäcker Schumacher, dä domols op de Kalkstroß beim Jülich am arbeede wor. Die drei woren as jotkreßlije Lück bekannt, die ehr Arbeed immer jedon han. En de Wiertschaff komense ävver av un zo op allerhand komije Enfäll. Dröm hattense op de Mannefet och dä Name ‚De drei Ieshillije'.

En de Wiertschaff wuerd vill verzallt, üvver früher un vun de Zaldatezick beim Kaiser Wellem. De Ühm Ewald, der jo als Kutscher op de Dynamit wor, jing dobei all Oogeblecks drusse vür de Dür noh singem ‚Fuß' luere, ov dä wall noch ‚richtich' do stund. Dat Päärd hatt nämlich die komije Aanjewende, wann et mem Kopp en de Richtung Stall ze ston kom, met de leer Kar al-

Seit langen Jahren hatte die Reichsbahn die große ‚Bahnhofs-Wirtschaft' an einen langgedienten Veteranen namens Eckel verpachtet. Dort gingen nicht nur Fahrgäste ein und aus um etwas zu verzehren. Es saßen auch immer die Manforter drinnen. Der Herr Pastor ließ sich schon mal blicken und sogar der Polizei-Sergeant ritt zu Pferd an, setzte den Helm ab und befand sich dann auf einige Körnchen ‚außer Dienst'. (Nicht alle Manforter waren auf ihn gut zu sprechen. Einmal soll man ihm dabei einen ordentlichen Haufen in den Tschako gelegt haben — was hier aber nicht das Thema sein soll).

Stammgast bei Eckel wie auch in der Gaststätte Paas (später Schweigert, Manforter Straße) — waren zwei Freunde meines Onkel Ewald: Schuster König und Bäcker Schumacher, der damals bei Jülich auf der Kalkstraße beschäftigt war. Die drei waren als gutchristliche, arbeitsame Bürger bekannt. In der Kneipe kamen sie allerdings mitunter auf vielerlei sonderbare Einfälle. Deshalb hatten sie in Manfort den Spitznamen ‚Die drei Eisheiligen'.

Es wurde viel erzählt in der Wirtschaft, über früher und von der Soldatenzeit bei Kaiser Wilhelm. Onkel Ewald, der ja Kutscher bei der Dynomit-Fabrik war, ging dabei alle Augenblicklang hinaus, um nach seinem ‚Fuchs' zu sehen, ob der auch ‚richtig' dastand. Das Pferd hatte nämlich die eigenartige Angewohnheit, wenn es mit dem Kopf in Richtung Stall stand, alleine mit

Die im Volksmund so genannten „Drei Eisheiligen" von Manfort, 1928.
Von links: Schuhmachermeister König, Ewald Veit (1868-1932)
und Bäckermeister Schuhmacher von der Bäckerei Jülich, Kalkstraße.

leen zeröck noh de Dynamit ze lofe. Do dät jo et Fooder op et wade!

Die andere zwei Ieshillije woßten dat natürlich und brahten et Thema jeern op de Kavallerie, öm de Ewald vun singem Fuß avzelenke. Minge Ühm hatt nämlich fröher als Drajoner en Metz bei de Kavallerie jedeent un wor immer noch schwer bejeistert dovun. Un Zick hatt hä jo mihtstens och, bes de nächste Zoch met enem neue Fahrjaß für de Dynamit aankom. Su komen jedesmol etlije Köernche zesamme. ‚Ewald', fing de Bäcker Schumacher aan wannse et widder ens drophatte, ‚ühr hat doch bei de Kavallerie kin Lanze mih jehat, oder doch?' ‚Doch!', reef dann de Ewald, ‚die hammer jehat! Lanze hammer immer jehat!' ‚Ach wat', sät dodrop de Schohmächer König, ‚die jov et do doch jar nit mih!'

‚Doch!!', bröllten dann dä ‚Drajoner' und wuerd at janz krabitzich, ‚jevv mer jetz ens dä Stohl do!' Sing ‚Lanze' wor jetz die Schmeck, die hä üvverall met dobei hatt. Domet dät hä sech verkiehrt eröm op dä Stohl setze, jov laut et Kommando ‚Attacke!!' un fing aan ze ‚rigge'.

En dä Zick jing eener vun denne Ieshillije stekum noh drusse un dät dat Päärd met de Kar ‚verkiehrt' eröm hinstelle. Wann dä Ewald dann jlöcklich drenne fädich wor met singer ‚Reiterat-

leerem Wagen zurück zur Dynamit-Fabrik zu laufen. Dort wartete ja sein Futter!

Die anderen beiden ‚Eisheiligen' wußten das natürlich und brachten das Gesprächsthema gern auf die Kavallerie, um Ewald von seinem Fuchs abzulenken. Mein Onkel hatte nämlich früher als Dragoner in Metz bei der Kavallerie gedient und war immer noch hellauf begeistert davon. Und Zeit hatte er ja meist auch, bis der nächste Zug mit einem neuen Fahrgast für die Dynamit ankam. So kamen jedesmal etliche Körnchen zusammen. Wenn sie wieder mal der Teufel ritt, begann Bäcker Schumacher: ‚Ewald, ihr habt doch bei der Kavallerie keine Lanzen mehr gehabt, oder doch?' ‚Doch!', rief Ewald dann, ‚die haben wir gehabt! Lanzen haben wir immer gehabt!' ‚Ach wo', sagte darauf Schuster König, ‚die gab es doch gar nicht mehr!'

‚Doch!', brüllte dann der ‚Dragoner' und wurde schon recht ungehalten. ‚Gib mir jetzt mal den Stuhl da her!' Seine ‚Lanze' war nun die Pferdepeitsche, die er überall bei sich trug. So bewaffnet setzte er sich umgekehrt auf den Stuhl, gab laut das Kommando ‚Attacke!' und begann zu ‚reiten'.

Unterdessen ging einer der ‚Eisheiligen' klammheimlich hinaus und stellte das Pferd samt Karre entgegengesetzt herum hin. Wenn Ewald drinnen nun glücklich seine ‚Reiterattacke' beendet hat-

tacke' un eruskom, wor singe ‚Fuß' at längs alleen en Richtung Päärdsstall avjehaue.

Zehus kunnt sing Frau dat Trapp-trapp at vun wiggem hüere un wor fruh, dat de Ewald heemkom. Stund dä Fuß dann ävver met de leddije Kar alleen vür de Stalldür, woß et jenau, dat singe Hospes at widder ens op de Mannefet en ‚Schabau-Attacke' jeredde hatt. Dann duerten et nit mih lang, bes de Ewald hengerherjelofe kom un laut am schänge wor: ‚Dä verdammde Schohmächer. Dat soll dä mir böße!'

En Paus jov et jetz nit, dä stramme ‚Reiter' moot sech jo zaue, dat hä janz flöck widder nohm Bahnhoff kom, söns hätt dä nächste Fahrjaß jo ze Fooß noh de Dynamit jon mösse.

Eemol hanse im bei ner ‚Jroßattacke' dä Fuß ens verkiehrt eröm en de Deichsel enjespannt, ävver mem Kopp en de ‚richtije' Richtung, sudat dat Päärd stonjeblevve wor. Wie de Ewald do eruskom, hät hä jedaach, hä hätt et Delirium kräje . . .

Musikfründe

‚Ming Doktoren', wie de Ühm Ewald immer für die huhjestellde Häre vun de Dynamit sage dät, ‚han ech immer 'jot dressiert'.' Wann et dröm

te und herauskam, war sein Fuchs längst in Richtung Pferdestall alleine verschwunden.

Zuhause vernahm seine Frau das Trapptrapp schon von weitem und freute sich über Ewalds Rückkehr. Stand der Fuchs dann aber allein mit leerem Wagen vor der Stalltür, wußte sie genau, daß ihr Bester schon wieder einmal in Manfort eine Schnapsattacke geritten hatte. Nun dauerte es nicht mehr lange, bis Ewald laut schimpfend hinterhergelaufen kam: ‚Der verfluchte Schuster! Das soll er mir büßen!'

Eine Pause gab es jetzt nicht. Der stramme Reitersmann mußte sich ja beeilen, schleunigst wieder zum Bahnhof zu kommen; der nächste Fahrgast hätte sonst ja zu Fuß zur Dynamit-Fabrik laufen müssen . . .

Ein andermal hat jemand während einer ‚Großattacke' den Fuchs verkehrt herum — mit dem Kopfende jedoch in die ‚richtige' Richtung weisend — in die Deichsel gespannt, sodaß das Pferd so stehengeblieben war. Als Ewald da herauskam, glaubte er, das Delirium sei da.

Musikfreunde

‚Meine Doktoren', wie Onkel Ewald die hochgestellten Herren der Dynamit-Fabrik nannte, ‚habe ich immer gut dressiert'. Wenn es darum

jing, dat hä om Schliebijer Bahnhoff de nächste Zoch krijje moot, wor hä jar nit zimperlich met däm, wat hä dät.

Do jov et zom Beispill eene Dokter, dat wor domols dä jrößte Sprengstoff-Fachmann en janz Deutschland. Privat wor dä ävver ne bejeisterte Musikfründ und vun singem Klavier nit fottzeschlage.

Dat Huus vum Dokter stund nit all ze wigk vum Dynamits Päärdsstall. Eemol hatt de Ewald widder ens flöck enjespannt, öm ‚singe Dokter' nohm Bahnhoff ze brenge. Trotzdäm hä at en janze Zick aan de Huusdür vürjefahre wor, let sech dä Dokter immer noch nit blecke. Däm Ewald wuerd dat ze lang. Hä reff dröm aan de Dür: ‚Hä Dokter, et es Zick!'

Doch der wor drenne noch immer met singer Musik am Jang, mer kunnt et bes drusse hüere. Dröm reff minge Ühm noch ens: ‚Hä Dokter, no kutt ävver och! Mer verpasse Ühre Zoch!' Jetz kom Antwoort vun drenne: ‚Ja, gut, gut Veit! Moment, ich komme ja gleich!'

Dä ärme Ewald sooß drusse op heeße Kolle, us de Wonnung kom immer noch dat ‚Tüddelüddelütt' erus. Singe Fahrjaß kom un kom nit. De Ewald reff noch ens: ‚Et es hühtste Zick! Mer mösse fahre!' ‚Ja doch, Veit! Einen Augenblick noch!' Un drenne jing et Konzeert wigger un wigger.

ging, den nächsten Personenzug ab Bahnhof Schlebusch zu erreichen, war er mit seinen Maßnahmen dazu gar nicht zimperlich.

Da gab es zum Beispiel einen ‚Doktor', der damals der größte Sprengstoffspezialist in ganz Deutschland war. Privat war dieser Herr jedoch ein begeisterter Musikfreund und von seinem Klavier nicht fortzuschlagen.

Das Haus des Doktors stand nicht allzu weit entfernt vom Pferdestall der Fabrik. Einst hatte Ewald wieder einmal eilig eingespannt, um ‚seinen' Doktor zum Bahnhof zu bringen. Obwohl er bereits eine Zeitlang am Hauseingang vorgefahren war, ließ sich der Doktor immer noch nicht blicken. Dem Ewald wurde das zu lang, drum rief er an der Tür: ‚Herr Doktor, es ist Zeit!'

Der war jedoch drinnen immer noch bei seiner Musik, man konnte es bis draußen hören. Deshalb rief mein Onkel noch einmal: ‚Herr Doktor, nun kommen Sie aber auch! Wir verpassen Ihren Zug!' Nun kam Antwort von drinnen: ‚Ja, gut, gut, Veit! Moment, ich komme ja gleich!'

Draußen saß der arme Ewald auf heißen Kohlen, aus der Wohnung heraus erklang unverdrossen dieses ‚Tüddelüddelütt'. Sein Fahrgast kam und kam nicht. Ewald rief noch einmal: ‚Es ist höchste Zeit! Wir müssen abfahren!' ‚Ja doch, Veit. Einen Augenblick noch!' Und drinnen ging das

Jetz hatt de Ewald jenoch: ‚Jö, Fuß!', un et Päärd fell en Trab. Dat braht jetz ävver endlich och dä Dokter op Trab. Bes nohm Stall moot der hengerher lofe. He kunnt hä dann jrad noch ensteeje.

Wann hä jlöcklich singe Dokter avjelivvert hatt un met de Ieshillije en de Bahnhoffswiertschaff onger sech wor, kom et erus: ‚Jrad han ech dä ‚Heizefeizer' widder avjelade!'

Jetz kunnt hä en Rauh met denne op de nächste Zoch wade un sech jet opwärme. Ävver nit nur am Ovve...

Schwatzschlachtung

Wie mer at jeläse han, moot de Ühm Ewald für de Dynamitfabrik och Sprengstoff bes wigk en et Berjische Land eren fahre. Die jeföhrlije Dynamit-Patrone woren en enem avjeschlossene Spezialwage. Do hing als Warnung en Pulverfahn met enem jrusse ‚P' draan.

Em lertste Weltkreech jov et üvverall Strossekontrolle. Besondersch op Fuhrlück met Päärd un Wage hatt de Polizei et avjesin. Die kunnte jo villeets Fleesch us ener Schwatzschlachtung, je-

Konzert unentwegt weiter.

Jetzt hatte Ewald genug: ‚Jö, Fuß!', und das Pferd fiel in Trab. Das brachte nun aber endlich auch den Doktor auf Trab. Bis zum Pferdestall mußte er hinterherlaufen. Dort konnte er dann so eben noch einsteigen.

Wenn Ewald glücklich seinen Doktor abgeliefert hatte und mit den Eisheiligen in der Bahnhofswirtschaft allein unter sich war, kam es heraus: ‚Gerade habe ich den 'Heizefeizer' wieder abgeladen!'

Nun konnte er in aller Ruhe mit ihnen auf den nächsten Zug warten und sich etwas aufwärmen. Allerdings nicht nur am Ofen...

Schwarzschlachtung

Wie schon zu lesen war, mußte Onkel Ewald im Auftrage der Dynamit-Fabrik auch Sprengstoffpatronen bis weit ins Bergische Land hinein transportieren. Die gefährliche Ladung befand sich in einem verschlossenen Spezialwagen, an den zur Warnung eine Pulverfahne mit einem großen ‚P' darauf angehängt war.

Im Ersten Weltkrieg gab es überall Straßenkontrollen. Auf Fuhrleute mit Pferd und Wagen richtete die Polizei besonderes Augenmerk. Man konnte ja vielleicht Fleisch aus einer Schwarz-

maggelt Mäll oder andere rationierte Krom jelade han.

Eemol hanse de Ewald ongerwächs op de Hinfahrt widder ens aanjehale: ‚Halt, Polizeikontrolle! Was haben Sie geladen? Machen Sie den Wagen auf!'

‚Dat kann ech nit', jov de Ewald zeröck, ‚ech han kinne Schlössel. Dän hanse nur op de Dynamitfabrik selver un do, wo ech hinfahre muß. Opmaache wör vill ze jeföhrlich. Luert doch ens op die Fahn do!'

Do durf de Ewald mit singer Ladung wiggerfahre. (Natürlich hatt hä selver och ene Schlössel).

Om Röckwäch wor widder dieselve Polizeikontroll: ‚Machen Sie jetzt den Wagen mal auf! Was haben Sie denn da geladen?' ‚Do han ech Ferke dren', sät minge Ühm, als ov esujet janz normal wör. ‚Was sagen Sie da? Öffnen Sie gefälligst!', bröllten dä Schandarm un krät ene janz rude Kopp. ‚Et es op, Ühr künnt die Dür selver opmaache!', sät de Ewald un hillt ee Jeseech dobei.

Die maache op — un drei total Besoffene kummen erusjetorkelt, die de Ewald ongerwächs opjeläse hatt. ‚Ech han et doch jesaat, dat do Ferke drensin! Die künnder zom Usnööchtere behale!'

schlachtung, illegal erhandeltes Mehl oder andere rationierte Nahrungsmittel geladen haben.

Eines Tages wurde Ewald auf der Hinfahrt unterwegs wieder einmal angehalten: ‚Halt, Polizeikontrolle! Was haben Sie geladen? Machen Sie den Wagen auf!'

‚Das kann ich nicht', erwiderte Ewald, ‚ich habe keinen Schlüssel. Den gibt es nur in der Dynamit-Fabrik selbst und dort, wo ich hinfahren muß. Aufmachen wäre viel zu gefährlich. Schauen Sie mal auf die Warnflagge dort!'

Da durfte Ewald mit seiner Ladung weiterfahren. (Natürlich besaß er selbst ebenfalls einen Schlüssel).

Auf dem Rückweg gab es wieder dieselbe Polizeikontrolle: ‚Machen Sie jetzt den Wagen mal auf! Was haben Sie denn da geladen?' ‚Da habe ich Schweine drin', sagte mein Onkel, als ob sowas ganz normal sei. ‚Was sagen Sie da? Öffnen Sie gefälligst!' brüllte der Gendarm ihn an und bekam einen ganz roten Kopf. ‚Es ist offen, Sie können die Tür selber aufmachen!' sagte Ewald mit gleichgültiger Miene.

Es wurde geöffnet — und herausgetorkelt kamen drei total betrunkene Saufbrüder, die Ewald unterwegs aufgeladen hatte. ‚Ich habe es doch gesagt, daß da Schweine drin sind! Die können Sie zum Ausnüchtern behalten!'

Für su e Jeschenk han sech die Schupos natürlich bedank, die hatte jo en janz ander Kommando. Die drei woren usem nächste Dorp un de Ühm Ewald wor fruh, die do widder uslade ze künne.

Fründlije Lück

Die Frau vum Veits Ewald wor ming Tant Bertha, en Schwester vun minger Mutter. Wie singe Mann och, wor et Bertha evanjelisch un jing rejelmäßich en de Kirch. Singe Vatter wor en Schliebesch als de ‚Hammersch Buur' bekannt un hatt en Buurschaff vun de Familije Kuhlmann en Freudenthal jepaach.

Die inzije evanjelische Kirch heröm wor zo der Zick die vun 1853 om Blaue Berch en Schliebesch. Dat wor vun de Dynamit us ne zimmlich lange Wäch: quer durch de Heed, am Telejraph verbei bes nohm Dorp erav. De Ewald jing nur selden dohin, hühtstens op Karfriedach ens.

An enem schöne Sonndachmorje em Sommer wor et Bertha jet spät draan un de Ewald dät at immer drängele, dat et sech beiele sollt: ‚Bertha, mach vürran! Du küs ze spät!' No mußmer dobei sage, dat et Bertha nur janz schläät sin kunnt un deswäje döckes jet nervös en de Bunne am Eertseplöcke wor. An däm Morje hatt et widder ens jet Zottier mem Söke jejovve. Ming Tant

Freundliche Leute

Ewald Veits Frau war Tante Bertha, eine Schwester meiner Mutter. Wie ihr Mann, war Bertha evangelisch und ging regelmäßig zur Kirche. Ihr Vater war in Schlebusch als der ‚Hammersch Buur' bekannt und hatte Land der Freudenthaler Familie Kuhlmann gepachtet.

Zu dieser Zeit war hierorts die Kirche von 1853 auf dem Blauen Berg in Schlebusch das einzige evangelische Gotteshaus. Von der Dynamit-Fabrik aus war es ein ziemlich langer Weg dorthin: quer durch die Heide, am Telegraph vorbei bis ins Dorf hinunter. Ewald ging nur selten mit, höchstens mal am Karfreitag.

An einem schönen Sonntagmorgen im Sommer war es Bertha schon etwas spät geworden und Ewald drängelte unentwegt, daß sie sich beeilen solle: ‚Bertha, mach voran! Du kommst zu spät!' Nun muß man dazu bemerken, daß Bertha nur ganz schlecht sehen konnte und deswegen oft etwas nervös und zerstreut war. An diesem Morgen hatte es wieder einmal einige Kon-

daach at, datse ze spät noh de Kirch köm. Un de Ewald huert nit op mem Drängele. Hä wollt jo nohm Fröhschobbe.

Schlißlich wor se su wigk un maat sech op de Wäch. Die Lück ongerwächs däten hück all nett un fründlich jröße; kin Wunder aan sunem schöne Morje. 'Woröm sollten die sech och nit freue bei sunem Wedder?' daach et Bertha su bei sech wie et die piel Trapp eropkom, wo bovven die Kirch at opjehuert hatt ze lügge. Beim Eropjon wuerd et vun ener Frau aanjesproche: ‚Saat ens, Frau Veit: Ühr hat jo üvverhaup kinne Rock aan! Ühr looft jo em Ongerrock eröm!'

Do woß dat ärme Bertha op eemol, woröm die Lück vürher all esu fründlich jewäse wore.

Singe Ewald, dänse jo och jenoch opjetrocke han, hät noch sing Lävdaach Spaß aan däm Stöckelche jehat.

Ongerwächs

Aan enem andere Sonndaach sät de Ewald: ‚Sach, Bertha, hück jon ech noh Neukirchen op de Kirmes!'

fusion beim Zusammensuchen der Siebensachen gegeben. Meine Tante dachte schon zu spät zur Kirche zu kommen. Und Ewald hörte nicht auf mit Drängeln. Er wollte ja zum Frühschoppen.

Endlich war sie soweit und machte sich auf den Weg. Die Leute unterwegs grüßten heute alle nett und freundlich, kein Wunder an einem so herrlichen Morgen. ‚Warum sollen die sich bei solch einem Wetter auch nicht freuen?' dachte Bertha, als sie die steile Treppe hinaufkam, während oben die Glocke schon aufgehört hatte mit Läuten. Beim Hinaufgehen wurde sie von einer Frau angesprochen: ‚Sagen Sie mal, Frau Veit: Sie haben ja überhaupt keinen Rock an! Sie laufen ja im Unterrock herum!'

Da wußte die bedauernswerte Bertha plötzlich, weshalb die Leute vorhin alle so freundlich gewesen waren.

Ihr Ewald, der seinerseits ja auch zur Genüge veräppelt wurde, hat noch zeitlebens seinen Spaß an diesem Episödchen gehabt.

Unterwegs

An einem anderen Sonntag meinte Ewald: ‚Sag, Bertha, heute gehe ich nach Neukirchen auf die Kirmes!'

Begräbnis von Ewald Veit, des letzten Kutschers der Dynamit AG, im April 1932.
Das Foto wurde vom Stellwerk des Bahnhofs Schlebusch aus aufgenommen.
Ewald Veit war bekannt und beliebt. Man beachte die große Anzahl Trauergäste.

‚Wat, noh Neukirchen?'

‚Jo, do es hück Kirmes. Ech well ens dohin jon.'

‚Dat es mer ävver ze lang, he de janzen Daach alleen ze blieve! Wann du noh de Kirmes wells, jon ech hück nommendach nohm Jüßje rav!' Et Jüßje (Auguste), sing Schwester, wor ming Mutter. Mir wunnten op de Ahl Heed.

De Ewald wor at en janze Zick fott un et Bertha hatt noch jet em Huus ze krose jehat. Alleen duerten dat immer jet länger, et kunnt jo su schläät sin, dat de Lück op de Stroß döckes daachte, et wör ze stolz, de Dageszick ze sage.

Su maat et sech endlich ze Fooß op de Wäch, die lang Kalkstroß erav op de Ahl Heed aan. Do jov et domols nur he un do ens e Huus, söns wor rääts un links vun de Stroß noch alles Bösch, Heed un Strüch. Onjefähr om halve Wäch stund ene Mann am Rand vum Bösch un reef: ‚Tach, Bertha!'

‚Tach!?', sät et Bertha erstaunt.

‚Wo jehste hin, Bertha?'

‚Ech jon nohm Jüßje.'

‚Wo es dann de Ewald?'

‚Dä es noh de Neukirchener Kirmes.'

‚Noh Neukirchen? Wat deet dä dann do?'

‚Ech weeß et och nit, wat dä do well. Ech jon dröm sulang nohm Jüßje.'

‚Was, nach Neukirchen?'

‚Ja, da ist heute Kirmes. Da will ich mal hin.'

‚Das wird mir aber zu lang, hier den ganzen Tag allein zu bleiben! Wenn du zur Kirmes willst, gehe ich heute Nachmittag zu Jüßjen hinunter!' ‚Jüßjen' (Auguste), ihre Schwester, war meine Mutter, und wohnte auf der Alten Heide.

Ewald war schon eine Zeitlang fort und Bertha hatte noch einiges im Haus zu tun gehabt. Allein dauerte das immer etwas länger, sie sah ja so schlecht, daß die Leute auf der Straße oft dachten, sie sei zu stolz, die Tageszeit zu sagen.

So machte sie sich nun endlich zu Fuß auf den langen Weg, die Kalkstraße hinunter auf die Alte Heide zu. Damals gab es da nur vereinzelt mal ein Haus, sonst war rechts und links der Straße noch alles Wald, Heide und Strauchwerk. Etwa auf halbem Wege stand ein Mann am Waldrand und rief: ‚Tag, Bertha!'

‚Tach!?' erwiderte Bertha erstaunt.

‚Wo gehst du hin, Bertha?'

‚Ich gehe zu Jüßjen.'

‚Wo ist denn der Ewald?'

‚Der ist zur Neukirchener Kirmes.'

‚Nach Neukirchen? Was macht der denn da?'

‚Ich weiß es auch nicht, was der da will. Ich gehe deshalb solange zu Jüßjen.'

Su han sech die zwei en Zicklang ongerhale. Zom Schluß sät dä Här dann noch: ‚Also, mach et jot. Jrößmer et Jüßje un och ene schöne Jroß aan de Ewald!'

‚Dat mach ech', sät et Bertha. ‚Nur saatmer ens: wer sid Ühr dann?'

‚Du domm Schruut! Kennste dinge eejene Mann nit mih?' "

De Schiefers Fritz

91 es hä letzte Aujuß jewuerde un noch jenauso klor em Kopp wie hä dat immer at wor. Zickdäm et mem Luere nimmih klappe well, kammer sage, dat de Fritz op en bestemmde Aat noch jet hellhüerijer jewuerde es, trotzdäm dat et och mem Hüere jet schlääter jeht. Singe Dokter meent dozo: „Ich wüßte keinen Neunzigjährigen, der noch in solcher Verfassung wäre. Wenn er besser sähe, könnte er noch Tennis spielen."

Wie sujet möchlich es? Öm dat ze erlevve, mußmer de Fritz en singem Huus op de Bismarckstroß ens besöke jon. En de Wonnung es alles tiptop un opjerühmp. Jedes Denge hät sing Plaats un de Fritz weeß uswendich, wo alles steht. Hä süht et jo nit mih.

Drusse steht et noch jruß drop: „Bäckerei-Schiefer-Konditorei". Die hät hä natürlich at lang ver-

Die beiden unterhielten sich noch eine Zeitlang so weiter. Schließlich sagte der Herr noch: ‚Also, machs gut. Grüße mir Jüßjen und auch einen schönen Gruß an Ewald!'

‚Das mache ich', sagte Bertha. ‚Nun sagen Sie mir aber mal: Wer sind Sie denn?'

‚Dumme Pute! Kennst du deinen eigenen Mann nicht mehr?' "

Der „Schiefers Fritz"

Letzten August ist er 91 geworden und noch genauso klar im Kopf, wie er das immer schon war. Seitdem es mit dem Sehen nicht mehr gehen will, kann man sagen, daß der Fritz auf eine gewisse Art noch etwas hellhöriger geworden ist, obwohl es auch mit dem Hören etwas nachgelassen hat. Der Hausarzt meint dazu: „Ich wüßte keinen Neunzigjährigen, der noch in solcher Verfassung wäre. Wenn er besser sähe, könnte er noch Tennis spielen."

Wie so etwas möglich ist? Um das zu erleben, muß man den Fritz in seinem Haus auf der Bismarckstraße einmal besuchen. In der Wohnung ist alles tiptop und aufgeräumt. Jedes Ding hat seinen Platz und Fritz weiß auswendig, wo alles steht. Er sieht ja nichts mehr.

Draußen steht noch groß über den Schaufenstern: „Bäckerei-Schiefer-Konditorei". Die hat er

paach un läv ovven drüvver en singer eejene Wonnung, ävver em selve Huus zesamme met singer Doochter Josefine un singem Schwiejersonn Hannes Höher. Su hät hä „die Kenger" en de Nöh un kann doch dun wat hä well.

Wie jesaat, mem Luere es et schlimm. Trotzdäm sühtmer in immer noch av un zo met singem typische Jang wie fröher üvver et Trottewar jon. Aan de Eck, wo de Ampele sin, fröch hä, ov „Jrön" jekumme wör. Et jeht och at ens eener met im üvver de Stroß.

Et es noch nit allze lang her, dat de Fritz noch de Spillkaate erkenne kunnt. Zehus, un och at ens en de Wiertschaff singe Skat spille, hät hä sing Lävdaach jeern jedon. Jetz jeht hä vill nohm Mannefeder Kirchhoff, wo sing Frau bejrave litt.

Et sin jetz doch at e paar Johr, do hammer uns zofällich en de Wiertschaff am Südring jetroffe, wo hä jrad met e paar andere, die mech kannte, am Skatspille wor. Wie de Fritz minge Name huert kom tireck die Frooch: „Bes du däm Knapps Fritz singe Jong?" Ech muß sage, dat es mer met minge domols at 64 Johr janz nett aan de Nööt jejange, dat et he üvverhaup noch eener jov, der minge Vatter jekannt hät! „De Knapps Fritz hät fröher zesamme met singem Broder Otto op de Heed em Kißloch immer em

natürlich seit langem verpachtet und lebt oben in seiner Wohnung, aber im selben Haus zusammen mit seiner Tochter Josefine und dem Schwiegersohn Hannes Höher. So hat er „die Kinder" in der Nähe und kann trotzdem das tun, was er möchte.

Wie gesagt, mit dem Sehen ist es schlimm. Dennoch sieht man ihn immer noch zuweilen mit seinem typischen Gang wie früher über den Bürgersteig marschieren. An der Straßenecke, wo die Verkehrsampeln sind, erkundigt er sich, ob „Grün" gekommen sei. Mitunter geht auch schon mal jemand mit ihm über die Straße.

Es ist noch nicht allzulange her, daß Fritz noch die Spielkarten erkennen konnte. Zuhause, oder auch schon mal im Wirtshaus seinen Skat spielen, hat er sein Leben lang gern getan. Nun geht er öfter zum Manforter Friedhof, wo seine Frau begraben liegt.

Vor ein paar Jahren begegneten wir uns zufällig in der Gaststätte am Südring, wo er grade mit zwei auch mir bekannten Skat spielte. Als er meinen Namen hörte, kam sofort die Frage: „Bes du däm Knapps Fritz singe Jong?" Ich muß gestehen, daß ist mir mit meinen damals immerhin schon 64 Jahren ganz schön nahegegangen, daß es überhaupt noch jemanden gab, der meinen Vater gekannt hat! „Der Knapps Fritz hat früher zusammen mit seinem Bruder Otto auf der Heide im Kiesloch immer im Akkord Putzsand ge-

Akkoord Putzsand jeschepp. Die zwei woren op de Mannefet un en Schliebesch üvverall bekannt."

Wat de Fritz en singem schöne Mannefeder Platt verzällt, es mihstens sibbsich, achzich Johr her. Un alles stemmp hoorkleen! Nit, dat eener meent, hä dät nur noch en de Verjangenheit levve. Üvver dat, wat hück es, weeß hä noch janz jot bescheed. Mem Fernsehen un Läse es et jo nix mih, dofür hüert hä sech ävver Tonbänder aan.

Wer kann eenem hück noch jet dovun verzälle, wat hä als Kengk vürm lertste Weltkreech un en de zwanzijer Johre als ene Erwaaßene selver erläv hät? Ech meen, et wör schad dröm, sun Jelejenheit, die nie mih widderkütt, ze verpasse. Dröm han ech dat, wat de Fritz mir verzallt hät, opjeschrevve. Anekdötche sin nit allzevill dobei. Dat Janze jütt uns ävver e Bild vum Levve op de Mannefet vun 1908 aan un späder. Dat wor die Zick, wie die Poßadreß vun eenem, der op de Mannefet oder op de Heed jewunnt hät, noch „Schlebusch-Manfort" heeße dät. Met Leverkusen hatten die Mannefeder domols noch winnich oder jar nix amjang. Die Minsche woren vun deselve Aat un sprochen datselve Platt. Schad, dat et die schön Mannefet vun fröher nit mih jütt. En Autostroß un Bahnongerführunge mooten jebaut weerde. Et jing nit anders. Die ahl Mannefet es ävver drüvver kapottjejange.

schaufelt. Die beiden waren in Manfort und Schlebusch überall bekannt."

Was Fritz in seinem schönen Manforter Platt erzählt, ist meistens siebzig, achtzig Jahre her. Und alles stimmt haarklein! Nicht, daß jemand denkt, er lebe nur noch in der Vergangenheit. Über das, was heute geschieht, weiß er noch ganz gut bescheid. Mit Fernsehen und Lesen ist zwar jetzt nichts mehr, dafür hört er sich aber Tonbänder an.

Wer kann aber jemandem heute noch etwas davon erzählen, was er als Kind vor dem Ersten Weltkrieg und in den zwanziger Jahren als Erwachsener selbst erlebt hat? Ich meine, es wäre schade drum, eine solche Gelegenheit, die nie mehr wiederkommt, zu verpassen. Drum habe ich das, was Fritz mir erzählte, aufgeschrieben. Anekdötchen sind kaum dabei. Das Ganze gibt uns aber ein Bild vom Leben in Manfort von 1908 an und der Zeit danach. Das war noch die Zeit, als die Postanschrift von jemandem, der in Manfort oder auf der Heide wohnte, noch „Schlebusch-Manfort" hieß. Mit Leverkusen hatten die Manforter damals noch wenig oder gar nichts zu tun. Die Menschen waren von derselben Art und sprachen dasselbe Platt. Schade, daß es das schöne Manfort von ehedem nicht mehr gibt. Eine Autostraße und Bahnunterführungen mußten gebaut werden. Es war unumgänglich. Das alte Manfort ist aber damit zerstört worden.

148

Dä Verzäll vum Fritz, üvver sing Levve un dat vun singer Famillich, löt uns noch e beßje renluere en dat, watmer verlore han. Dat wor nit immer nur die „jot ahl Zick", ävver immerhin en Zick, wo eener de andere noch jekannt hät:

Ming Jugend

„Mir woren ze sibbe Jeschwister un wunnten en däm kleene ‚Schieferhäuschen', om Ziegeleiweg Nr. 16. Dat wor do, wo späder de Bismarckstroß aanfing. Op de Welt jekumme ben ech am 3. Aujuß 1901. Die Schiefers sin at üvver 200 Johr he aansässig. Minge Vatter wor als Bahnemann beim Bayer op de Kleinbahn.

Ming Mutter, en jeborene Otten us Weßdorp, wor en kuraschierte Frau. Dat mootse bei all denne Kenger och sin un hät vun Aanfang aan immer de Famillich zesammejehale. Un doch fongse bei all dä Arbeet noch Zick, met uns zehus Kaate ze spille. Dat han ech vun do aan immer jeern jedon.

1907 ben ech en Mannefet op de kathullische Volksschull jekumme, wo ming ällere Bröder at dropwore. Et jov jo noch nit wie hück för jede inzelne Johrjang en extra Schullklass. Dat kom ierts späder.

Am iertste Schulldaach mootemer all unsere Name sage. Bei mir sät dä Lehrer: ‚Was? Schon wie-

Fritz' Erzählungen, über sein Leben und das seiner Familie, lassen uns noch ein wenig hineinblicken in das, was verloren ist. Das war nicht immer die „gute alte Zeit", aber immerhin eine Zeit, da einer den anderen noch kannte:

Meine Jugend

„Wir waren zu sieben Geschwistern und wohnten in dem kleinen ‚Schieferhäuschen', Ziegeleiweg Nr. 16. Das war dort, wo später die Bismarckstraße anfing. Auf die Welt gekommen bin ich am 3. August 1901. Die Schiefers sind schon seit über 200 Jahren hier ansässig. Mein Vater war auf der Kleinbahn bei Bayer beschäftigt.

Meine Mutter, eine geborene Otten aus Wiesdorf, war eine couragierte Frau. Das war auch nötig bei all den Kindern, sie hat von Anbeginn immer die Familie zusammengehalten. Und dennoch fand sie bei all der Arbeit noch Zeit, mit uns zuhause Karten zu spielen. Das habe ich seitdem immer gerne getan.

1907 kam ich auf die katholische Volksschule in Manfort, die meine ältern Brüder bereits besuchten. Es gab ja noch nicht für jeden einzelnen Jahrgang eine gesonderte Schulklasse wie heute. Das kam erst später.

Am ersten Schultag mußten wir alle unseren Namen sagen. Bei mir sagte der Lehrer: ‚Was?

der ein Schiefer?' un jovmer tireck eene aan et Uhr. Dat braht minge Broder Peter en Raasch. Dä nohm sing Jreffeldos, stellt sech vür dä Lehrer hin un sät: ‚Wat hät dä Jong dir jedon? Packste dän noch ens aan, dann kannste jet erlevve!'

Tja, mir Schiefers woren esu. Onjerechtichkeet kunnte mer nie verdrage. Uns Saach hammer immer verteidich. Wann et en de Schull widder ens Klöpp jejovve hatt — un dat kom en de Kaiserzick döckes vür — komen ming Äldere am nächste Daach en de Schull un däte däm Lehrer janz jehüerich bescheedsage.

Wie ech su zwöllef Johr alt wor, moot ech en de Ferie at bei de Buure en de Ernte helpe jon. Eemol es mer dobei en Zink vun de Heujaffel en et Ooch jejange. Dat Ooch kunnt ech bes hück behale — et blevv ävver blengk. De Vatter hät mech domet wochelang en de Klinik jedon. Do hanse vill versök, et wuerd un wuerd ävver nit besser. Et wor nix mih ze maache. Wie die Döktersch immer noch wigger experimentiere däte und et nötzten nix, hät mech de Vatter do erusjehollt. Su ben ech mi Lävdaach op eenem Ooch blengk jeblevve.

Liehr- un Jesellejohre

Met vierzehn hätt ech jo su jeern om Bürro aanjefange. Met mingem verletzte Ooch jing dat ä-

Schon wieder ein Schiefer?' und gab mir sofort eine Ohrfeige. Das brachte meinen Bruder Peter in Rage. Der packte seine Griffeldose, stellte sich vor den Lehrer hin und sagte: ‚Was hat der Junge dir getan? Packst du den nochmal an, kannst du was erleben!'

Tja, wir Schiefers waren so. Ungerechtigkeit konnten wir nie ertragen. Unsere Sache haben wir immer verteidigt. Wenn es in der Schule wieder einmal Schläge gegeben hatte — und das kam in der Kaiserzeit häufig vor — kamen meine Eltern am nächsten Tag in die Schule und sagten dem Lehrer gehörig ihre Meinung.

Als ich um die zwölf Jahre alt war, mußte ich in den Ferien schon beim Bauer in der Ernte helfen. Da ist mir einmal der Zinken einer Heugabel ins Auge gegangen. Das Auge konnte ich zwar bis heute behalten — es blieb aber blind. Vater hat mich damit wochenlang in die Klinik getan. Dort wurde viel versucht, es trat aber keine Besserung ein. Es war nichts mehr zu machen. Als die Ärzte immer noch weiter experimentierten und es nützte nichts, hat mich Vater da herausgeholt. So bin ich mein Lebtag auf einem Auge blind geblieben.

Lehr- und Gesellenjahre

Mit vierzehn hätte ich doch so gerne eine Bürolehre begonnen. Mit meinem verletzten Auge

150

ver nit. Dröm ben ech 1915 beim Bäcker Geuß op de Schießbergstroß en Weßdorp en de Liehr jekumme. Do han ech nit nur Backe jeliert, ech moot och at met Päärd un Wage en de Kundschaff et Bruut usfahre.

Noh de Liehr han ech en Stammheim en de Bäckerei Pelzer als Jesell aanjefange. Minge Wocheluhn krät treu un brav de Mutter. Die woß jot mem Jeld ömzejon un dät immer jet für mech dovun op de huh Kant läje. Wann et noh mir jejange wör, hätt ech et mihtste dovun usjejovve. Su krät ech sambsdaachs ming Täschejeld — wat nit winnich wor zo der Zick — un jing stiefstaats wie usem Ei jepellt un met enem reene Täschedooch erus. Mondaachs moot ech widder en aller Herrjottsfröh en Stammheim sin.

1920 un 1921 han ech op de Dynamit un em Sandloch jearbeet. Späder och en ener Bäckerei/Konditorei en Nippes.

1925 sturv minge Vatter un de Mutter stund alleen met uns do. Vun de Mutter hatt ech jeliert, mech durchzeschlage un met de Jrosche ömzejon. Dat wor och jot esu. Allmählich jing mer nämlich immer mih dä Jedanke durch de Kopp, mech selvständich ze maache.

ging das jedoch nicht. Darum bin ich 1915 in die Bäckerei Geuß auf der Schießbergstraße in Wiesdorf in die Lehre gekommen. Dort habe ich nicht nur Backen gelernt, ich mußte hernach auch schon mit Pferd und Wagen in der Kundschaft Brot ausfahren.

Nach der Lehre habe ich bei der Bäckerei Pelzer in Stammheim als Geselle angefangen. Meinen Wochenlohn erhielt treu und brav die Mutter. Die wußte gut mit dem Geld umzugehen und legte immer etwas davon für mich auf die hohe Kante. Wenn es nach mir gegangen wäre, hätte ich das meiste davon ausgegeben. So erhielt ich samstags mein Taschengeld — was nicht wenig war zu dieser Zeit — und ging wohlgekleidet, wie aus dem Ei gepellt, mit einem reinen Taschentuch versehen, aus. Montag mußte ich in aller Herrgottsfrühe wieder in Stammheim sein.

In den Jahren 1920 und 1921 habe ich auf der Dynamit-Fabrik und in der Sandgrube gearbeitet. Außerdem noch in der Bäckerei Schütz in Köln-Nippes.

1923 starb mein Vater und Mutter stand allein mit uns da. Von ihr habe ich gelernt, mich durchzuschlagen. Das war auch gut so. Allmählich ging mir nämlich immer mehr der Gedanke durch den Kopf, mich selbständig zu machen.

Hochzeitsbild vom 31. 1. 1928: Fritz Schiefer und Frau Josefine, geb. Miebach.

Hierot un Selvständichkeet

‚Du häs Bäcker weerde mösse — also määste dat och!' han ech mer jesaat. En denne schöne Jesellejohre jing ech ovends vill erus: nohm Paas, en de Lindenhof, nohm Boddenberg en Schliebesch un sujar bes nohm Cramer om Äselsdamm, och at ens nohm Kleindorf op de Eck un natürlich nohm Graue en de Manforter Hof. De Graue hatt jo nit nur die Wiertschaff un die Kejelbahn. Em Saal nevvenaan wor immer jet loß: de Schötzebröder un andere Vereine däten do ehr Feste fiere met Musik un Daanze, och de Fastelovend nit ze verjesse. Ming Bröder däten op Feßlichkeete do ushelpe, en de Wiertschaff un em Saal.

Op enem Ball han ech beim Graue ming Frau kennejeliert. Dat wor e Miebachs Mädche us Loope em Berjische, soh wunderbar us un wor domols als Huusdoochter bei de Famillije Lehberger em Deens, die hück noch dat Frisörjeschäff op de Stixchesstroß han. Et jov och ene ‚Konkurrent', dat wor ene Witwer. Dä hatt ävver kin Schangse un ech han et eenfach riskiert: ‚Ech kann mech selvständich maache. Hierotsde mech oder nit?' Un et hät jojesaat. Su hammer 1928 jehierot un sin en dat Huus nevven däm Graue enjetrocke.

Jot, dat ming Frau och jet vum Jeldzesammehale verstund. Vun däm, wat zeröckjelaat wuerde

Heirat und Selbständigkeit

‚Du mußtest Bäcker werden — also machst du das auch!' habe ich mir gesagt. In den schönen Gesellenjahren ging ich abends viel aus: in die Wirtschaft Paas, in den Lindenhof, zu Boddenberg in Schlebusch und sogar in die Wirtschaft Cramer auf dem Eselsdamm. Auch schon mal zu Kleindorf auf der Ecke und natürlich zu Graue, in den Manforter Hof. Graues hatten ja nicht nur die Wirtschaft und die Kegelbahn. Nebenan im Saal war immer etwas los: die Schützen und andere Vereine feierten dort ihre Feste mit Musik und Tanz, Karneval nicht zu vergessen. Meine Brüder halfen bei Festlichkeiten dort aus, in der Wirtschaft und im Saal.

Auf einem Ball bei Graue habe ich meine Frau kennengelernt. Sie war eine geborene Miebach aus Loope im Bergischen, sah wunderbar aus und war damals als Haustochter bei der Familie Lehberger im Dienst, die heute noch das Frisörgeschäft auf der Stixchesstraße betreibt. Es gab auch einen ‚Konkurrenten', einen Witwer. Der hatte aber keine Chance und ich habe es einfach riskiert: ‚Ich kann mich selbständig machen. Heiratest du mich oder nicht?' Und sie hat ‚ja' gesagt. So haben wir 1928 geheiratet und sind in das Haus neben der Gaststätte Graue eingezogen.

Gut, daß auch meine Frau etwas vom Geldbeisammenhalten verstand. Von dem, was zurückge-

wor, hammer et iertste Mäll bezahlt. De Backstuff wor hengen om Hoff. Do han ech et iertste Bruut noch en janze Zicklang met de Häng jemaat un mem Fahrrad en de Kundschaff jebraht, et Jeld enkassiert un widder neu Mäll dofür jekoof. Dat wor nit eenfach, ävver de Aanfang hammer esu jeschaff. Dann kunnt ech mer bahl en Maschin aanschaffe, die mer dat schwere Deechmenge avnohm. Domet jing et mih wie dubbelt esu siehr vüraan.

1932 hatt ech at et iertste Livverauto. Vun all dä Wöhlerei han ech mech ävver trotzdäm nit jeck maache loße un ben — usser friedaachs, do wuerd zehus jekaat — paarmol en de Woch erusjejange, zom Kejele beim Paas oder Billard beim Liese oder en et Erholungshaus. Em Kejelklub hattemer en nette Mannschaff zesamme: die drei Jebröder Schweigert, de Metzjer Buschmann, de Boochdrucker Menrath, de Bäcker Stenau, de Kolle-Trier un andere. Dat wor en jöckli-je Zick.

Die mihtste Kundschaff hattemer op de Mannefet. De Umsatz wuerd immer mih un et Backstüffje wuerd immer klinder. Die Kenger komen op de Welt, zeierts et Josefine un paar Johr drop et Margret.

legt worden war, haben wir das erste Mehl bezahlt. Die Backstube war hinten auf dem Hof. Dort habe ich eine ganze Zeitlang das erste Brot mit bloßen Händen gemacht und mit dem Fahrrad zur Kundschaft gebracht, Geld kassiert und wieder neues Mehl dafür gekauft. Einfach war das nicht, aber den Anfang haben wir so geschafft. Bald konnte ich mir eine Maschine anschaffen, die mir das schwere Teigmengen abnahm. Damit gings mehr als doppelt so schnell voran.

1932 hatte ich bereits das erste Auto. Trotzdem habe ich mich von all der Plackerei nicht konfus machen lassen und bin — außer freitags, da wurde zuhause Karten gespielt — paarmal in der Woche ausgegangen, zum Kegeln bei Paas oder Billard bei Liese oder ins Erholungshaus. Im Kegelklub hatten wir eine prima Mannschaft beisammen: die drei Gebrüder Schweigert, Metzger Buschmann, Buchdrucker Menrath, Bäcker Stenau, Kohlen-Trier und andere. Eine glückliche Zeit war das.

Die meisten Kunden wohnten in Manfort. Der Umsatz wurde immer mehr und die Backstube entsprechend größer. Die Kinder kamen zur Welt, zuerst Josefine und einige Jahre danach Margret.

Op de Bismarckstroß

En de dressijer Johre wuerd de Bismarckstroß als Verbindungsstroß vun de Mannefet noh Küppersteg fädich. En jruße Jeschäffsstroß sollt dat weerde met denne Siedlunge drömeröm.

Do hammer 1937 op Nr. 212 uns Huus met Bäckerei jebaut. Dä Betrieb hät och do jot jeklapp, ävver met de Loofkundschaff, met der mer jerechnet hatte, wor et nit esu doll. Su moote mer och vun he us die ahl Kundschaff wigger mem Wage un mem Fahrrad belivvere. Uns Kenger mooten dobei hengernoh och met eraan.

Mer sät jo, dat e jot Muulwerk besser wör wie e jot Handwerk. Et komen och at ens Arbeitspause vür. Statt erömzedöse, han ech dann leever Bööcher un Schrifte üvver fremde Länder un all die intressante Jäjende en de Welt jeläse. Wann ech do och nit üvverall hinjekumme ben, kunnt ech doch mancheenem, der et besser wesse wollt, dodrüvver jet verzälle.

Ming Kenger komen jeern en de Backstuff öm do ze spille. Sulang et jing, han ech se do och jeweerde loße. Ävver pariere mootense doch. Dat jing nit anders.

Auf der Bismarckstraße

In den dreißiger Jahren wurde die Bismarckstraße als Verbindungsstraße zwischen Manfort und Küppersteg fertig. Eine große Geschäftsstraße sollte das werden mit den Wohnsiedlungen drumherum.

Dort haben wir 1937 auf Nr. 212 unser Haus mit Bäckerei gebaut. Der Betrieb klappte gut, aber mit Laufkundschaft, mit der wir gerechnet hatten, war es nicht so toll. So mußte nun auch von hier aus die alte Kundschaft mit dem Auto und per Fahrrad beliefert werden. Unsere Kinder mußten hinterher dabei ebenfalls mit ran.

Man sagt zwar, daß ein gutes Mundwerk besser sei als ein gutes Handwerk. Mir hat das Handwerk dennoch viel Spaß gemacht. Es mußte aber auch geschafft werden. Arbeitspausen kamen schon mal vor. Statt herumzudösen, habe ich dann lieber Bücher und Schriften über fremde Länder und all die interessanten Weltgegenden gelesen. Wenn ich auch nicht überall dort hingekommen bin, so konnte ich doch manch einem, der es besser wissen wollte, darüber etwas erzählen.

Meine Kinder kamen gerne zum Spielen in die Backstube. Solange das möglich war, habe ich sie das auch tun lassen. Gehorchen mußten sie aber, das ging nicht anders.

Der fertige Neubau des Hauses Bismarckstr. 212 im Jahre 1937:
Bäckerei und Konditorei Fritz Schiefer.
Die Bismarckstraße war zu dieser Zeit noch weitgehend unbebaut.
Im Hintergrund ein Teil der Umkleideräume des neugebauten Freibades.

Et kom immer widder vür, dat eener mech en de Backstuff besöke kumme wollt, nur öm ze schwade. De Humanns Ernst kom immer usjerechnet et sambsdaachs, wammer all Häng voll ze dun hatte. Lang han ech dat nit metjemaat un denne Jeselle jesaat: ‚Joht all ens su nöh aan däm verbei, dat dä wieß wüerd!' Dat han die jedon un dä lästije Ernst met ehrem Mäll aan de Arbeetskleeder su lecker enjestööf, dat dä flöck widder avjehaue es. Vun do aan mooten die dat bei andere Schwadlappe jenausu dun.

Die Arbeet en de Backstuff wor hatt. Wat de Meester dät, mooten die andere och. Jet anders jov et nit bei mir. Dofür ne Richtije ze fenge, wor nit immer janz eenfach. Et jov ävver e jot Meddel, dat eruszekrijje. Wann eener als Jesell bei mir aanfange wollt, brootmer dän jo nur beim Esse ze beobachte: ‚Wie die Backe, su die Hacke!' Es doch klor: Wer beim Esse langsam es, dä es och langsam beim Arbeede.

Ne Sonn hammer nit kräje. Dofür ävver hengernoh uns Schwiejersönn: de Hannes un de Werner. Et wör mer räät jewäse, wann winnichstens eener sech für de Backstuff intressiert un späder ens dä janze Betrieb üvvernomme hätt. Die wollten ävver nit, jeder hatt jo ne janz andere Beruf un sing Uskumme. Wie et sambsdaachs en de Industrie nitmih jearbeet wuerd, hätten die jo

Es kam immer wieder vor, daß mich jemand — nur um zu plaudern — in der Backstube besuchen kommen wollte. Ernst Humann kam immer wieder ausgerechnet samstags, wenn wir alle Hände voll zu tun hatten. Lang habe ich das nicht mitgemacht und den Gesellen Anweisung gegeben: ‚Geht alle mal so nah an dem vorbei, daß er weiß wird!' Die haben das getan und den lästigen Ernst mit ihren mehlbestäubten Arbeitskleidern so gründlich weißgemacht, daß er schnell wieder abgehauen ist. Von da an mußten die Gesellen das bei anderen Plauderern ebenso machen.

Die Arbeit in der Backstube war hart. Was der Meister tat, mußten auch die anderen schaffen. Etwas anderes gab es bei mir nicht. Dazu die Richtigen zu finden, war nicht immer ganz leicht. Es gab aber eine gute Methode, so etwas herauszufinden: Wenn jemand bei mir als Geselle anfangen wollte, brauchte man ihn ja nur beim Essen zu beobachten — ‚Wie die Backen, so die Hacken!' Ist ja klar: wer beim Essen langsam ist, der ist es auch bei der Arbeit.

Einen Sohn haben wir nicht bekommen. Aber später unsere Schwiegersöhne Hannes und Werner. Es wäre mir recht gewesen, wenn wenigstens einer sich für die Bäckerei interessiert und später einmal den ganzen Betrieb übernommen hätte. Sie wollten aber nicht, jeder hatte ja einen ganz anderen Beruf und sein Auskommen. Als samstags in der Industrie nicht mehr gearbeitet

janz jot en de Backstuff jet dun künne. De Hannes jing ävver leever en et Bürro. Die Arbeet met däm schwere, zähe Deech wor en rääte Strof für in. Späder ben ech dropjekumme, waröm dat su wor, wo hä doch ne sportlije, durchtrainierte Typ es: Ech hatt verjesse, im ze sage, dat hä sech vürher de Häng met Mäll enrieve muß, ih dat hä aanfängk de Deech ze knedde. Dä kläv söns jo su faß aan de Häng, datmer met däm schwere Jewich nit mih hantiere kann.

Em Kreech

1942 hanse mech enjetrocke un et Jeschäff moot zojemaat weerde. Et wor at zick 1939 alles anders jewuerde. Met ener Uniform hatt ech et nit. Dat es och dä Jrund, weröm ech nie en de Schötzejesellschaff enjetrodde ben. Och dat janze Vereinslevve wor nix für mech. Trotzdäm kannt ech de Lück üvverall he, ov dat en Schliebesch, op de Mannefet oder en Weßdorp wor. Un dat nit nur vum Jeschäff us, och vun mancher Jesellichkeit her. De Schiefers Fritz kanntense üvverall.

Alles en allem wor et en schön Zick. Natürlich hät et schwer Johre jejovve. Ming Frau wor vun 1942 bes 1947 alleen met de Kenger un hät durchjehale. Och wie ech en däm Johr ierts us de französische Jefangenschaff heemkom moot et

wurde, hätte man ganz gut in der Backstube mittätig sein können. Hannes ging aber lieber ins Büro. Die Arbeit mit dem schweren, zähen Teig war ihm eine rechte Strafe. Später bin ich draufgekommen, warum das so war, wo er doch so ein sportlich durchtrainierter Typ ist: Ich hatte vergessen, ihm zu sagen, daß er sich die Hände mit Mehl einreiben muß, bevor er mit dem Teigkneten beginnt. Der klebt sonst so fest an den Händen, daß man mit dem schweren Gewicht nicht mehr hantieren kann.

Im Krieg

1942 wurde ich eingezogen und das Geschäft mußte ich schließen. Es war schon seit 1939 alles anders geworden. Mit einer Uniform hatte ich mich nicht befreunden können. Das ist auch der Grund, warum ich nicht in den Schützenverein eingetreten bin. Überhaupt das ganze Vereinsleben lag mir nicht. Dennoch kannte ich überall hier die Leute, ob in Schlebusch, Manfort oder in Wiesdorf. Und das nicht nur vom Geschäft, sondern auch von mancher Geselligkeit her. Den ‚Schiefers Fritz' kannte man überall.

Alles in allem war es eine schöne Zeit. Selbstverständlich hat es schwere Jahre gegeben. Meine Frau war von 1942 bis 1947 alleine mit den Kindern und hat durchgehalten. Und als ich in diesem Jahr erst aus französischer Gefangen-

wiggerjon. Op dat, wat sech vun 1940 aan he vürher avjespillt hatt, och op minge Heimaturlaub, wie uns Huus durch ene Bombetreffer em Nevvenhuus total kapottjejange wor, well ech he nit enjon.

Dat dat alles üvverstaane wuerde es, kann ech minger Frau verdanke. Och die Kenger han tapfer durchjehale.

Un dann jov et jo och de Tant Marieche us Möllem. Et Marieche wor en Tant vun minger Frau, hatt durch die Fliejeranjriffe alles verlore un jehuert och vun do aan voll un janz zor Famillich. En leev Frau wor dat, kom met de Kenger jot zerääch un dät och off jenoch Fridde stifte, wenn et at ens ene Krach jov. Däm Marieche kunnt ech nie jet sage.

1945-1990

Nohm Kreech jing et allmählich widder vüraan. Ming Frau hatt met de Dööchter et Jeschäff 1945 at widder opjemaat. Späder han die Kenger jehierot. Ech wor all die Zick jesongk, ävver für ming Frau wuerd et Levve hengernoh doch immer schwerer. Met de Johre wuerd dat su schlimm, datse nit mih en de Lade kunnt. Dröm hammer 1965 et Jeschäff verpaach.

schaft nachhause kam, mußte es weitergehen. Auf das, was sich von 1940 an hier vorher abgespielt hat, auch auf meinem Heimaturlaub, als unser Haus durch einen Bombentreffer im Nebenhaus total beschädigt worden war, will ich hier nicht eingehen.

Daß das alles überstanden worden ist, kann ich meiner Frau verdanken. Auch die Kinder haben tapfer durchgehalten.

Und dann gabs ja auch die Tante Mariechen aus Mülheim. Mariechen war eine Tante meiner Frau, hatte durch Fliegerangriffe alles verloren und gehörte von da ab voll und ganz zur Familie. Eine liebe Frau war sie, kam prächtig mit den Kindern zurecht und stiftete oft genug Frieden, wenn es mal einen Krach gegeben hatte. Mariechen war eine Respektsperson.

1945-1990

Nach dem Kriege gings allmählich wieder bergauf. Meine Frau und die Töchter hatten das Geschäft 1945 schon wieder aufgemacht. Dann heirateten die Kinder im Laufe der Jahre. Ich war gesund all die Zeit über, aber für meine Frau wurde das Leben doch zunehmend schwerer. Mit den Jahren wurde es mit ihrer Gesundheit so schlimm, daß sie das Ladengeschäft nicht mehr bewältigen konnte. Deshalb haben wir 1965 den Betrieb verpachtet.

Fritz Schiefer (li.) und Schwiegersohn Hannes Höher 1990 im Leverkusener Ulrich-Haberland-Stadion beim Spiel Bayer 04 gegen 1. FC Nürnberg.

Jetz hatt ech Zick un kunnt mech winnichstens öm ming kranke Frau kömmere. Wat kann mer nit all, wann et nit anders jeht? Met sibbsich han ech dröm noch et Koche aanjefange, et Josefine kunnt dat jo nit mih. Et hätmer jesaat, wie ech dat maache sollt un su kunnt ech et dann op eemol. Su hammer bes 1990 zesamme durchjehale. Dann jing et met de Frau op et Eng aan.

Jo, un vun do aan es et jet stiller met mer jewuerde. Ävver ech han jo noch die Kenger, die sech öm mech kömmere un ben nit alleen em Huus.

1991...

Ävver op mingem 90ste wor noch ens jet loß. All sinse jekumme. Ierts daachsüvver zehus un dann em Vip-Resterang em Stadion. Du wors jo och met dobei, Helmut."

Aan der Stell well ech men MANNEFER VERZÄLL ophüere. Av un zo roof ech noch ens beim Fritz aan un besök en och. Dann jütt et Kaffee un Kooche. De Dösch es jedesmol at vürher jedeck:

„Drüvve steht de Kaffee. Holl en ens!" Dat dun ech natürlich jeern un schödde uns en.

Jetzt hatte ich Zeit und konnte mich wenigstens um meine kranke Frau kümmern. Was kann man nicht alles, wenns nicht mehr anders geht? Mit siebzig habe ich darum noch mit dem Kochen begonnen, Josefine konnte es nicht mehr. Sie hat mir aber gesagt, wie ich das machen soll, und damit konnte ich es mit einem Mal. Bis 1990 haben wir so gemeinsam geschafft. Dann ging es mit der Frau zuende.

Ja, und von da ab ist es etwas stiller mit mir geworden. Aber ich habe ja noch die Kinder, die sich um mich kümmern und bin nicht allein im Haus.

1991...

Aber an meinem neunzigsten war noch mal was los. Alle sind gekommen. Zuerst tagsüber zuhause, dann im VIP-Restaurant im Stadion. Du warst ja auch mit dabei, Helmut."

An dieser Stelle will ich aufhören mit den MANFORTER BERICHTEN. Ab und zu rufe ich bei Fritz mal an und besuche ihn auch. Dann gibt es Kaffee und Kuchen. Der Tisch ist jedesmal schon vorher gedeckt:

„Drüben steht der Kaffee! Bring ihn mal rüber!" Das mache ich natürlich gern und gieße uns ein.

Dann setze mer do un verzälle. Ech bruch nur e Stechwoort ze sage, un de Fritz fängk tireck aan:

„Ja, domols han die Knapps Jonge op de Heed em Kißloch Putzsaand jeschepp. Dat wor en denne Johre noh 1918. De Knapps Fritz wor jo dinge Vatter. Dän han ech jekannt..."

Jetz hüere mer am beste op.

Dann sitzen wir da und erzählen. Ich brauche nur ein Stichwort zu geben, und schon fängt der Fritz an:

„Ja damals haben die Gebrüder Knapp auf der Heide im Kiesloch Putzsand geschaufelt. Das war in den Jahren nach 1918. Der ‚Knapps Fritz' war ja dein Vater. Den habe ich gekannt..."

Schluß jetzt.

Üvver et Kriesche

*Kriesche hät dä Häär
für de Minsch jemaat,
hät, wie immer, jot
dobei üvverlaat.*

*Ierts jütt hä di Ping
datmer kriesche muß —
wer noch kriesche kann
es noch nit am Schluß.*

Gruppenfoto aus der Gründerzeit des Ophovener Vereins „Unter Uns" (um 1909), aufgenommen vor der Wirtschaft Cramer in Kreuzbroich. Vordere Reihe, von links: Wilhelm Maus, Johann Maus (Kassierer), Teodor Paffrath (1. Beisitzender), Johann Odenthal, Vorsitzender; ?; Wilhelm Paffrath (Schriftführer), Fritz Kremer; (?). Zweite Reihe, von links: Wilhelm Wirtz, Theodor Cramer (Vereinswirt), Karl Schmitz. Dritte Reihe, von links: Josef Syring (Schriftführer 1912-1913); ?, Conrad Altenbach, Josef Pantenburg *), Paul Burekoven. Oberste Reihe, von links: Peter Paffrath (ab 1914 1. Kassierer); ?, Johann Schmitz (1. Beisitzender 1908-1910 und 1. Kassierer 1922-1925), Wilhelm Klein, Josef Schmitz.

*) Josef Pantenburg, geb. 1869 in Tettscheid (Kreis Daun), kam 1888 nach Schlebusch und fand bei der Spedition und Hauderei Dünner Wohnung und Beschäftigung als Postkutscher. Im Dorf war er allgemein als „Poßwage-Jüppche" bekannt. In seiner Postkutsche, die regelmäßig zwischen dem Kaiserlichen Postamt Schlebusch und dem Schlebuscher Bahnhof in Manfort verkehrte, konnte er 10 Personen befördern. Fahrpreis: 25 Pfg. Nach kurzem Militärdienst als „Train-Soldat" kam er bis zu ihrer Schließung 1926 zur Karbonitfabrik als Patronenmacher.
Josef Pantenburg war Gründungsmitglied des Ophovener Vereins „Unter Uns" (26. 9. 1908), ab 1912 bis 1914 Vorsitzender, nach dem Ersten Weltkrieg stellv. Vorsitzender und ab 1925 erster Kassierer. 1925 war er Mitbegründer der Schießgesellschaft „Unter Uns", Schlebusch/Ophoven und feierte noch seinen 85. Geburtstag als Ehrenmitglied.

Vom „Ophovener Verein unter uns 1908"
zur „Schießgesellschaft Schlebusch 1925"

Eine kleine Vereinsgeschichte aus dem ersten Protokollbuch der Jahre von 1908 bis 1928
op Schliebijer Platt vum Knapps Helmut

„Mit Gott!"

steht janz jruß un met vill Kringele drömeröm om iertste Blatt em „Protokollbuch" vum Ophovener Verein ‚Unter Uns'. Dronger es en jestochener Süterlin-Schreff ze läse:

„Protokollbuch des Ophovener Vereins Unter Uns. Oben genannter Verein wurde gegründet am 26. September 1908 in der Wirtschaft Cramer zu Kreuzbroch, die Statuten des Vereins festgesetzt und am 6. November von der Polizeibehörde in Schlebusch genehmigt."

O jo, et Rheinland wor at bahl hundert Johr preußisch, un Ordnung moot sin!

Op de nächste Sick kütt et „Mitgliederverzeichnis" vum Verein. Un dann kumme Schliebijer Name, vun denne de mihtste hück noch jot bekannt sin:

I	Johann Odenthal (Vorsitzender)
II	Johann Schmitz (1. Beisitzender)
III	Theodor Paffrath (2. Beisitzender)
VI	Johann Maus (Kassierer)
V	Wilhelm Paffrath (Schriftführer)
VI	Stefan Schaufenberg
VII	Wilhelm Maus
VIII	Johann Nolden
IX	Fritz Kremer
X	Gustav Schwätzler
XI	Johann Klein
XII	Heinrich Klein
XIII	Josef Pantenburg
XIV	Ignaz Raabe
XV	Wilhelm Schmitz
XVI	Paul Burekoven
XVII	Anton Flemm
XVIII	Josef Syring
XIX	Jakob Hoff
XX	Heinrich Burgwinkel
XXI	Wilhelm Wirtz
XXII	Peter Paffrath
XXIII	Hubert Schaufenberg
XXIV	Karl Schmitz
XXV	Peter Nolden
XXVI	Jakob Faßbender
XXVII	Max Benjamin
XXVIII	Conrad Altenbach
XXIX	Josef Schmitz
XXX	Rugg
XXXI	Franz Thewes

Bes 1914 sin etlije dovun wäjen däm strenge „Parajraaf 10" usem Verein usjeschlosse wuerde, paar sin fottjetrocke oder jestorve, he un do komen och widder neue dobei. Mih wie 25 Mann woren et bes dohin nit — un nohm lertste Weltkreech woren et natürlich noch winnijer.

Su fing et aan

Eemol em Moond wuerd beim Cramer Versammlung avjehale. Üvver dat, wat op de Versammlung vürkom, moot e Prottekoll jeschrevve weerde. Dat wor däm „Schriftführer" sing Saach.

Die Prottekolle jevven uns hück e zimmlich jenau Bild vun däm, wat sech en all denne Johre

Peter Paffrath (1882-1971), Mitbegründer des Vereins „Unter Uns" 1908, war lange Jahre hindurch Vereinskassierer.

en Ophovve, öm de Verein Unter Uns un späder och öm de Schießverein eröm avjespillt hät. He un do mußmer natürlich jet „zwischen den Zeilen lesen" un sech selver ne Riem drop maache vun däm, wat fottjeloße wuerde es.

Vun 1908 bes 1925 wor Unter Uns nämlich ene jemütlije, kleene, ävver stolze Bürjerverein, der met Schießsport un Schötzejonge üvverhaup noch nix am Hoot hatt. Et Vereinslokal wor at vun 1908 aan immer de Wiertschaff Cramer em Kreuzbroich, om Äselsdamm. Weil dat ävver für die Ophovvener „Ausland" wor, dä Verein ävver zeierts Ophovener Verein Unter Uns heeße dät, kunnt de Vereinswiert Theo Cramer 1909 nur „inaktives Mitglied" weerde — hä dät jo nit om Ophovve wunne!

Om Deckel vum „Protokollbuch" steht dat Woort „Schießgesellschaft" ierts vun 1925 aan. Em Johr drop hanse us enem bestemmde Jrund dat „Unter Uns" usem Vereinsname jestreche.

Met de „Rechtschreibung" dät et noch nit esu jot klappe. Die mihtste Mitglieder woren jo biedere Handwerker un Arbeetslück, vun denne koom eener en besondere Schullbildung jehat hatt. Et wuerd Schliebijer Platt jekallt — mih wie hück! Dröm kom et immer widder vür, dat paar sympathische Schliebijer Knubbele en et Huhdücksch vum Prottekollbooch erenflutsche däte. Sollte mer uns hück üvver esujet nit leever still eene jriemele als huhnäsisch „verbessern"?

Ech han dröm beim Prottekoll-Avschrieve extra de Fähler stonjeloße.

Et Versammlungsprojramm

Em Aanfang däten sech de Vorstand un de Mitglieder mem Vereinslevve noch jet schwer. Ki Minsch woß su rät, wat hä op de Versammlung eejentlich ongernämme sollt. Dröm stund en de Prottekolle su jot wie nix dren:

„Versammlung vom 7. Nov. 1908
Tagesordung:
Aufnahme eines neuen Mitglieds. Der Vorstand eröffnete die Versammlung
8 1/2 Uhr, geschlossen wurde dieselbe um 10 Uhr."

Oder:

„Versammlung vom 3. Dez. 1910.
Außer Beitrag Emfang stand nichts auf der Tagesordnung, es wurde sich bis 10 Uhr gemütlich unterhalten, dann schloß der Vorsitzende die Versammlung."

En janz besonders „wichtige" muß die Versammlung wall jewäse sin:

„Versammlung vom 7. Mai 1910.
Außer Beitrag erheben war nichts auf der Tagesordnung."

Das alte „Kleins-Haus" in Ophoven. Johann und Heinrich Klein zählten zu den Gründungsmitgliedern des Ophovener Vereins „Unter Uns" im Jahre 1908.

Küsde hück nit, küsde morje

Tja, dat wor die jot, ahl Zick domols. De lertste Weltkreech stund vür de Dür, ävver om Ophovve worense noch nit esu wigk. De Mitglieder hatten et noch nit ielich. „Küsde hück nit, küsde morje" wor noch normal. Ne „Beschluß" broot sing Zick:

„Versammlung vom 4. März 1911.

Tagesordnung!

1. Emfang der Beiträge.
2. Besprechung betreffs Stiftungsfest.
3. Besprechung wegen eines Waldfestes oder Ausflugs

1. Emfang der Beiträge.

2. nachdem die Sache wegen des Stiftungsfestes hin und wieder besprochen, kam man zu der Ansicht, daß die Sache noch für unseren Verein verfrüht sei.

3. wurde beschlossen, im Laufe des Sommers einen Ausflug zu machen und näheres hierüber in einer der nächsten Versammlungen zu besprechen.

Schluß der Versammlung 10 1/2 Uhr."

Hätten die ärm Deuvele domols jeahnt, wat en e paar Johr op se aanköm — bestemmp hätten se sech jet mih jezaut.

Ärm, ävver jlöcklich

Et wor alles noch esu nett jemütlich un aanmödich en Ophovve. Vereinsprobleme jov et noch kin. De Kassenführer Johann Maus hatt noch op de letzte Hauptversammlung em Jannewar üvver de „Kassenbestand berichtet". Wie huh der wor, steht nit em Prottekoll. Wie nidderich der ävver wor, kammer usem Versammlungsprottekoll vum 4. Februar 1911 erusläse:

„Tagesordnung:
1. Emfang der Beiträge.
2. Fastnachtsbesprechung.
   Nachdem die Beiträge entrichtet, wurde beschlossen, von einer Fastnachtsfeier abzusehen..."

Schluß em Dom!

Wat sollt do och at jruß en de Kass erenkumme, bei nem Moonatsbeitrach vun 25 Penning?

Wat dat vun Aanfang aan at immer für ene ärme Krom jewäse wor, wann et dröm jing, Fastelovend ze fiere, steht en Prottekolle vum 6. Februar 1909 un vum 8. Jannewar 1910:

„Es wurde beschlossen, Fastnacht im Vereinslokal eine gemütliche Abendunterhaltung zu veranstalten und 5 Mark für Musik genehmigt."

„ . . . für den gemütlichen Abend Fastnacht Montag wurden 5 Mark für Musik genehmigt."

Sun „Unterhaltungen" un „Festlichkeiten" woren jedesmol ene schwere Schlach für de Kass:

„Für das Waldfest, was den 2. Sonntag im Juni (1909) stattfinden soll, wurden 13 Mark für Freibier genehmigt."

Selvs wammer bedenk, dat die Mark domols vill mih wert wor wie hück, kammer sech vürstelle, dat met denne 13 Mark für all die Mann (un secher och noch met Fraue!) kin Bööm uszerieße wore. Ech mööt ävver dröm wette, dat die sech 1909 nit schläter ammesiert han wie mir hück!

Kirmes en Ophovve

Et maach wall en Ophovve domols all jet langsam vüraan jejange sin — wann et ävver öm et Kirmesfiere jing, worense all flöck met dobei. At een Johr noh de Jründung hät de Verein Unter Uns 1909 de Kirmes usjerech! Vürher wuerd zünftich jeplant. Am 22. 8. 1909 steht em Prottekoll:

„Durch Stimmenmehrheit wurde der Vergnügungsplatz beim Vereinsmitglied Wilh. Paffrath bestimmt ... und beschlossen, 8 Mark für Musik, 6 Mark als Prämie für den Hahnenkönig und 25 Mark für Anschaffungskosten aus der Kasse herzugeben. Jedes Mitglied erbötigte sich, am Tage des Festes nach Kräften das Seine zu tun, um das Fest verschönern zu helfen. Nach Rücksprache mit dem Vereinswirte übernahm dieser die Wirtschaft auf dem Festplatze."

Et Hahneköppe hatt domols at en ahl Tradition. Bes en et Klinste wuerd alles jerejelt. Am 2. September 1911 steht üvver et Hahneköppe em Prottekoll:

„ ... wurde beschlossen, 25 Pfg. für die Lose auf den Preishahn zu nehmen. Jedes Los soll gezogen werden. Jeder Loseziehuer hat das Recht, andere für sich schlagen zu lassen. Derjenige, der den Preishahn abschlägt, erhält den Hahn und 8 Mark.

Auf den Königshahn wird eine Nummer gezogen. dann gehts der laufenden Nummer nach. Derjenige, der den Königshahn abschlägt, erhält den Hahn und 6 Mark und wird sodann zum Hahnenkönig proklamiert."

Vun 1912 aan wuerd jenau vürher opjeschrevve, wat jeder op de Kirmes ze dun hat. Am 18. 8. un 7. 9. 1912 es ze läse:

„Die (Aufgaben-)Verteilung der Mitglieder wurde auf folgende Weise beschlossen:

1. *Preishahn: Maus, Syring, Kremer, Odenthal*
2. *Königshahn: dieselben Herren*
3. *Puppenbude: Jos. Schmitz*
4. *Karusell: Joh. Klein, Peter Paffrath, Burekoven Paul*

Josef Jannes sen. mit Tochter Elisabeth beim Milchausfahren.
Das Foto entstand 1927 vor der Schlebuschrather Bahnüberführung. In Schlebusch erzählt man sich noch heute, daß der „Muuläsel vum Äselsdamm" auch ohne Lenkung oder Zuruf selbständig bei den Milchkunden anhielt.

5. *Kletterstange: Schmitz Carl, Altenbach Conrad*
6. *Drehrad: Wirtz Wilh., Paffrath Wilh., Benjamin Max*
7. *Sacklaufen, Eierlaufen, Brötchen- und Wurstessen: Theodor Paffrath und Mitglieder, die frei sind. H. Jos. Schmitz legte Protest ein gegen seine Wahl an der Puppenbude. Die Versammlung schlug vor, daß sich die Herren Carl Schmitz und Conrad Altenbach mit ihm abwechseln sollen und waren alle drei Herren damit einverstanden.*
Es wurde beschlossen, für den Preishahn sieben Schritte Abstand zu nehmen. Auch muß jeder für sich selbst schlagen oder vorher einen anderen für sich bestimmen."

De „Organisation" vun de Kirmes wuerd immer besser:

Prot. v. 2. 8. 1913: „Für die Kirmes wurden 60 Mark bewilligt und wurden die Herren W. Wirtz und Peter Paffrath zum Einkaufen bestimmt. Herr Fritz Kremer wurde beauftragt, für eine Orgel zu sorgen. Ferner wurde beschlossen, daß die Mitglieder Jos. Schmitz und Jos. Jannes beim Zuge voranreiten."

Un op de letzte Versammlung vür de Kirmes kom dann noch dä letzte Schleff:

Prot. v. 6. 9. 1913: „Hähne liefern die Mitglieder Carl Schmitz, Peter Paffrath, Paul Burekoven und Jos. Jannes. Um 2 1/2 Uhr soll angetreten werden im Vereinslokal, von da mit Musik zur Festwiese. Max Benjamin soll zu den Mitgliedern gehen und fragen, wieviel Fleisch sie nötich haben, welches dann zusammen beim Metzger Asselborn bestellt werden soll.
Eierlaufen, Brötgenessen u. Wurstessen: Peter Korsten, Joh. Müller u. Th. Paffrath. Die Mitglieder tanzen für 10 Pfg., Fremde für 15 Pfg. Das Mitglied W. Maus als zukünftiger Faterlandsverteidiger ist im Tanzen frei."

Dat wor also at ene „Dank des Vaterlandes" em Vüruus! Un dat wor och de letzte Ophovvener Kirmes vürm iertste Weltkreech. Jottseidank sollt dat ävver nit de letzte üvverhaup jewäse sin! Die nächste Kirmes wuerd ierts sechs Johr späder em September 1919 jefiert.

Em Sommer 1919 wor de Kreech jrad verbei un e Deel vun denne Jonge, die nit jefalle wore, ävver immer noch nit widder deheem wore, kom allmählich us de Jefangenschaff zeröck. Jetz ävver, noh fönnef Johr ohne Vereinslevve, sollt endlich widder ne Aanfang domet jemaat weerde! Kin Wunder, dat die Versammlunge, die em Aujuß 1919 avjehale wuerd, nur op de Kirmes un op et Fiere usjerech wore!

14 neu Mitglieder komen en de Verein. Dä en de iertste Versammlung jrad fresch jewählte Vorsitzende wuerd at widder avjelös un als neue Vorsitzende de Hackethals Hujo met 18 jäjen 4 Stemme jewählt.

Et wor en jruße Bejeisterung do, endlich, endlich widder jet op de Been ze stelle. Dröm wuerd en drei Versammlunge hengernander de Ophovvener Kirmes en enem Ferkesjalopp bekallt un orjanisiert. Dobei wor esu jot wie nix mih en de Kass! Em Prottekoll vum 10. 8. 1919 steht:

„Antrag von Max Benjamin, die Beiträge von 25 Pfg. auf 50 Pfg. zu setzen, und betonte dabei, bei unserem Bestand von 7,20 Mark wäre das die beste Hülfe, dem Verein auf die Beine zu helfen."

De Woch drop wor am 16. 8. at widder Versammlung. De Monatsbeitrach wuerd von 25 op 75 Penning eropjesatz un de iertste Kirmes nohm Kreech jeplant. Luere mer aan däm Daach noch ens en et Prottekoll:

„6. Die Kirmes. Es kam zu dem Beschluß, daß für den Ball Karten gemacht werden sollten, die an der Kasse bis zu 5 zu haben sind. Hahnenköpfen: Los 1 Mark. Verkauf von 25 Loose kann angefangen werden. Vor jedem Schlag wird gezogen und jede 10. Nummer, welche gezogen wird, erhält eine Prämige von 2 Mark. *Unter den Mitgliedern soll wie in den vergangenen Jahren ein Königshahn geköpft werden.* Drerath soll auch in Betrieb gesetzt werden und wenn eben möglich ist, Preisen dafür kaufen, sonst Geldpreisen. Kinderbelustigung soll auch abgehalten werden."

Et es leider hengernoh nit opjeschrevve wuerde, wat für e „Mitglied" domols als „Königshahn geköpft" wuerde es!

Nochens 14 Daach drop jov et am 31. 8. 1919 et drette Kirmesprottekoll:

„4. Kirmes. Es wurde beschlossen, für Dreraht noch einmal soviel Sachen zu kaufen, wie vorhanden sind. Der Preis für die Loose ist auf 50 Pfg. festgesetzt. Für den Spielmann ist Cramer Th. beauftragt.

Hahnenköpfen. Für den ersten Preishahn gibt es für jedes 10. Loos welches gezogen wird 3 Mark und der Kopf 25 Mark und der Hahn. Für den 2. Preishahn wird der Preis auf dem Platz bekanntgegeben. Der Königshahn soll des Sonntags geköpft werden und der Hahnekönig erhält 100 Mark und den Hahn.

Ball konnte nicht festgesetzt werden, weil ein Zelt infrage kommt. Zu diesem Zwecke wurde ein Comitee von 9 Mann gewählt ... es wurde aber dabei bemerkt, daß sich noch andere Mitglieder daran beteiligen könnten."

De Kirmesbejeisterung wor also jruß. Et Vereinslokal hattense ävver nur met Ach un Krach met nüng jäjen vier Stemme widderjewählt. De Wiert hatt also nit nur Fründe!

Op de letzte Versammlung hatten sech noch ens vier neu Mitglieder aanjemeldt un am 6. September noch ens vier. Et „Zeltcomitee" bestund jetz us 16 Mann, et „Comitee für Karosell" us nüng, sechs Mann woren verantwortlich em „Comitee für Hahneköpfen" un dann noch ens vier em „Comitee für Kinderbelustigung". Däm Janze wor aanzemerke, dat dä Hang zom perfekte Orjanisiere denne Jonge noch us de preußische Kamißzick en de Knoche loch. Su dätense dat jetz für ene schöne, traditionelle Zweck op et Kirmesfiere üvverdrage. De Verein Unter uns wor jo 1919 immer noch kinne Schießverein met Uniform, Jewehr un Schötzehoot. Dat kom ierts sechs Johr späder. Et wuerd ävver at ene Zoch jemaat! Em selve Prottekoll heeß et nämlich wigger:

„Antreten Kirmes Sonntag um 2 1/2 Uhr. 3 Uhr Festzug Lützenkirchestraße bis Rotekreuz Ophovenerstr. bis zum Zelt, anschließend Ball. Montags antreten morgens 9 1/2 Uhr. (Von) 10 Uhr an Hahneköpfen des Ehrenpräsidentenhahn. Ab 11 Uhr Ball bis 2 Uhr und von 4 Uhr bis schluß.

Ab 4 Uhr Hahneköpfen der Preishähne. Begünstigung der Mitglieder: für Sonntag freier Eintritt und 5 Tanzkarten. Alle Besucher müssen 1 Mark Eintritt zahlen und erhalten eine Controllmarke."

Mem Zelt jing et jetz vüraan:

„Bei Besprechung der Zelt(angelegenheit) wurde der Schreiner Tombei gerufen. Der erklärte, er wollte das Zelt abbrechen, aufbauen und abbrechen für 500 Mark, und es wurde ihm verspro-

chen, die nötige Hülfskräfte zu stellen, die sich auch gleich freiwillig meldeten. Weiter wurde beschlossen, derjenige welcher zur Arbeit herangezogen und sein Tagelohn hinterläßt wird pro Tag mit 20 Mark vergütet.

Zum Schluß kam von verschiedenen Mitgliedern der Vorschlag, daß sich Cramer zu einer feste Summe verflichten solle, welche er tragen wolle. Und es kam zur Einigung. Cramer verpflichtete sich 1000 Mark und freie Beköstigung der Musik."

Jong, do hattense dä Wiert ävver ens janz nett aan et Bleche jekrät! Dat woren jetz andere Zahle wie vürm Kreech! De Währung wor jo noch nit kapott, de Inflation sollt ierts späder kumme. Un dann 20 Mark für ene Daagsluhn, wat zo dä Zick bes en de dressijer Johre mih wie ene halve Wocheluhn wor! 500 Mark für e Zelt ze lihne - die Jonge hatte Kurasch! Et wor doch su jot wie nix en de Kass! Als ävver em Dezember et „Ergebnis der Kassenrevisoren" bekanntjejovve wuerd, soh dat vill besser us:

„Einnahme	4.834,51 M
Ausgabe	3.269,60 M
Überschuß	1.564,91 M

Nach dem Ergebnis sprach Maus Joh. unserem Kasierer eine lobende Anerkennung aus."

175

Wirtschaft und Bäckerei Theodor Cramer, auf dem „Äselsdamm", Kreuzbroich.
Vereinslokal der ehem. Vereine „Unter Uns" und Turn- u. Spielverein Grün-Weiß sowie der heute noch bestehenden „Schießgesellschaft 1925 Kreuzbroich e.V.". Aufnahme aus dem Jahre 1928.

Do hatten doch die andere die Arbeet und de Cramersch Theo örntlich jet dobei jedon — un de Kassierer wor de Beste!

Die iertste Kirmes nohm Kreech wor die jrößte un beste, die de Verein Unter Uns üvverhaup op de Been jebraat hät. De Vereinswiert hatt och si Deel dozo beijedraage.

Em November drop hanse de Beitrag widder vun 75 op 50 Penning eravjesatz un ene Beschluß für ene „Gemütlichen Abend mit Tanzvergnügen" jefaß:

„Für das Abendessen war vorgesehen 2 Heringe mit Kartoffelsalat, wobei aber jedes Mitglied à Person 2 Pfund Kartoffel bei Cramer abgeben müßte."

Dä „Gemütliche Abend" wor preiswert un jünstich für de Verein üvver de Bühn jejange:

```
 „ 82,20 M Bier
  372,— M Portionen
  105,— M Steuer
   84,— M Musik
  ─────────────
  643,20 M zusammen."
```

Domet hatt de Wiert zesamme met de Kirmes e jot Jeschäff jemaat. Am Eng vum Johr 1919 blevven sujar noch üvver dusend Mark en de Vereinskass un de Wiertschaff Cramer wuerd widder als Vereinslokal jewählt.

Knaasköpp

De Stimmung wor jot em Verein — bes op e paar, die et üvverall jütt un die et leevs us jeder jemütlije Fier e ääns Reuesse jemaat hätte:

Für ene Jemütlije Ovend en de Fastelovendszick 1920 wor ene Humorist bestellt wuerde, 500 Mark us de Kass für en Verlosung freijestellt, alles schön paletti. Do meldt sech medden en die schön Planungsstimmung eren de . . . :

„ . . . wurde von . . . der Antrag gestellt, daß dasjenige Mitglied, welches an diesem Abend betrunken (ist) oder zur Ordnung angehalten werden muß, dem Verein ausgeschlossen werde. Dieser wurde jedoch mit 18 gegen 13 Stimmen abgelehnt."

Immerhin: 42 % woren dofür!

Met de Kirmesplanung für et Johr 1920 fing de Verein jet fröher aan. Em Prottekoll vum 10. Juli 1920 heeß et dozo:

„Punkt 3, Kirmes. Es wurde beschlossen, auch in diesem Jahre ein Zelt zu bauen.
Es wurde eine Kommission gewählt zur Beschaffung eines Zeltes."

Dis Johr sollt dat ävver nit zom Klappe kumme. Dobei wor doch dat letzte Johr esu harmonisch un intressant avjelofe! Onger all denne neu Mitglieder mösse wall paar Querköpp am Werk jewäse sin. 5 Mark Strofjeld, weil se beim Feßzoch zom 25jöhrije vum Schliebijer Turnverein „Eintracht" jefählt hatte, wuerten eenfach nit bezalt. Prot. v. 10. 7. 1920:

„ . . . ihre Strafe von 5,00 M zu bezahlen hätten. Dieser Beschluß wurde jedoch umgeworfen. Ferner wurde die Klage aufgebracht, daß im Verein kein gemütliches Zusammenarbeiten sei. Es wurde vorgebracht, daß dieses der Vereinswirt schuld sei und sollte eine Resolution gefaßt werden über die sich der Vereinswirt entschließen sollte."

Aha! Jetz sollt dä Wiert dodraan schuld sin, dat do paar Muzepuckele am querscheeße wore!

Dann wor och immer noch dat Jedöns met däm Zelt nit vum Desch; de „Zeltkomission" jov am 28. 7. ehre Bericht av:

„ . . . Kostenpunkt des in Aussicht kommenden Zeltes. Die Kosten betrügen im ganzen 4.500 bis 5.000 Mark. Der Wirt erklärte, daß er bei den heutigen Verhältnissen keinen Zuschuß gewähren könne."

Dat wor jeweß kin Wunder.

„So kam nach längerer Debatte der Beschluß, vom Zelte Abstand zu nehmen. Es wurde aber bemerkt, später ein eigenes Zelt anzuschaffen."

Su hatt sech der Verein doch noh däm wunderbare Aanfang vun 1919 at en eenem inzije Johr en en Krise erenjebraat! Mem Wiert worense nit mih zefridde, met enem Zelt wollt et nit klappe. Woröm de Verein jetz usjerechnet e eeje Zelt han moot — hä hätt sech doch widder een liehne künne, wie em letzte Johr — steht nit em Prottekoll. Em Stelle meenten die Jonge villeets, de Wiert sollt inne widder dusend Mark dobei dun. Doch dä daach secher, „die künne mer ens de Naache däue".

Wat wor et Eng vum Leed? Op de nächste Versammlung am 29. 8. 1920 wuerd noch ens esu richtich debattiert un de Muul jeschwaadt:

„Punkt 2. Kirmes. Hier kam es zu einer lebhaften Debatte, da vorher ein Zelt beschlossen war und dieses wegen angeblich zu hohen Unkosten abgelehnt worden war. Össenich stellte den Antrag, daß den Kollegen Johann Arenz und Max Hedtheuer, welche sich um ein Zelt bemüht hatten, ihre Unkosten bezahlt würden. Diesem wurde auch allgemein zugestimmt. Nach längerer Debatte wegen Kirmes ging der Antrag ein auf Abstimmung, ob überhaupt Kirmes gehalten werden sollte. Es wurde daher abgestimmt mit dem Ergebnis, daß keine Kirmes gehalten werden sollte, mit 8 gegen 6 Stimmen."

Et wor eenfach kin Eenmödigkeit mih do un wie dat esu jeht, kräten sech die Mitglieder op de Versammlung immer mih en de Woll.

Inflation

Et Jeld jing allmählich kapott un de Entwertung fing aan sech breetzemaache. En de Generalversammlung vum 9. Jannewar 1921 wuerd nit nur ne neue Vorstand jewählt, de Monatsbeitrag moot och vun 50 Penning op en Mark eropjesatz weerde,

„ . . . weil bei unserer heutigen Valuta der Kassenbestand zu schwach ist."

Noch em selve Moond moot de Verein Eintrittspreise vun 3 Mark em Vorverkauf un 4 Mark aan de Kass für e Theaterstöck nämme, dat hä selver ohne Fremde opführe dät. Sun Preise wören bes dohin noch undenkbar jewäse. Un am 24. 2., nur eene Moond späder, steht em Prottekoll:

„Der Beitrag zur Haftpflichtversicherung wurde um 300 % erhöht."

Et Johr 1921 wor noch nit janz esu schlemm met de Währung. De Preise jingen ävver at schwer en de Hüh:

7. Mai 1921: „ . . . für Karussell-Musik wurde Herr Schäfer bestellt und demselben 50 Mark bewilligt."

Vürm Kreech hat die janze Musikkapell noch fönnef Mark jekoß. Am 6. 8. es prottekoliert:

„Einstimmig wurde beschlossen 6 Mann Kirmesmusik. Der Kostenpunkt wurde mit 900 Mark veranschlagt, das Komitee ist jedoch befugt, bis 1000 Mark für genannten Zweck zu verausgaben."

Also hatt dä Verein 1921 sech onger nem neue Vorstand noch ens widder jet jefange un sujar en Kirmes avjehale, met Hahneköppe, Karresellfahre, Driehrad, Pohlhaue, Kengerbelustijung un enem Kirmesball. Et jing also noch!

Et Levve em Verein nohm ävver immer mih av. De Preise jingen hühder un hühder. En Weihnachtsfeier sollt für die Kenger stattfenge. Am 2. Dezember 1922 wor noch ens Versammlung:

„Weihnachtsfeier für Kinder. Bei Abstimmung waren 2 dafür 1 dagegen und 3 Stimmenthaltungen. Es wird mit dem Verein ‚Fidelia' verhandelt, ob ein Fest gehalten soll werden oder nicht."

Et woren wahrhaftich nur janze 6 Mann op de Versammlung jewäse. Wat die Inflation für en Wirkung op alles hatt, kammer us däm Prottekoll vum 5. 5. 1923 erusläse:

„Beschluß, Beitragserhöhung auf 500 Mark monatlich, Strafgelder ebenfalls auf 500 Mark."

Op Himmelfahrt hanse noch ens en Häretour jemaat „zur allgemeinen Zufriedenheit der teilnehmenden Mitglieder." (Die hatten sech bestemmp de Marschverflejung onger de Hand besorch!) Dann wor die nächste Versammlung noch ens 3 Moond späder am 8. 8. 1923, ohne Resultat.

„Unter Uns" määt Schluß

Zehn Moond drop, am 14. Juni 1924, han sech paar Unverzagte ierts widder jetroffe. Do hatt de Verein Unter Uns nur noch janze nüng Mitglieder. Trotzdäm wuerd ene neue Vorstand jewählt. De Inflation jing op et Eng aan. Janz vürsichtich wuerd beschlosse,

„... eine kleine Kirmesfeier zu veranstalten mit Kinderbelustigung, soweit es die finanzielle Lage der einzelnen Mitglieder gestattet. Als Beitrag wurde festgesetzt derselbe Satz wie in Vorkriegszeit 25 Pfg., ebenso für ein Beitrittsgeld von 50 Pfg. Der Beitrag für die ersten vier Monate wird Anfang September erhoben im Betrage von 1 Mark."

Un dann steht noch wigger em Prottekoll:

„Man ist allgemein der Ansicht, daß der Verein, welcher auf 9 Mitglieder zusammengeschrumpft ist, wieder vergrößert werde, resp. neue Mitglieder zugeführt werden müssen, deshalb können jetzt Mitglieder aufgenommen werden, welche in Schlebusch wohnen; bisher mußten die aufzunehmenden Mitglieder in Ophoven oder Kreuzbroich wohnen."

En de Nuut friß der Düvel Fleeje! Noch em letzte Johr kunnt de Leyhausens Köbes vum Köhnsbösch, (der jo nur paarhundert Meter vum Äselsdamm entfernt wunne dät!), nur als „inaktives Mitglied" opjenomme weerde. Op eemol durf jetz janz Schliebesch en de Verein eren, sujar „aktiv": Dat moot jo et Eng vum Ophovvener Verein „Unter Uns" sin.

Un esu kom et och. 1924 wuerd zenächs ens jar nix mih ongernomme, kin Kirmes, jar nix.

Ierts noch ens 8 Moond späder wuerd am 1. 2. 1925 en „Generalversammlung" avjehaale, un dat met enem „Kassenbestand" vun janze 4 Mark un 3 Penning!! Jetz dätense hin un her üvverläje, wie bei enem Beitrach vun 25 Penning üvverhaup jet en de Kass erenkumme sollt. Em Prottekoll steht:

„Der Verein beschließt, 1 oder 2 mal monatlich einen Spielabend mit Karten zu veranstalten, einen sogenannten Tarokabend. Das Geld, welches beim Spiel verloren wird, fließt der Kasse zu. Dieses soll später zu Vergnügungen verwendet werden, erster Kartenabend 14. 2. abends 1/2 8 Uhr."

Met suner Idee alleen woren och kin Schliebijer Neumitglieder hengerm Ovve fottzelocke. De Verein hät dann noch ens e halv Johr lang kin

Links: Adolf Kierspel (76) ist seit 42 Jahren Vereinsmitglied der Schießgesellschaft 1925 Kreuzbroich e.V. und war 30 Jahre hindurch 2. Vorsitzender.
Rechts: Peter Nußbaum (85), ebenfalls seit 42 Jahren Vereinsmitglied, war 33 Jahre lang 1. Kassierer, dann Ehrenkassierer.
Im Hintergrund die neue Vereinsfahne von 1925. Die Gründungsfahne ist leider seit langem nicht mehr auffindbar. Man beachte den damaligen Namen der Schießgesellschaft „Schützenverein 1925" und die Ortsbezeichnung „Schlebusch 2". Das Foto entstand im Juli 1992.

Heinrich Fabrizius jr. (83). Seit 42 Jahren Vereinsmitglied der Schießgesellschaft.

Friedel Lüttgen war 33 Jahre lang bis 1989 erster Vorsitzender der Schießgesellschaft 1925 Kreuzbroich e.V.

Wolfgang Bücher (51), 1. Vorsitzender der Schießgesellschaft 1925 Kreuzbroich e.V., mit der Vereinskette von 1926, ist seit 31 Jahren Vereinsmitglied.

Versammlung mih avjehaale. Et woren noch paar ahl Kirmessaache do, die vür de Inflation noch jekoof wuerde wore un op eemol widder us enem Verwahr optauche däte. Ongerm 7. 8. 1925 steht dodrüvver em Prottekollbooch:

„Die Versammlung wurde um 8 Uhr durch den 1. Vorsitzenden eröffnet, es waren anwesend sämtliche Mitglieder mit ihren Frauen (= 18 Personen). Nach kurzer Ansprache ging man zum gemütlichen Teil über, wobei die Sachen, die noch vorhanden waren, zur Verlosung gelangten. Nach Verlauf von einigen frohen Stunden war gegen 12 Uhr Schluß..."

Un dat wor dann tatsächlich och dä Schluß vom ahle Ophovvener Verein Unter Uns!

De Schießgesellschaft fängk aan

Am 25. September 1925 wor widder ens Versammlung. Dä jewetzte Schmitz Carl un dä jeröchte Vereinswiert, de Cramersch Düres, hatten aan däm Ovend ne jrandiose Enfall:

„Punkt 3, gemütlichen Abend. Einstimmig wurde (von den anwesenden 9 Gründungsmitgliedern, d. Verf.) beschlossen, über 14 Tage einen gemütlichen Abend mit Wurstessen zu veranstalten, an dem auch die Frauen der Mitglieder teilnehmen können; jedes Mitglied erhält mit Frau 1 Portion.

(Ferner) wurde beantragt, bei dieser Gelegenheit die Nachbarn von Ophoven und Kreuzbroich einzuladen. Dieser Antrag fand allgemein Zustimmung mit dem Bemerken, bei dieser Gelegenheit Mitglieder für den Verein zu werben. Ferner beantragte das Mitglied Carl Schmitz, im Verein den Schießsport zu pflegen und den Verein in eine Schießgesellschaft ‚Unter Uns' Schlebusch, Ophoven umzuwandeln. Diesem Antrag wurde stattgegeben..."

Et heeß jo nit ömesöns „mit Speck fängt man Mäuse", nur dat et he die Wuersch wor! En enem Nachtrag zom selve Prottekoll steht et hoorkleen:

„Der gemütliche Abend (mit Wurstessen, d. Verf.) fand am Samstag, den 3. Oktober 1925, unter reger Beteiligung der Nachbarschaft statt, es meldeten sich viele Leute zur Neuaufnahme."

Un dann jingk et endlich widder vüraan, Schlach op Schlach. Wie wor doch noch dä „Mitgliederstand" am 25. 9. 1925 jewäse?

1. Vorsitzender	Wilhelm Valtinke
2. Vorsitzender	Carl Schmitz
Kassierer	Joh. Schmitz
Schriftführer	Theoder Cramer (Vereinswirt)
	Johann Arenz
	Max Hedtheuer
	Hugo Hackethal
	Josef Pantenburg
	Peter Paffrath

Et „Wurstessen" om „gemütlichen Abend" met Fraue wor en jroßartije Werbung. Op de nächste Versammlung am 17. Oktober komen at 13 neu Mitglieder dozo:

„Die neuen Mitglieder hatten sich bereits eingefunden. Nach kurzer Ansprache seitens des Vorsitzenden wurde zur Ballotage geschritten. In die ‚Schießgesellschaft Unter uns' wurden aufgenommen:

Gustav Moritz   Hubert Neuhaus
Heinrich Lüttgen   Bernhard Valtinke
Theodor Lutz   Wilhelm Sahler
Wilhelm Müller   Johann Sahler
Johann Engstenberg   Johann Janz
Ludwig Breidenbach   Johann Schmitz
Franz Jassel   (Schlebusch, Hauptstr.)"

Em Hervs 1925 un em iertste Halvjohr 1926 kom met de Vereins-Neugründung ne fresche Wengk, en rejelräte Aufbruchsstimmung op. Statt sibbe, aach komen jetz op eemol vill mih op de Versammlung:

24 Mann op de Generalvers.	am	2. 1. 26
25 "	" " Versammlung	"	30. 1. 26
20 "	" " "	"	6. 3. 26
23 "	" " "	"	27. 3. 26
29 "	" " "	"	29. 5. 26

Dat kom natürlich doher, dat su vill neu Mitglieder enjetrodde wore. 55 Aktive en Passive komen dozo.

55 neu Mitglieder woren als Aktive un Passive opjenomme wuerde. Bes engs 1927 sin ävver 11 dovun widder usjetrodde. De iertste Vorsitzende muß em Jannewar 1926 at esujet jeahnt han:

„Der 1. Vorsitzende erwähnte noch, daß nächstens über neue Mitglieder der Vorstand erst beraten soll."

De „Begeisterung" wor jruß:

„Alle waren begeistert für den Schießsport, es wurde deshalb auch gleich ein Schießmeister gewählt, und zwar fast einstimmig Herr Hugo Hackethal. Ferner wurde beschlossen, eine Büchse anzuschaffen zur allgemeinen Benutzung der Gesellschaft. Der Schießsport soll gepflegt werden."

Jongejong, wat woren die all op eemol doll op et Scheeße! De Beitrach wuerd ohne Widderspruch tireck op et Dubbelte eropjesatz, op 50 Penning! Eintrittsgeld 1 Mark!
An däm Ovend wuerd nit nur üvver et Scheeße jekallt:

„Punkt 4, Schießangelegenheit. Über diesen Punkt entspann sich eine längere Debatte, ohne daß jedoch etwas Wesentliches beschlossen wurde."

Dä! Un wat jetz?

Johann Gans, Schützenkönig 1926/27, mit Königin Frau Franziska Gans, geb. Kierdorf.
Johann Gans war der erste offizielle Schützenkönig der „Schießgesellschaft Schlebusch 1925". Damit er, wie üblich, die Königswürde übernehmen konnte, war kurz nach Vereinsgründung zuvor im Mai 1926 mit Max Hedtheuer ein „provisorischer Schützenkönig" ausgeschossen worden.

„Punkt 5, Verschiedenes: Bei diesem Punkte drängte alles zum Schießen; es wurde deshalb um 9 Uhr die Versammlung geschlossen und zum Schießen übergegangen."

Wo un wodrop die freschjebackene Schötze eejentlich jeschosse han, steht nit em Booch. Un ov em Oktober drusse noch jenoch „Büchsenlicht" wor, es unwahrscheinlich. Jedenfalls hät de Vereinswiert ierts vill späder em Saal ne Scheeßstand opjebaut, wie et em Prottekoll vum 6. März 1926 steht.

1926: Et jeht loß

Dann kom am 2. Jannewar 1926 die ierste wichtije Hauptversammlung vum neue Verein. Et wor zwar e Minus vun 3,90 Mark en de Kass — doch jetz wuerd Näel met Köpp jemaat un en richtije, neu Vereinshierarchie opjebaut. De noch ambtierende Erste Vorsitzende dät de Pantenburgs Josef zom „Provisorischen Wahlleiter" ernenne, un dann wuerd jewählt:

1. Vorsitzender	Hugo Hackethal
2. Vorsitzender	Franz Jassel
Schriftführer	Heinrich Lüttgen
Kassierer	Johann Arenz
Kommandant	Jakob Leyhausen
Adjutant	Hugo Exner
Schießmeister	Richard Hampicke
Zeugwart	Theodor Cramer

Bei dä Schwindsuch en de Kass jov et vun Aanfang aan immer e jruß Jezänk öm de Beitrach. Dä nette Aantrittsverzäll vum neue Ierste Vorsitzende dät do och nit vill nötze. Hä hatt versproche, „nach Kräften zu arbeiten und die Schießgesellschaft tüchtig ins Blühen zu bringen" un däm ahle Vorstand Dank usjesproche „für seine Tapferkeit und Ausdauer bei der Übergangszeit". Wie sollt hä ävver jet en de Kass erenkrijje?

„Hier wurde lebhafte Debatte geführt, ob die Beiträge im voraus gezahlt würden..."

Dat hanse dann och jedon. Et Jeld wor widder jet wert. Inaktive Mitglieder mooten av sofort 6 Mark Beitrag bezahle.
Mer darf jo nit üvversin, dat us däm kleene Vereinsreß vun nüng Mitglieder, die mer als et „Fähnlein der Neun Aufrechten" bezeichne kunnt, jetz ene prächtije Schießverein jemaat weerde sollt. Deswäje woren all Planunge, Maßnahme un Aanstrengunge dorop usjerich, dat et „Schießfest" am ierste Sonndach em Juli nur jo prima klappe dät! Mer wollt et all denne, die als Jäß kumme, esu richtich zeeje, wat ene neue Verein met winnich Jeld ävver och met vill Bejeisterung un Loß am Schießsport op de Been brenge kann. Et es erstaunlich, wat die Jonge domols em Johr 1926 all jeschaff han. Ih dat et mem Schießfeß loßjing,

„sollte vorher aber noch Eröffnungsschießen abgehalten werden und dies soll mitte April sein..."

steht em Prottekoll vum 6. 3. 1926. Am 13. Februar hattense sujar at e „Preisschießen für Damen und Herren" jemaat, met Preise, die vun de Mitglieder extra däm Verein jeschenk wuerde sin. De Vereinswiert wuerd jedrängk, dat hä bes zom Eröffnungschießen de Scheeßstand fädich han sollt.

Et jov och at esujet wie en „Marschdisziplin":

„Kommandant Leyhausen erwähnte, wenn die Schießgesellschaft antritt zum Festzug oder zum Besuche fremder Schützenfeste, so müßte alles auf sein Kommando hören, nicht, das alles durcheinanderlief ..."

Dat erinnert mech aan die bekannte Veräppelei, met der och hück noch üvverall em Rheinland die Buure Schötzebröder op de Ärm jenomme weerde: „Drei Meter vür de Soot wüerd aanjetrodde! De Fahn wüerd bläck jemaat un durch et Dörrep jedraage! Drei Trööte jon verruus! Nit, dat et esu jeht wie vürrich Johr, dat eene Buur däm andere Buur de Frack berrr ... !"

Ävver Fahn, Musik, Rock, Hoot un all dä nüdije Krom jov et jo noch nit:

„Der erste Vorsitzende legte noch einmal kurz das Schießfest auseinander. Als erstes wurde beschlossen, daß sämtliche Mitglieder in weißer Binde und Gehrock erscheinen sollten, das Zweite sollte jedoch nur für den Vorstand Geltung haben, und die übrigen Mitglieder im dunklen Anzug."

Mem Schießsport, met all denne 1926/1927 jeplante un durchjetrockene Veranstaltunge — Eröffnungschießen, Schießfeste met Königschießen, Schlußschießen — un all däm janze andere Drömeröm, kom janz vun alleen dä Zwang, alles zünftich un „schießgerecht" ze maache: jenausu, wie dat bei äldere Schießvereine un Bruderschaften at längs Tradition wor. Et Thema „Kleidung" wor dröm et wichtichste.

Dä Hoot

Mem Hoot fing et aan. De Versammlung vum 3. Jannewar 1926 hatt beschlosse,

„ ... das der Hut im Werte von 10,— Mark für jedes Mitglied angeschafft werden sollte, auch das es dem Mitglied nicht schwer sollte fallen können, ihn wöchentlich mit 1-2 Mk. abzuzahlen."

Die Hööt mösse wall vum Verein jekoof wuerde sin. Mem Bezahle hät et ävver noch en janze Zick jeduert. Noch am 27. Mai 1926 steht em Prottekoll:

„Der 2. Vorsitzende betonte noch einmal, daß die Rückständigen Beträge doch bezahlt werden müßten, ebenfalls der Rest von den Hüten und Vereinsabzeichen. Die Versammlung stimmte darüber ab, daß derjenige, welche seine Pflichten

bis zum Feste (Schießfest) nicht erledigt hätte, auf den Königsschuß verzichten müßte; dasselbe sollte auch für denjenigen gelten, der keinen Hut hätte."

Die Kett

Et wor jo och nit winnich, wat die Mitglieder vum neu opjemaate Schießverein alles op eemol aanschaffe sollte! De 2. Vorsitzende hatt at Aanfang März vürjeschlage:

„ . . . der Schützenkönig müßte auch eine Kette haben, hier käme uns das alte Silbergeld (aus der Zeit vor der Inflation, d. Verf.) gut, denn das Mitglied Joh. Schmitz wollte uns aus dem alten Gelde eine schöne Kette machen. Wenn nur einer Silberstücke hätte, der könnte sie ja kostenlos dem Verein zur Verfügung stellen."

Et Interesse aan däm neue Schießverein wor immerhin su jruß, dat at paar Woche drop en et nächste Prottekoll erenjeschrevve weerde kunnt:

„An altes Silbergeld für die Königskette wurde abgegeben:

Hampicke, Rich. 5 Mk. 3 x 1 Mk.
Hackethal, Hugo 5 Mk. 3 Mk. 1 Mk. 0,50 Mk
Lüttgen, H. 1 Mk.
Hahn, G. 1 Mk. 2 x 0,50 Mk.
Leyhausen, Jak. 5 Mk.
Cramer, Th. 10x1 Mk."

Die Kett muß janz nett schwer jewuerde sin, wie et em Prottekoll vum 18. Sept. 1926 steht:

„Als 1. wurde angefragt, ob es nicht besser wäre, für den König einen Orden mit Kette anzuschaffen, damit er nicht immer die Königskette zu tragen brauchte."

Do sinse ävver vun avjekumme.

De Künning

Et wor jo alles noch esu neu. Wat sollt dä beste Schütze für ene Name krijje?

„Betreffs des Namens für den besten Schützen auf dem Schießstande wurde sehr lebhafte Debatte geführt. Es wurde der Antrag gestellt, der beste Schütze sollte den Titel ‚Schützenkönig' haben, wo viele gegen waren. Es wurde aber vom 1. Vorsitzenden erklärt, was andere Schieß- und Schützenvereine könnten, das könnten wir doch auch. Somit erhält der beste Schütze den Namen ‚Schützenkönig.' "

Ne „ahle Schötzekünning" wor jo kinne do. Die Jonge hatten ävver en jot Idee:

„Auf dem Eröffnungsschießen soll ein provisorischer Schützenkönig ausgeschossen werden, der die Würde trägt bis zum 1. Schützen-

Schützenkönig 1927/28 der Schießgesellschaft Schlebusch: Gustav Hahn mit Gattin als Königin.

Schützenkönig 1928/29: Johann Schmitz und Königin Maria, Schießgesellschaft Schlebusch. Johann Schmitz war bereits 1. Beisitzender im Vorgängerverein „Unter Uns" in den Jahren 1908 und 1909 gewesen, 1. Kassierer von 1922 bis 1925. Außerdem kellnerte er im Nebenberuf bei Cramer. Anläßlich des Königsschießens 1928 wurde er während dieser Tätigkeit zum Schießen hinausgerufen und schoß mit dem ersten Schuß den Vogel ab.

fest. Es wurde angefragt, was der prov. Schützenkönig an Geld bekäme, worauf erst 20,— Mk. vorgeschlagen wurde. Hierüber wurde sehr lebhafte Debatte geführt. Man wurde sich aber einig und beschloß, am Eröffnungstage 50,— Mk. und am ersten Schützenfesttage wieder 50,— Mk."

Domet woren de Schötzejonge ävver noch nit am Eng met de Üvverläjerei. Em selve Prottekoll vum 27. März 1926 jeht et nämlich noch wigger mem Thema „Künning":

„Dann wurde beschlossen für den König ein Hofstatt von 4 Damen, aber nur Damen von Vereinsmitglieder."

O jo, och om Äselsdamm wuerd domols vill op „öffentliche Moral" jehale! Un Strang vür de „Bessere Hälfte" zehus mössense wall och jehat han...
Am 24. April sinse sech eenich jewuerde, et Königsschießen am 2. Mai avzehale:

„Mit dem Königsschießen soll um 11 Uhr begonnen werden. Nach Abschuß des Königsvogels soll das Königspaar im geschlossenen Zuge zum Vereinslokal begleitet werden, woselbst um 4 Uhr der Eröffnungsball anfangen soll.

Für den Ball wurden 6 Mann Blasmusik vom Trompeterkorps bestellt. Zu Einholen des Tanzgeldes wurden die Mitglieder eingeteilt. Die Versammlung beschloß, daß derjenige, welcher die Königswürde trägt, 10 Jahre auf den Königsschuß verzichten muß, und wer in einem anderen Schützen- oder Schießverein König ist, kann bei uns nicht auf den Königsvogel schießen."

Su es dann de Max Hedtheuer für die Zick vum Mai bes Juli 1926 de iertste provisorische Schötzekünning em „Schießverein Unter Uns" — wie dä Verein domols noch heeße dät — jewuerde. De iertste „offizielle" Schötzekünning wor av Juli 1926 de Johann Gans. Op de Künningskett, wo die Name vun jedem Schötzekünnning vum Verein de Reih noh enjraviert sin, kammer dat nohläse.

Et iertste Schießfest

En däm 26er Johr han die Mitglieder vum neue Schießverein sech unheimlich vill vürjenomme un han vill jeschaff. Die janze Aanstrengunge jingen at vum Fröhjohr aan en Richtung Schießfest. Dat sollt jo et iertste richtich jrusse Feß sin, op däm jeder vum Verein su jot et jing su optredde sollt, wie dat bei andere Vereine en de Nohberschaff och jemaat wuerd. Vill Arbeet jov et ze dun, un die moot richtich verdeelt weerde:

„Jetz schritt die Versammlung zur Wahl des II. Kassierers. Es wurde Ganz Johann mit Stimmen-Mehrheit zum II. Kassierer, zum II. Schießmeister wurde einstimmig Sahler Wilhelm gewählt."

Met Schwung un Elan wuerd jetz vun eener Versammlung bes op de nächste een Denge nohm andere avjesproche un jedon.

Am 29. Mai wor Vollversammlung. Et iertste „Schießfest" oder „Schützenfest" wor jetz Thema Nummere eins. Un die Jonge woren nit fuul jewäse:

„Der Vorstand hatte das Schießfest schon durchgearbeitet und die Festfolge wurde durch den I. Schriftführer vorgelesen: Samstags, 9 Uhr, Zapfenstreich mit anschließendem Festkommers im Vereinslokal.

Sonntag 5 1/2 Uhr vorm. Ankünden des Schießfestes durch Böllerschießen."

Met „ruhestörendem Lärm" hatten die Schötze ze der Zick bestemmp noch nix am Hoot!

„2 Uhr nachmittags: Empfang fremder Vereine. 3 Uhr: Abholen des Königspaares und Festzug. Der Festzug bewegt sich vom Vereinslokal die Lützenkirchener bis zur Ophovener Str., Roten-Kreuz-Schießhalle die Lindenstr. bis zur Wilhelmstr., dann zur Hauptstr. bis zur neuen Schule, die Lützenkirchener bis Ophovener Str., dann durch Ophoven bis zum Vereinslokal.

Nach dem Festzug beginnt das Ehrenpreis-, Sternen- und Vogelschießen.

Wer von den Schützen 3 Lose auf den Preisvogel hat und am Festzug teilnimmt, erhält eine Ehrenpreiskarte.

Montag: 9 Uhr Antreten der Schützen und Abholen des Königs zum Schießstand, wo das Königsschießen anfängt. Nach Abschuß des Königsvogels Abholen des neuen Königpaares und Festzug durch den Ort.

Die Tanzmusik soll Sonntag um 4 Uhr anfangen und montags um 8 Uhr."

Op derselve Versammlung jov et noch en wichtije Änderung: Met däm Name „Unter Uns" sollt et jetz een für allemol am Eng sin; de Schießgesellschaft wor doch jetz nit mih dat kleene Klübche vum Ophovve:

„Betreffs Statuten wurde beschlossen, daß der Verein nicht mehr ‚Schießgesellschaft Unter Uns' sondern ‚Schießgesellschaft Schlebusch 1925' heißt."

Domet och jeder woß, wo et lang jing:

„... zwecks Paragraph 10 soll ein Mitglied nicht mit Geldstrafe belegt werden, sondern wer 3 Versammlungen unentschuldigt fehlt, wird vom Verein ausgeschlossen!"

Dä! Ordnung moot sin! Met der Regelung solltense ävver noch jet aan de Jäng krijje! Doch dovun später.

Stondelang wuerd op dä Versammlung noch Schlach op Schlach eene Punkt nohm andere beschlosse:

„Als erstes wurden die Offerten des Musik-Vereins Schlebusch und des Trompeter-Corps Steinbüchel verlesen. Ersterer Verein nahm pro Kopf und Stunde 1.65 Mk., der zweite 1.75 bis 1.50 Mk. die Auslagen für Ballmusik und Festzug betrügen 191,— Mk. bzw. 203,— Mk. Die Versammlung beschloß einstimmig, den billigsten zu nehmen und so fiel die Wahl an den Musik-Verein Schlebusch."

Dann jingk et noch wigger aan däm Ovend:

„Es wurde der Antrag gestellt, einen Festausschuß zu wählen in Stärke von 5 Mitgliedern. Dieser Ausschuß sollte mit dem Vereinswirt verhandeln wegen der Platzfrage, Schießstand und was er dem Verein an Geld noch in die Kasse geben wollte."

Jar nit esu domm, die Jonge!

„Der Ausschuß (Joh. Arenz. W. Müller, C. Schmitz, W. Sahler und M. Schmitz) wurde beauftragt, sofort mit dem Vereinswirt zu verhandeln und es entstand eine kleine Pause.

Nach einer Stunde erschien der Ausschuß und erklärte, der Vereinswirt wolle sein möglichstes tun um die Gäste unterzubringen, den Schießstand wolle er in den nächsten Tagen anfangen zu bauen, (wo hatten die bes dohin eejentlich jeschosse?) und die Musik und das Tanzgeld übernehmen und er wolle der Schießgesellschaft 250,— Mk. in bar in die Kasse geben und die Musik beköstigen. Womit sich die Versammlung einverstanden erklärte."

Un als ov se nit jrad at jenoch am Jang hätte:

„Ferner wurde noch beschlossen, am nächsten Sonntag das Schießfest beim Graue (Manforter Hof, d. Verf.) vollzählig zu besuchen und ein Trommler-Corps hierfür zu gewinnen, was uns nach Manfort und zurückspielen soll. Für die Unkosten zu decken sollte jedes Mitglied 50 Pfg. zahlen."

Fahn un Fahnenweihe

Op de letzte Vollversammlung am 29. 5. 1926 kom och dat Thema „Vereinsfahne" drop:

„Zum Schluß wurde noch eine Frage an den Vorstand gerichtet betr. der Fahne. Hierüber gab der Schießmeister Hampicke eine kurze Aufklärung, daß die Fahne in der Fahnenfabrik Richter, Cöln, zum Preise von 480,—Mk. bestellt worden wäre, daß die Fahne aber nicht von der Kasse bezahlt würde, sondern lediglich aus einer Sammlung womit sich der Verein auch zufrieden gab."

Die Fahn muß wall et Allerwichtichste jewäse sin! 480 Mark woren ze dä Zick ne jrusse Hoofe

Jeld. Un dann moot et jo och en Fahnenweihe jevve. Em nächste Prottekoll vum 7. 8. 1926 steht onger Punkt IV, Fahnenweihe:

„Hierüber erteilte der II. Vorsitzende dem I. Schießmeister das Wort. Er legte der Versammlung in kurzen Worten die Fahnenweihe vor Augen wie er sich das Fest gedacht hatte. Samstagabend Antreten der Schützen im Vereinslokal 7 Uhr. Dann Fackelzug Abholen des Präsendenten, der Fahne und Königs, dann zurück zum Festlokal.

Dann Beginn des Festkommers mit anschliessendem Fahnenweihakt, gesanglichen, turnerischen und musikalischen Vorführungen. Während des Conserts sollten 2 Damen die anwesenden Gäste engangieren zum Nageln eines Kissens zum besten des Fahnenrangs."

Wat domet jemeent wor, weeß ech nit. Ov mer dat hück noch eener usem Schießverein sage kann?

Dann jeht et wigger em Prottekoll:

„Sonntags Antreten der Schützen um 1 Uhr, Abholen des Königspaares und Zug durch den Ort. Nach dem Festzug beginnt auf dem Schießstand das Schießen, verbunden mit Preisvogel-Sternpreis und für die auswärtigen Schützenvereine das Ehren-Diplomschießen. Außerdem soll auf dem Schlußschießen ein Meisterschütze ausgeschossen werden."

Un dann kom noch en decke Üvverraschung:

„Da der Bürgermeister Dr. Malzkorn die Weihe der Fahne abgelehnt hat, so wurde beschlossen, den Ökonomierat Herrn Hummelsheim zu gewinnen und sollten zwei Mitglieder persönlich mit ihm in Verbindung treten. Die Versammlung beschloß weiter, für Kommandant und Adjutant Schärpe, Degen und Epeaulette bis zur Fahnenweihe anzuschaffen."

Do sin die zwei ävver om Schießfest, dat do at verbei wor, noch zimmlich nackich erömjeloofe!

Am 28. 8. 1926 wor noch ens en Versammlung mem Hauptthema ‚Fahnenweihe'. Vürher hatten die Schötzejonge extra noch e ‚Festkomittee' gewählt:

„Über Fahnenweihfest berichtete der I. Schießmeister, daß das Festkomittee bis auf das kleinste erledigt hätte, nur noch Verhandeln mit dem Vereinswirt wegen Platzfrage."

Jetz wuerd et unjemütlich für de Cramers Düres:

„Inzwischen war auch ein Schreiben eingetroffen vom Festkomittee zwecks Platzfrage und es wurde darauf gedrängt, der Vereinswirt sollte ein Zelt bauen. Beim Hin- und Herdebattieren wur-

de der Vereinswirt gerufen und er sollte sich zu dieser Frage äußern. Er führte darüber aus: Für die Fahnenweihe könnte er kein Zelt bauen, denn das brächte ihm nichts ein und er könnte das Zelt dann nicht bezahlen; weiterhin hätte er kein Land, wo er es hinsetzen sollte; er erklärte sich aber bereit, die Gäste alle unterzubringen; zu diesem Zweck wollte er an der einen Seite das Zelt wieder aufbauen und an der anderen eine Veranda und er bat den Verein, ihn dabei zu unterstützen. Die Versammlung erklärte sich damit einverstanden."

Dä Wiert woß jenau, ov jet für in intressant wor oder nit. Schlißlich wor sing Wiertschaff jo kin Wohltätigkeitsinstitut. Et Schießfest wor verbei. Ävver sun Fahnenweihe wor jo nit datselve. Met suvill Jäß wie do kunnt ki Minsch rechne. Dröm hanse flöck noch

„ . . . beschlossen, den neugegründeten Schießklub Heckenberg zur Fahnenweihe einzuladen."

Dat hät am Eng och nix enjebraat - für de Vereinskass wor et en Pleite:

Protokoll v. 18. 9. 1926, Pkt. IV, Festbericht:

„An Einnahme bei Fahnenweihe waren zu verzeichnen Mk. 989,05. Ausgabe 1135,90., bleibt minus 146,85.

Der I. Kassierer betonte noch, es könnte in den nächsten Tagen noch Geld bei ihm eintreffen was noch ausstünde, wodurch dann die Kasse etwas besser zu stehen."

Ne richtije Optimist, wie die mihtste andere Schötzejonge och!

Et „Lametta"

Ih dat en däm Johr de Sommer kom, hät de Vorstand em April 1927 en Extra-Versammlung avjehale. Dobei jing et och öm dat besondere „Lametta" für die Uniforme vum Vorstand:

„Als erstes wurden die Beschaffungen geregelt.

Für den Schützenkönig:	geflochtene Achselstücke, gold, 2 Sternkronen
" " 1. Vorsitzenden:	geflochtene Achselstücke, silber, 1 Sternkrone
" " 2. "	geflochtene Achselstücke, silber
" " 1. Kassierer:	Leutnantsachselstücke
" " 1. Schriftführer	"
" " 1. Schießmeister:	mit 2 Gewehren über Kreuz
" " Feldwebel:	"

Die anderen tragen alle Mannschaftsachselstücke."

Schützenfest 1927 der Schießgesellschaft Schlebusch im Hof der Gastwirtschaft Theodor Cramer, Kreuzbroich.
Vorne links, stehend: Heinrich Heidelmann, Adjutant. Erste Reihe, sitzend, von links: Max Hedtheuer, Johann Hartmann, Franz Watterott, Heinrich Lüttgen, Gustav Hahn (Schützenkönig 1927/28), Franz Jassel, Johann Gans, Wilhelm Sahler. Vorne rechts, stehend: Hugo Exner, Kommandant. Mittlere Reihe, stehend, von links: ?, Josef Pantenburg (verdeckt), Otto Wolf, Fritz Schmitz, Viktor Glück, Hubert Neuhaus, ?, ?, Heinrich Fabrizius. Hintere Reihe, stehend, von links: Valtinke, sen., ?, Johann Sahler (mit Fahne), Heinrich Peters, Heinrich König.

Dat wör jo och noch schöner jewäse, wenn de Schießgesellschaft Schlebusch jetz nit och dat noch jerejelt hätt, wat die Schötze vun all denne andere Jesellschafte jo at lang hatte. „Wat die andere künne, künne mer och", su liss et sech us däm schöne, ahle Prottekollbooch erus. Om Schießfest 1927 — dat es janz jeweß — han die Jonge vun de Schliebijer Schießjesellschaff jenau su staats en ehre komplette Uniforme usjesin. Luert Üch die ahl Bilder ens aan, do künnt Ühr et jo sin!

Et Vereinsabzeichen

Üvver dat, wat de Verein Unter Uns en all denne Johre — un sujar späder noch als Schießverein — immer für ene Zottier met de Vereinsabzeiche hatt, kammer sech et Laache bestemmp nit janz verbieße. Am 6. November 1909 — de Verein wor jrad ierts e inzich Johr alt — jingk et at los domet:

„ . . . wurde einstimmig beschlossen, Vereinsabzeichen anzuschaffen, wofür sich das Vereinsmitglied Herr Wilh. Wirtz erbötig zeigte."

Dat muß wall och jeklapp han. Jetz krätense et ävver met de Angs, su e „wertvolles Abzeichen" künnt jotzicks ens verschött jon:

„ . . . wurde besprochen, die Vereinsabzeichen nach jedem Gebrauch abzugeben . . . "

steht ongerm 2. April 1910 ze läse.
Vill späder, am 5. Aujuß 1911, schrevv de Prottekollführer en et Booch:

„Nach einer Ansprache des Vorsitzenden . . . die Vereinsabzeichen im Interesse des Vereins abzugeben, erklärte Er die Versammlung für geschlossen."

Wer ävver jlöv, domet wör dat janze Jedöns met de Abzeichen am Eng jewäse, es scheef jeweckelt; 1913 hattense at kin mih. Prottekoll vum 1. März:

„Die Anschaffung von Vereinsabzeichen soll erst dann geregelt werden, wenn ein Katalog vorliegt."

Un am 5. April 1913 steht vermerk:

„Weil im Katalog nichts Passendes gefunden wurde, ist Versammlung damit einverstanden, daß erst ein neuer Katalog vorgelegt werden soll."

Em Mai worense et dann endlich satt:

„Herr Ad. Cramer fährt nach Köln, um einige Abzeichen zu holen. Die sollen der nächsten Versammlung vorgelegt werden."

Am 7. Juni 1913 hattense et endlich jeschaff:

"Es wurde beschlossen, Abzeichen ohne Namen anzuschaffen zum Preise von 50 Pfg. Jedes Mitglied erhält eins. Sollte eins verlorengehen, so muß das Betreffende Mitglied ein neues Abzeichen auf seine Kosten anschaffen."

Ongerm 5. Juli 1913 es enjedrage:

"An die anwesenden Mitglieder wurden die neuen Abzeichen verteilt und wurden unserem Kassierer für Fahrtvergütung 1,— Mark bewilligt."

Die Fuffzichpenningsdenger han dann bes nohm Kreech jehale. Etlije sin wall och verschöttjejange. Am 19. Juni 1920 jeht et deswäje widder loß domet:

"Es wurde in Anregung gebracht, Vereinsabzeichen anzuschaffen. Der Schriftführer wurde beauftragt, einen Katalog kommen zu lassen."

Dat muß nit räät jeklapp han. Deswäje moot de Vorsitzende sujar selvs aktiv weerde.

"Der Vorsitzende verpflichtet sich, für die nächste Versammlung am 28. 8. Muster für Vereinsabzeichen vorzulegen."

En däm kritische Johr 1920 wollt ävver och jar nix jelenge. De Kirmes wuerd avjesaat, mem Vereinswiert hattense sech en de Woll wäjen nem Kirmeszelt un selvs de Vorsitzende hatt kin räte Loß mih, sech bei all däm Ärjer och noch öm de Abzeichen ze kömmere:

"In Bezug auf Abzeichen wurde erklärt, daß die teuer seien und daher der Antrag gestellt, das jedes Mitglied sein Abzeichen selbst bezahlen müßte und dieses bei seinem Austritte in gutem Zustande zurückbringt er sein Geld zurück erhält. Diesem Antrage wurde auch zugestimmt."

Für de Verein Unter Uns wor domet dat Thema „Vereinsabzeichen" su jot wie avjeschlosse. Et jing allmählich op die schläte Zick aan, et komen immer winnijer noh de Versammlung, de Inflation stund vür de Dür.

Ierts 1926 — usem Verein Unter Uns wor at längs ene Schießverein jewuerde — jing dat Spillche met de Abzeiche widder loß. Un — wie kunnt et och anders sin — et wor dä selve Carl Schmitz, der de Antrag jestellt hatt, us däm üverichjeblevvene Reß vum ahle Verein Unter Uns en Schießgesellschaft ze maache, der jetz och zeierts widder met de Abzeichen aanfing:

"Wegen der Beschaffung von Vereinsabzeichen wurde das Mitglied Joh. Schmitz, Hauptstraße, befragt und er hat sich erbötigt, in der nächsten Versammlung verschiedene Abzeichen mit Kostenpunkt vorzulegen."

Dat wor op de Generalversammlung vum 2. Jannewar 1926.

Am 30. Jannewar steht dann em Prottekoll:

„Carl Schmitz stellte den Antrag, der Vorstand sollte für nächste Versammlung Probeabzeichen vorlegen."

Die nächste Versammlung wor am 6. März:

„Das Mitglied Johann Schmitz gab eine kurze Aufklärung über Abzeichen. Der Preis schwankte zwischen 1.50 und 2.50, er wollte dem Vorstand aber in den nächsten Tagen einen Katalog zugehen lassen."

Ze joder Letz klappten et dann doch noch:

„Der 1. Vorsitzende gab der Versammlung bekannt, daß die Abzeichen zu 1.70 Mk. bei dem Mitglied Johann Schmitz bestellt wären und bis zum Eröffnungsschießen jedes Mitglied eins hätte."

Dat wor am 27. März 1926. Vun dann aan steht nix mih üvver ‚Abzeichen' em Prottekollbooch, dat jo mem Dezember 1927 ophüert. Ech ben ens jespannt, wat üvver dat Thema em nächste drensteht.

De Karresell-Komission

Jet anderes muß noch verzallt weerde, dat es dat Jedöns met de Karresell-Komission.

Die Karresell wor at vun Aanfang aan beim Verein Unter Uns un och späder en de Schießgesellschaft e janz besondersch Thema. Su e Denge für de Blage als Kinderbelustigung, op de Ophovener Kirmes un späder dozo noch om Schießfest, wor für de Jugend un all die, die noch jong sin wollte, en kleen Sensation. Die Mitglieder vum ahle Verein sin zeierts op die Idee jekumme, en Karresell aanzeschaffe. Vun 1909 aan hattense jo at immer op de Kirmes metjedon. Wenn et och met enem Zelt bes dohin noch nit jeklapp hatt, dat de Cramer opschlage sollt, su wolltense doch winnichtens jet anderes orjanisiere un letten nit locker domet:

Prot. v. 1. 5. 1909: „Für das Waldfest, was am 2. Sonntag im Juni stattfinden soll, wurden 13 Mark für Freibier genehmigt."

Ävver och 1910 dät et immer noch nit mem Kirmeszelt klappe.

Prot. v. 6. 8. 1919: „Cramer versprach, wenn möglich ein Zelt zu bauen. Der Verein beschloß, die Kirmesfeier zu übernehmen."

Wie ävver sujar noch e Johr späder, 1911, de Vereinswiert Cramer vum Schliebijer Bürjermeesteramb immer noch kin Genehmigung krät e Zelt opzeschlage, woren et die Jonge vum Verein Unter Uns satt, sech noch länger ze ärjere. Jetz moot jet anderes kumme!

Prot. v. 2. 12. 1911: „Nach einiger Unterhaltung kam auch wieder die Karussellfrage zur Sprache. Da in Opladen eine solche sich befinden soll, so wurde beschlossen, diese einmal zu besichtigen. Hierzu wurden bestimmt die Herren Joh. Odenthal und Josef Pantenburg, (diese) sollen dann bei der Generalversammlung Ihr Gutdünken hierüber abgeben."

Un tatsächlich, op de Generalversammlung am 7. Jannewar 1912 steht em Prottekoll:

„Die Herren Odenthal und Pantenburg waren in Opladen um die Karusell zu besichtigen, konnten aber kein Gutachten abgeben, weil die Karusell auf einem Haufen gelegen habe. Nach dieser Erklärung verspricht Herr Johann Klein zur nächsten Versammlung einen Kostenanschlag vorzulegen."

Dat liss sech bahl esu, als ov die en Oplade ne Schrotthoofe vürjefonge hätte! Am 3. 2. 1912 schriev de Prottekollführer:

„Da Herr Johann Klein nicht anwesend war, wurde Punkt Karusell auf die nächste Versammlung verlegt."

Un am 6. April steht do:

„Es wurde einstimmig beschlossen, eine Karusell anzuschaffen. Das fehlende Geld soll durch Mitglieder aufgebracht werden, und wird dieses mit 4 % verzinst. Aus der Kasse wurden 100 Mark bewilligt. Herr Joh. Maus verpflichtete sich, die Karusell kostenlos unter Dach und Fach zu bringen. Es wurden von 11 Anwesenden Mitgliedern zusammen 130 Mark gezeichnet und der Vorstand beauftragt, bei den fehlenden Mitgliedern anzufragen, ob sie sich mit beteiligen wollen. Bei Jahresabschluß soll dann der Reinertrag unter die Mitglieder (die gezeichnet haben) verteilt werden, bis sämtliches gezeichnetes Geld wieder zurückgezahlt ist. Dann erst ist die Karusell Eigentum des Vereins Unter Uns. Mitglieder, die aus dem Verein austreten, können ihren eingezahlten Betrag nicht sofort zurückverlangen, sondern müssen so lange warten wie die anderen."

Do kammer doch ens sin, wat dat für jeröchte Jonge wore! Op eemol wor Jeld do! Met ener Karresell wor op de Kirmes secher Jeld ze verdeene. Un nit nur do, wie mer noch sin weerde. Am 4. Mai wuerden 6 Mark, am 1. Juni 12 Mark, am 6. Juli 25 Mark un am 6. Aujuß 1912 sujar 96 Mark un am 18. noch ens 29 Mark gezeichnet. Et es secher och ens interessant, nohzeläse, wat de Kassierer, wie de Kirmes verbei wor, üvver de „Ein- und Ausgaben" ze sage hatt:

Prot. v. Oktober 1912: „Die Gelder sind richtig eingekommen. H. Joh. Maus machte die Ein- und Ausgaben von der Kirmesfeier bekannt und wurde eine Diskussion hierüber nicht beliebt."

Heinrich Fabrizius sen. (1883-1963) erhielt 1913 ausnahmsweise als „Nicht-Ophovener" die Erlaubnis zum Eintritt in den streng konservativen Ophovener Verein „Unter Uns", da er das Vereins-Karussell bereits im Sommer 1912 aus mehreren von einer Vereinsabordnung in Opladen „auf einem Haufen" vorgefundenen Einzelteilen zusammengesetzt hatte. 1927 trat er auch in die Schießgesellschaft ein und war später bis 1956 lange Jahre hindurch erster Vorsitzender.

De Schriftführer durf dat nit en et Prottekoll erenschrieve! Dann steht do noch:

„Es wurde mit 7 gegen 3 Stimmen beschlossen, 4 % des eingezahlten Betrages an die Mitglieder zurückzuzahlen; da unsere Kassenverhältnisse es erlauben, wurden vom Kassierer ... 72,— Mark ausbezahlt."

Wenn dat die 4 % wore, muß do ävver janz nett jet en de Kass erenbezahlt wuerde sin; jedenfalls vill mih wie dat, wat vürher em Prottekoll steht!

Dann kütt dä decke Hammer:

„Aus Dankbarkeit für seine Bemühungen wurde Herrn Heinr. Fabrizius bei der Herstellung der Karusell 10 Mark bewilligt."

Also hatt de Fabizius Hein, noch ih dat de Kirmes aanjefange hatt, denne Jaubröder für ene Appel un e Ei die Karresell zesammejesatz! Met de Karresell hattense et jetz! Us däm konservative, aanfangs jet drüje Verein Unter Uns wor e kleen „Unternehmen" jewuerde. Em Jannewar 1913 komen elf neu Mitglieder en de Verein: Theo Cramer, Adam Cramer, Josef Jannes, Wilhelm Winkelhaus, Heinr. Fabrizius, Wilh. Maus, Fritz Nolden, W. Schäfer, Peter Klein, Jacob Hoff, Paul Steinbach.

Für de Fabrizius Hein hattense tireck en neu Aufjab:

„Es wurde beschlossen, daß unser Mitglied ein Gestell für die Orgel an die Karussell anbringt. Außerdem soll eine Werkzeugkiste angeschafft werden."

Dä Verein dät richtich waaße. 1913 komen noch dobei: Wilh. Eck, Peter Nolden, Wilh. Neu, Joh. Schmitz, Wilh. Valtinke, Johann Peters, Peter Korsten, Joh. Müller, Joh. Odenthal, Jakob Kolf, Heinr. Luxem, Heinr. Pohl, Jacob Peters un W. Kollbach.

Un de Einsatz vun de Karresell op de Kirmes braht suvill en, dat em Prottekoll vum 4. Oktober 1913 steht:

„Es wurde an die Mitglieder der letzte Rest nebst Zinsen von der Karusell ausbezahlt und ist somit die Karusell von heute an alleiniges Eigentum des Vereins Unter Uns.

Es wurde erwähnt, daß es an der Zeit wäre, daß die Karusell und die anderen Vereinssachen versichert würden."

Em November 1913 berichtet de 2. Vorsitzende Joh. Maus:

„... daß unsere Karusell für 10 Mark verliehen worden und in ordentlichem Zustande wieder abgeliefert worden ist."

Un em Februar 1914

„ . . . wurde beschlossen, daß das Karusell . . . in die Haftpflicht- und Feuerversicherung aufgenommen werden soll."

Wo dat Karresellche de janze Kreech üvver jeblevve es, steht nirjendwo opjeschrevve. Ierts em Aujuß 1919, wie alles am Eng wor, hät de Verein neue Moot jefaß un mem Hackethals Hugo ne neue Vorsitzende jewählt. Alleen at aan denne drei Versammlungsprottekolle em Moond Aujuß kammer sin, dat alles widder opödeme dät. De Kirmes wuerd widder jeplant, die sollt schöner weerde wie jede andere vürher. Och de Karresell wuerd widder enjespannt:

„ . . . (für die) Karosell sollen Karten gemacht werden zum Preis von 10 Pfg. für Kinder und 20 Pfg. für Erwachsene, welche nach beliebiger Menge an der Kasse verabreicht werden. Für den Spielmann in der Karosell wird Klein Johann beauftragt."

Die Kirmes 1919 wor ene jruße Erfolch: 4835 Mark Einnahme, 3270 Mark an Ausgaben, dat jov ene Überschuß vun 1565 Mark. Die Karresell wor ävver zimmlich lädiert wuerde dobei. Em Jannewar-Prottekoll vun 1920 steht:

„Reparaturen der Karusell. Es wurden die 4 anwesenden Handwerker Heinr. Kombüchen, Jakob Dierichs, Konrad Altenbach und Joh. Klein jun. zur Kommission gewählt, welche zusammen mit dem Vorstand für die Instandsetzung der Karussell Sorge tragen soll.

Wegen der Instandsetzung der Karussell wurde für Beschaffung einzelner Teile Heinr. Kombüchen betraut."

Am 6. März wor immer noch nix aan de Karresell jedon wuerde:

„Ferner wurde noch einmal an die Reparaturen der Karussel erinnert. Es wurde angefragt, wie sich der Verein dazu stelle, die Karussell zu verleihen. Es wurde eine Komission gewählt, welche mit dem Vorstand über die Verleihung beschließen sollte: Maus Johann, Pantenburg Josef, Kombüchen Heinrich, Hedtheuer Max und Maus Wilh."

Jetz jov et also en Karresell-Komission. Ech jlöv nit, dat et at ens irjendwo esujet jejovve hät:

Prot. v. 3. April 1920:

„Ferner wurde über Mitglieder Klage geführt, welche positiv gegen den Verein arbeiteten. Die Verleihung der Karussell kam auch hier wieder zur Sprache. Da das Mitglied Paul Steinbach die Karussell nach Köln-Nippes geliehen haben wollte, konnte dem aus vielen Gründen nicht zugestimmt werden. Es wurde dieser Antrag daher der Kommission überwiesen."

Nä, wat e Jedöns met dä Karresell! Us denne Zaldate vum Kaiser Willem woren op eemol richtije Parlamentarier jewuerde. Et wuerd „gemeinsam beschlossen", un wann dat nit klappe wollt, dätense alles aan en „Komission" wiggerjevve. Die wor dann „verantwortlich", ävver nit ze packe. Henger „Gremien" kunnt sech jeder versteche. Am Eng wor et dann kinner jewäse ...

Vun de Karresell-Komission wor zeierts en janze Zicklang nix ze sin un ze hüere. De Kirmes vun 1920 wor ohne de Verein Unter Uns zimmlich schlapp avjeloofe. Et jov vill Knaas un Meckerei em Verein. Em Oktober 1920

„... teilte der Vorsitzende mit, daß das Mitglied Peter Maus an den Verein herangetreten sei zwecks Verleihung der Karussell innerhalb Schlebusch. Es war nun von der Komission und vom Vorstand für die Verleihung beschlossen, diese für 100 Mark an Peter Maus zu verleihen. Max Benjamin stellte den Antrag, dem Mitgliede Peter Maus 50 Mark bei der Verleihung der Karussel zu streichen. Bei geheimer Abstimmung wurde dieses mit 13 gegen 12 Stimmen angenommen."

Am 13. November heeß et wigger dozo:

„... wurde beantragt, daß Peter Maus für eine kleine Reparatur der Karussell sorgen müßte."

April 1921:

„Es wird einstimmig beschlossen, das Karusell umzuändern, resp. die Bänke zu versetzen. Cramer und Schmitz wurden gewählt, letztere Sache zu veranlassen und wurde ihnen einstimmig die Befugnis zugesprochen, hierfür bis zu 150 M auszugeben."

Un als ov se vun dä Verliehnerei noch nit de Nas volljehat hätte, steht noch em selve Prottekoll:

„Weiter wurde beantragt, das Karusell zu verleihen. Dieser Antrag wurde einstimmig angenommen, mit der Bedingung, daß von Fall zu Fall die Sache vom Vorstand geprüft und genehmigt werden muß. Jedoch wird die Sache nochmals auf die nächste Tagesordnung gesetzt zur weiteren Besprechung."

Un die wor am 7. Mai 1921:

„Das Anerbieten des Herrn B., das Karusell für 280 Mark umzuändern, wurde abgelehnt; dagegen zeigten sich mehrere Mitglieder erbötig, die Arbeit auszuführen nebst Anstrich für etwa 150 Mark. Es wurde der Wunsch ausgesprochen, es möchten sich mehrere Miglieder an der Arbeit beteiligen.

Kollege Arenz beantragt, von dem vereinnahmten Karussellgeld 2.50 Mark für jedes Kind der

Mitglieder zurückzuzahlen, welches abgelehnt wurde. Dagegen wurde der Antrag Valtinke, jedem Kinde der Mitglieder 10 Freikarten zu geben, einstimmig angenommen. Als Fahrgeld auf der Karusell wurden 20 Pfg. festgesetzt."

Vier Woche späder jing et dann op de Juni-Versammlung wigger met de Karresell:

„Die Karusell soll verliehen werden nach Quettingen. Über den Leihpreis waren zwei Anträge. Antrag Pantenburg war, Eck die Karusell für 100 M zu verleihen, dem Schulverein Quettingen für 200 Mark.
Dieser Antrag wurde mit 7 gegen 3 Stimmen angenommen. Antrag Cramer, die K. überhaupt nur für 200 Mrk zu verleihen, mit 3 gegen 7 Stimmen abgelehnt."

Am selve Ovend kom de Kolleech Eck ävver noch en de Versammlung:

„Inzwischen ist College Eck erschienen. Er erklärte, er wolle die Karussell leihen für den Schulverein für 100 Mark Leihgeld, jedoch erbat er sich Bedenkzeit bis Mittwoch, den 8. Juni."

Däm hanse do bestemmp nix jesaat vun dä Diskussion vürher!

Am 12. Juni 1921 wor Außerordentliche Versammlung wäjen de Kirmesvorbereitung:

„Kollege Eck erklärt sich bereit, die Karussell zu leihen für Sonntag, den 26. Juni. Er muß sie abholen und in gutem Zustande franco am Vereinslokale abliefern, er muß im voraus 100 M entrichten sowie für etwa entstandene Schäden haften. College Eck erklärt sich damit einverstanden, beantragt jedoch, daß jedem Mitgliede die gleichen Bedingungen gestellt würden."

Em Oktober 1921

„ . . . hat die Karussell-Kommission beschlossen, die Karussell dem Collegen Arenz zu verleihen zum festgesetzten Preise von 100 M."

Dobei jingk et öm irjend e Feß en Blechersiefen; och dismol

„ . . . muß er sie abholen und franco wiederbringen sowie für etwaige Schäden aufkommen."

Däm Vorstand muß dat met dä Verliehnerei nit esu richtich jeschmoot han.

Am 3. Juni 1922 steht em Prottekoll:

„Es wurde beantragt, dem Vereinswirten Cramer die Karusell für die Sommermonate zu verleihen zu einem bestimmten Preise. Cramer kann sich noch nicht entschließen, weshalb der Punkt bis zur nächsten Versammlung vertagt wird."

En däm janze Fröhjohr, bes et at op de Sommer aanjing, hatten die Vereinsmitglieder kin räte Loß mih, en Versammlung avzehale. Em Juni hattense sech immerhin at drei Moond lang nit mih jetroffe.

Bes op en paar Bemerkunge, dat ene janz Jaue usjerechnet en de Inflationszick die Karresell „koofe" wollt, steht bes em November 1927 su jot wie nix mih en de Prottekolle üvver de Karresell. Ov die heimlich, stell un leis mem Höhnerkläuche stekum verliehnt wuerde es oder ov vun 1925 aan dä neue Schießverein Unter Uns üvverhaup kin Interesse aan däm Denge jehat hät? Et kann natürlich och sin, dat dat ahle Stöck allmählich usjedeent hat un irjendwo beim Cramer om Hoff erömstund.

Ierts am 5. November 1927 — de Schießgesellschaft Schlebusch hatt at lang dä neue Name — steht notiert:

„Der 1. Vorsitzende erklärte noch, daß sich der Vorstand darüber einig wäre, daß die Karrussell verkauft werden sollte. Als Angebot wären 60 Mark gemacht worden.

Es entspann sich hier eine lebhafte Debatte, in deren Verlauf der 1. Vorsitzende die Versammlung schloß, aber auf Protestieren von einigen Mitgliedern wieder eröffnete. Man wurde sich einig, daß die Karrussell verkauft würde an den Meistbietenden."

Wammer sech dat ens jet jenauer üvverlät, hät dä Verein jo nit jrad e jot Jeschäff jemaat met de Karresell. 60 Mark!

Janz am Eng vum Prottekollboch es dann noch en Eintragung ongerm 4. Dezember 1927:

„Da sich auf die Offerte vom Karussell noch keiner gemeldet hatte, so beschloß die Versammlung, an das Gebot von Hampicke Richard dieselbe abzugeben. Das Gebot lautet auf 60 Mark."

Wat meent Ühr wall, leev Lück, wat mer hückzedaachs für su e Oldieche krät? Do bröt mer bestemmp nit met nohm Fluhmaat ze jon!

Späder soll die Karresell immer noch ens opjetauch sin. Villeets steht dat en de Prottekollböcher vun 1928 aan.

Ov mer do ens nohläse sollt? Ech meen mich dodraan ze erinnere, dat mir Köhnsböscher Pänz en de dressijer Johre beim Cramer op sunem avjestellte Denge Ondooch jemaat hätte. Vum Jrön-Weiß-Platz us simmer nohm Foßballspille nämlich immer noch ens dohinjejange, och öm ze spingkste, ov em Zapphahn aan de Thek em Säälche noch ene Reß Bier drenwor...

De Wiert un de Verein

woren nit immer een Hätz un Siel. Für ene Wiert es et och nit immer janz esu eenfach, op all dat enzejon, wat sech de Verein esu vürstellt.

Dät hä dat nit, wat die Jonge wollte, jov et off Knies. Dät hä et doch, moot hä mannechmol Jeld dobei dun. Die Cramersch hatten ongerm Strech jesin ävver en all denne Johre en fein Naas dofür, wie se 't am beste maache sollte.

Für de Cramersch Theo wor et em Aanfang wichtich, Vereinsmitglied ze weerde. Weil ävver Kreuzbroich, wo hä sing Wiertschaff hatt, für die konservative Mitglieder vum Ophovvener Verein Unter Uns ne „fremde Ortsteil" wor, durf hä nur „inaktives" Mitglied sin. Em Mitgliederverzeichnis vum November 1908 steht dä Name Cramer noch nit dren. Als Vereinswiert wör et für in ävver besser jewäse, wenn hä em Verein winnichstens e kleen Beßje metkalle jekunnt hätt. Et es im och jejlöck, tireck op de ierste Generalversammlung am 2. Jannewar 1909 en de „Tagesordnung" erenzekumme:

„Von den anwesenden Mitgliedern, es fehlten die Herren Joh. Schmitz und Ignaz Raabe, wurde einstimmig beschlossen, daß der jeweilige Vereinswirt als inacktieves Mitglied aufgenommen werden kann.
Der Vereinswirt, Herr Th. Cramer, meldete sich zum Beitritt und wurde aufgenommen."

Dä! Dat wor also jeschaff! Immerhin wor jo die Wiertschaff Cramer om Äseldamm bes Engs de vierziger Johre et inzije Lokal en de Nöhde vum Ophovve. Et nächste wor ierts widder de Joh. Peter Schneider em Jezelines, die andere Wiertschafte woren all em Dorp, op de Lang Jaß un om Heggeberch.

Et Vereinslokal wuerd vum Verein op jede Generalversammlung neu jewählt. Mer kann sech denke, dat alles, wat irjendwie met ener Feßlichkeet, ner Kirmes, ner Fastelovensfier oder met enem Gemütlichen Beisammensein ze dun hat, met däm Wiert bekakelt werde moot:

Prot. v. 22. 8. 1909: „Nach Rücksprache mit dem Vereinswirte übernahm dieser die Wirtschaft auf dem Festplatz."

Et jing domols öm de ierste Ophovvener Kirmes, die dä Verein Unter Uns usrechte dät. Die dät lt. Prottekoll stattfenge

„ . . . auf dem als Vergnügungsplatz des vom Vereinsmitglied und Schriftführer Wilh. Paffrath zur Verfügung gestellten Grundstücks."

Schließlich moot de Wiert jo jet verdeene aan de Kirmes. Wenn et däm Verein noh jejange wöer, hätt de Vereinswiert et mihtste ömesöns maache mösse. Dä wor ävver nit janz esu domm. Nur met däm Zelt hät hä sech domols un och späder e paarmol bahl verdon.

Et ierste Mol wor dat op de Kirmes 1910.

Prot. v. 6. 8. 1910: „Cramer versprach wenn möglich ein Zelt zu bauen. Der Verein beschloß, die Kirmesfeier zu übernehmen."

Brotwagen der Bäckerei Theodor Cramer. Sohn Franz Cramer beim Brotausfahren (Ende der zwangziger Jahre).

Dat schingk ävver nit jeklapp ze han. Em Prottekoll vum Oktober steht nämlich nix dovun dren. Em Johr drop wor hä at jet vürsechtijer domet:

"Cramer hat sich bereit erklärt, die Erlaubnis nachzusuchen, Kirmes ein Zelt zu bauen . . ."

Dat wor am 1. 7. 1911. De Schliebijer Behörde hät im dann ene Strech dodurch jemaat.

Prot. v. 2. Sept. 1911: " . . . erklärte der Vereinswirt, daß ihm die Erbauung eines Zeltes für die Kirmes von der Behörde die Erlaubniß nicht erteilt worden war."

De Verein hät im dat ävver nit für üvvel jenomme. Se han in sujar am 7. 12. 1912 als "aktives Mitglied" opjenomme. Dat allerdings ävver nur, weil en "Erweiterung" beschlosse wuerde wor. Deswäje wor op de letzte Versammlung jo dä jruße Knall jewäse un e paar Mann sin op de Stell usjetrodde.

Em Oktober 1912 maat de Carl Schmitz ene Vorschlag:

" . . . auf die nächste Versammlung die Erweiterung des Vereins (auf) Kreutzbroich zu setzen. Daran anschließend schloß sich eine lebhafte Debatte, worin einige Mitglieder für und einige gegen den Antrag waren. Ferner beantragte H. Carl Schmitz sämtliche Nichtmitglieder von Ophoven zu einer Besprechung einzuladen."

Jung, sollt dat en "Ausweitung" jevve: vum Ophovve bes noh Kreuzbroich! Dobei dät dä Verein doch "Ophovener Verein Unter Uns" heeße un nit andersch! Op de nächste Versammlung kom et deswäje — wie hätt et och söns jewäse sin künne — zom Knall:

"Punkt 3, Antrag von H. Carl Schmitz, Erweiterung des Vereins (auf) Kreutzbroich. Antrag, sämtliche Nichtmitglieder von Ophoven zu einer Besprechung einzuladen. Es wurde nach heftiger Debatte abgestimmt und waren 7 für und 7 gegen den Antrag. So mußte das Los entscheiden und dieses entschied für die Erweiterung. Darauf meldeten sich die Mitglieder Theodor Paffrath, Wilhelm Paffrath und Joh. Odenthal aus dem Verein ab."

Wie et em Juli 1913 widder ens op de nächste Kirmes aanjing, maat sech de Cramersch Düres natürlich Jedanke üvver e Zelt. Hä let nit locker!

"Es wurde beschlossen, für ein Bierzelt das nötige Holz zu kaufen, und erbot sich Herr Th. Cramer, den halben Preis zu zahlen; die andere Hälfte trägt der Verein."

Dann heeß et wigger em Prottekoll vum 2. 8. 1913:

"Es wurde beschlossen, daß Herr Th. Cramer die Musik übernimmt und die Armenabgaben bezahlt, wofür er das halbe Tanzgeld erhält."

Jar nit esu domm, dä Cramersch Düres; mem Verein dät hä immer jet Neues ushandele:

„Die Musik für Fastnacht bezahlt der Verein, und für die Beköstigung der Musik sorgt der Wirt Cramer."

Et kom im drop aan, dat de Verein en singer Wiertschaff et Haupquattier opschlog. Un dat nit nur für en kuerte Zick. (Wie mer jetz jo wesse, es die ahl Cramersch Wiertschaff en Kreuzbroich och sujar noch bei denne Wierte, die die „Gaststätte Kreuzbroich" späder üvvernomme han, für de Schießverein bes hück et Vereinslokal jeblevve).

Ävver jrad en dä „guten, alten Zeit" vürm Iertste Weltkreech han die Jonge vom Verein Unter Uns däm Wiert et Lävve och nit leet jemaat. Em Juli hattense doch noch „beschlossen, für ein Bierzelt das nötige Holz zu kaufen." Dat Prottekoll vum Moond drop, am 2. 8. 1913, liss sech ävver jet anders:

„Der Antrag unseres Vorsitzenden, 100 Mark für Korn zu bewilligen, welches beim Holzfällen getrunken worden ist, wurde abgelehnt."

Do muß mer sech wall selver ne Riem drop maache...

Wann et dröm jing, sing Jäß ze hale, dät de Cramers Theo och ens jet reskiere. Et moot ävver jet dobei erömkumme — für esujet hatt hä en fein Naas. Dismol wor et de „vorhandene Stand", der op de Haupversammlung für 1927 de Ausschlag jov. Immerhin kunnt et ens passiere, dat de Versammlung us irjend nem Jrund e ander Vereinslokal wähle dät. Trotzdäm wor hä als Vereinswiert nit ze bang, denne Bröder och at ens janz jet andersch ze sage.

Wie 1927 widder ens et Schießfest vür de Düer stund, hät sech de Cramers Düres och dobei als jewetzte Wiert tapfer jeschlage:

„Der Vorstand war auch mit dem Vereinswirt in Verbindung getreten und er hatte erklärt, daß er dieselben Verpflichtungen wie voriges Jahr übernehmen wollte. Die Versammlung erklärte sich so weit einverstanden, nur wenn das Schießfest schlecht wäre, sollte noch einmal mit ihm verhandelt werden."

De Wiert hatt et doch at widder en de Naas jehat: et Ergebnis vum Schießfest wor dismol tatsächlich nit esu berühmp jewäse; et Kassendefizit vun 230 Mark vürher kunnt nur op 29 avjebaut weerde. Jung, wor dat ene ärme Krom! Dröm hatt sech de Düres vun Aaanfang aan avjesichert:

„Für unser diesjähriges Schießfest will die Schießgesellschaft ein Essen abhalten. Das ganze Essen will der Vereinswirt übernehmen und die Mitglieder sollten es dann nach dem Feste an ihn bezahlen."

Drollich wor och en Diskussion üvver e Namensdachsjeschenk für de Vereinswiert:

Prot. v. 5. 11. 1927: „Weiter wurde noch besprochen, dem Vereinswirt zu seinem Namenstag ein Geschenk der Schießgesellschaft zu überreichen. Hierüber wurden verschiedene Meinungen ausgetauscht. Zum Schluß wurde man sich einig, ein Blumenkörbchen zu geben."

Do kammer wirklich nur sage: Wer jütt wat hä hät, es wert dat hä läv.

Et kriselt

Et iertste Schießfest met all singem Jebrassels vürher wor also jlöcklich un prima üvver de Bühn jejange. Och de Fahnenweihe muß wall jeklapp han. Die Prottekolle sage üvver dat all nix, nur jet üvver de Kassenbestand us, un dat wesse mer jo at. En richtije Manöverkritik hät laut Prottekoll nit stattjefonge.

Onger däm Vorsitz vum Hackethals Hujo wor domet zom iertste Mol en de Historie vum jetzije Schießverein Kreuzbroich 1925 e. V. all dat op de Been jebraat wuerde, wat für sune Verein besonders wichtich es: En Vereinshierarchie met Vorstand, Schießordnung, Schötzekünning, Kommandant, Adjutant, 1. un 2. Schießmeister, 1. un 2. Schriftführer, 1. un 2. Kassierer, Hofstaat, Hööt, Röck, Abzeichen, Schärpe, Degen un — wat nevven dr Harmonie mem Vereinswiert et allerwichtichste wor — neu Mitglieder! Die woren met Hätz un Senn bei de Saach — janz besonders am Aanfang. Met hätzlich winnich Jeld, Spaß an de Freud un met Loß am Schießsport wor us enem kleene Bürjerverein met üvverichjeblevvene janze nüng Mitglieder ne staatse Schießverein vun üvver 60 Mann jewuerde. Dat woren mihtstens all kin riche Buure un kin Jeschäffslück — e Deel jing nohm Wuppermann arbeede — se hatten ävver jet jeschaff.

Wie ene Bletz vum heitere Himmel fählten op de nächste zwei Versammlunge nohm Schießfest zweimol de 1. Vorsitzende un dann noch zweimol sujar de 1. und de 2. Vorsitzende! Dat hatt et noch nie jejovve!

Prot. v. 18. 9. 26: „Wegen Abwesenheit des 1. und 2. Vorsitzenden wählte die Versammlung den 2. Schriftführer Willy Müller zum provisorischen Vorsitzenden."

Wat wor loß? Un op de nächste Versammlung am 9. 10. fählten die zwei och at widder! De iertste Vors. kom dann ävver jet späder doch noch eren. De 1. Schriftführer, Heinrich Lüttgen, hät dat esu opjeschrevve:

„Punkt II. Die Beiträge wurden von den anwesenden Mitgliedern entrichtet. Während diesem

Fahnenweihe beim Turn- und Spielverein Grün-Weiß 1932 in Ophoven. Vorne links: Willi Pascha (später Handballtorwart); in der Mitte mit Vereinsfahne: Hermann Appelmann; rechts: Theo Wirtz. Dahinter, 1. Reihe, von links: Josef Jannes jr., Paul Fabrizius (mit Mütze), Hans Appelmann. 2. Reihe, von links: Heinrich Schmitz; dahinter: Heinrich Fabrizius. 2. Reihe, rechts: Heinrich Spangenberg; dahinter: Hermann Moritz. Hinter diesem: Franz Raabe.

Punkt erscheint der 1. Vorsitende und übernimmt sofort die Leitung der Versammlung.

Als erstes legte er der Versammlung klar, daß er die letzte Zeit nicht zur Versammlung erscheinen konnte wegen seiner Krankheit, aber den Verein jetzt wieder voll leiten wollte. Wegen dem Gerücht des 2. Vorsitzenden Franz Jassel, daß dieser aus der Schießgesellschaft ausscheiden wollte, wurde erklärt, daß dies nicht so sei, nur der Posten des 2. Vorsitzenden wollte er nicht mehr bekleiden, aber als Mitglied in der Schießgesellschaft bleiben."

Un wie hä och noch sät, dat et jetz noch ze fröh wör, üvver de Weihnachtsfeier ze spreche, kom hä nit wigk domet:

„Der 1. Vorsitzende meinte, es wäre noch etwas früh, was ihm jedoch von den Mitgliedern widerlegt wurde. Von der Versammlung wurde der Nikolaustag festgelegt am 6. Dezember 1926. Zur Ausarbeitung wählte die Versammlung ein Komittee."

Die nächste Versammlung wor am 6. November. De 2. Vorsitzende, Franz Jassel, hatt em Prottekoll als „Nachtrag" erenschrieve looße:

„Der 2. Vorsitzende erklärte, daß er die Versammlungen nicht besuchen konnte wegen der Nachtschicht und daß er den Posten als 2. Vorsitzenden beibehalten wollte bis zur nächsten Wahl."

Op de 1. Vorsitzende hattense et, wie et schingk, jetz nit mih all ze joot ze ston:

„Weihnachtsfeier. Hier gab es eine lebhafte Debatte. Einige Mitglieder waren sogar dagegen, daß es abgehalten werden sollte, was ihnen jedoch von Seiten anderer widerlegt wurde. Nach Hin- und Herdebattieren stellte Carl Schmitz 2 x den Antrag, ob das Fest gehalten werden sollte oder nicht. Jedoch fand der 1. Vorsitzende es nicht für nötig, darüber abstimmen zu lassen und die Versammlung ging daraufhin auseinander."

Die Röck

Am 4. Dezember 1926 wor die letze Versammlung en däm Johr. De Weihnachtsfier wurd op de 18. Dezember faßjesatz un ene janz, janz wichtije Punkt behandelt:

„Anschaffung neuer Röcke. Der mit der Röcke beauftragte Schneidermeister Viktor Glück war an die Schießgesellschaft herangetreten, schon vor Weihnachten einige Röcke in Auftrag zu geben. Hierüber entspann sich eine rege Debatte. Schließlich wurde dem Antrage zugestimmt und beschlossen, aus der Rocksammlung diejenigen Mitglieder zuerst zu berücksichtigen, die mit der wöchentlichen Ratenzahlung nicht im Rückstand sind."

Die „Schill'schen Offiziere", in Verkleidung nachgestellt von Mitgliedern der Schießgesellschaft Schlebusch anläßlich der 510-Jahr-Feier der Schlebuscher St. Sebastianus-Schützenbruderschaft im Jahre 1928. Die 500-Jahr-Feier, zehn Jahre zuvor, konnte wegen des 2. Weltkrieges nicht stattfinden.
Von links: Walter Hemlepp (Kommandant), Karl Drösser, Peter Nußbaum, Heinrich Spangenberg, Kurt Berkus, Hermann Becker, Paul Fabrizius, Johann Nolden, Theodor Valtinke.

Neu Röck für ärm Söck — dat wor kin Schand! Mem ‚Rock' wor domet su zimmlich alles aanjekurbelt. Wat en däm eene Johr 1926 all orjanisiert un jedon wuerde es! Allerhand!

1927: Et jeht wigger

Met 32 ,,anwesenden Mitgliedern'' un enem Kassenbestand vun 244.15 Mark wuerd die Generalversammlung am 8. Jannewar 1927 eröffnet. Zeierts jov et en Vorstandswahl. Dä neue Vorstand soh esu us:

1. Vors.	Franz Jassel
2. Vors.	Rich. Hampicke
1. Kassierer	Joh. Arenz
2. Kassierer	Heinr. König
1. Schriftführer	Heinr. Lüttgen
2. Schriftführer	Willy Müller
1. Schießmeister	W. Sahler
2. Schießmeister	Otto Wolff
Kommandant	J. Leyhausen
I. Adjutant	Hugo Exner
II. Adjutant	J. Klesper
Feldwebel	W. Müller
Fähnrich	G. Hahn
I. Fahnenoffz.	Fr. Watterott
II. Fahnenoffz.	H. Heidelmann
Zeugwart	C. Schmitz

Jetz kom et erus: De Jesellschaff wollt ene neue Vorsitzende han. Se hatten jo at vürher eene als 2. Vorsitzende jehat: de Franz Jassel. Dä wuerd jetz ,,Nummer 1'' un es dat noch johrelang jeblevve. Op sing ahl Plaatz kom jetz de Richard Hampicke als 2. Vorsitzende. Un der fing tireck richtich aan:

,,Der 2. Vorsitzende R. Hampicke betonte, daß die Schießgesellschaft besser zusammenhalten sollte als wie im letzten Vierteljahr, denn so könnte es nicht mehr weitergehen.''

Wat met ,,besser zusammenhalten'' jenau jemeent wor, steht nit em Prottekoll. Irjendjet muß nit jestemmp han.

Dä neue Vorsitzende dät jetz op de Stell bewiese, dat hä nit nur jau wor — hä wor och diplomatisch:

,,Hierauf stellte der 1. Vorsitzende den Antrag, daß die Versammlung den früheren 1. Vorsitzenden H. Hackethal zum Ehrenpräsidenten ernennen solle, was die Versammlung auch guthieß.''

Et Johr 1927 hät dann de Schießverein jenau esu jot üvver de Bühn jekrät wie et Johr dovür. Et jov widder all die schön Veranstaltunge un och de Ophovvener Kirmes. En de Kass wor chronisch Ebbe jewäse. Am Eng hattense ävver doch noch e kleen Plus:

,,Außerdem machte der Kassierer noch bekannt, daß die Schießgesellschaft an den Kirmestagen noch 40 Mark verdient hatte, was herzlich begrüßt wurde.''

Karnevalsfeier der Schießgesellschaft Schlebusch mit Gästen auf dem Grün-Weiß-Platz, Rosenmontag 1927.
Vordere Reihe, 2. bis 5. von links: Gustav Hahn, Jakob Leyhausen, Hubert Bosbach, Stefan Burgwinkel. Dahinter stehend, 5. v. links: Johann Schmitz, 8.-13.: Theo Lutz, Heinr. Lüttgen, Wilh. Sahler, Karl Credo, Josef Jannes sen., Valtinke sen.

De Fähnrich Gustav Hahn wor Schötzekünning jewuerde. Üvverhaup däten die Schötze jetz ävver at richtich staats us de Wäsch luere, wie mer op däm Bild vun 1927 sin kann.

Allmählich jing och dat zweite volle Johr vun de Schießgesellschaff op et Eng aan. Wäjen de Nikolausfeier — die jo em vürrije Johr als Weihnachtsfeier at jenoch Ärjer jebraat hatt — jov et och dismol widder ens en Opräjung:

Prot. v. 4. 12. 1927:

"Die Versammlung war sehr entrüstet über das Verhalten des Mitgliedes R. Keiner wußte etwas, wie es auf der Nikolausfeier zugehen sollte, bis schließlich das Mitglied ... dann eine Aufklärung drüber gab. Das Programm sollte folgendermaßen sein: Prolog, Gedichte, Musikvorträge, Theaterstücke, Verlosung und Bescherung der Kinder, womit sich die Versammlung auch einverstanden erklärte. Zwecks Regelung der Musik sollte R. mit denen in Verbindung treten und verhandeln."

Wat dodrus jewuerde es, steht secher em nächste Prottekollbooch. Do ben ech ens jespannt drop.

Em ierste, üvver dat ech he de janze Zick at em schrieve ben, steht am Schluß:

"Dieses Buch wurde geschlossen im Jahre 1928. Indem es 20 Jahre das Wohl und Wehe aufgezeichnet hatte und zeichnet

Der Vorstand:

Gustav Hahn	Schützenkönig
Jassel	1. Vorsitzender
Arenz Johann	1. Kassierer
H. Lüttgen	1. Schriftführer
Willi Müller	2. Schriftführer
Wilhelm Sahler	1. Schießmeister
Otto Wolff	2. Schießmeister
Hugo Exner	Kommandant
Schmitz Carl	Adjutant
Willy Müller	Feldwebel
Gustav Hahn	Fähnrich
Heinrich Heidelmann	1. Fahnenoffizier
Watterott Franz	2. Fahnenoffizier
Schmitz Carl	Zeugwart"

Zom jode Schluß

Dat Prottekollbooch vun 1908 bes 1928 hät mer Arbeet, ävver och vill Spaß jemaat.

Am mihtste moot ech laache üvver die onfreiwellije Komik, die en däm äänste Debattiere un Hantiere met de "Abzeichen", mem "Hoot", "Röck" un met de "Büchs" litt.

Ävver och dä komije Zottier met de "Karosell", de "Puppenbude", mem "Hahneköpfen", "Wurstessen", "Beitrag" un all däm andere jemütlije, eenfache, sympathische, traditionelle Krom, der domols esu wichtich wor un hück — wat e Jlöck! — widder mih erkannt un jeaach wüerd, es dä nit zom Laache?

Losse mer wigger draan faßhale. Dröm han ech et en usem schöne Schliebijer Platt ens opjeschrevve, datmer hück besser verston wat mer jetz erlevve!

Schliebijer Advent

*Jrau un düster kumme Wolke
met däm Wengk vun Holland her,
trecke naaßkalt en de Knoche,
su, als ov dat richtich wör.*

*Jeder möht sech setz verkrufe
en de Stuvv un en et Bett.
Ävver drusse jeht et wigger,
Kreßdaach kütt — do fählt doch jet?*

*Schnei, dä künnte mer noch bruche,
dat mer wieße Weihnaach han!
Doch hä well un well nit kumme
met däm leeve Hillije Mann.*

*Schliebesch, mihtstens duert et länger
bes du küs mem Schneie draan —
dofür fängk et iertste Jröne
och bei dir jet fröher aan.*

*Nä, ech well et nit beduere,
dat ech he vun Schliebesch ben.
Dat he anders jon die Uhre
mäht mech fruh en Hätz Senn!*

Die von Heinrich Dick geleitete Jugend-Turnriege des ehemaligen Turn- und Spielvereins Grün-Weiß Ophoven beim Pyramidenbau. Die Aufnahme entstand 1927 vor dem „Sälchen" der Wirtschaft Cramer.
Vorne links, stehend: Heinrich Dick. Vorne Mitte, stehend: Ferdinand Arenz. Auf dessen Rücken sitzend: Josef Becker.
Ganz rechts, stehend (mit Anzug): Toni Cramer. Links, auf dem Tisch stehend: Johann Schaufenberg.
Rechts, auf dem Tisch stehend: Adolf Kierspel. Daneben (im Handstand): Heinrich Gierling.
Links, auf dem Tisch hockend: Josef Jannes jr. Auf ihm stehend: Willi Watterott. Rechts, auf dem Tisch hockend: Willi Scheid.
Ganz oben auf dem Tisch stehend: Hermann Becker. Auf ihm sitzend: Ohlig.

ANHANG ZUM PROTOKOLLBUCH

Vorstände von 1908-1914

26. 9. 1908	Johann Odenthal	Vorsitzender Ophovener Verein „Unter Uns"
	Johann Schmitz	1. Beisitzender
	Theodor Paffrath	2. Beisitzender
	Johann Maus	Kassierer
2. 1. 1909		Vorstand unverändert
8. 1. 1910	Johann Odenthal	Vorsitzender
	Wilhelm Paffrath	Schriftführer
	Johann Maus	Kassierer
	Theodor Paffrath	1. Beisitzender
	Stefan Schaufenberg	2. Beisitzender
7. 1. 1911		Vorstand unverändert
7. 1. 1912	Josef Pantenburg	Vorsitzender
	W. Schmitz	Kassierer
	Jos. Syring	Schriftführer
	Theodor Paffrath	1. Beisitzender
	Johann Klein	2. Beisitzender
4. 1. 1913	Josef Pantenburg	Vorsitzender
	Joh. Maus	1. Beisitzender
	Joh. Klein	2. Beisitzender
	Peter Paffrath	1. Kassierer
	Conrad Altenbach	2. Kassierer
	Jos. Syring	1. Schriftführer
	Fritz Kremer	2. Schriftführer
3. 1. 1914	Josef Pantenburg	Vorsitzender
	Joh. Maus	1. Beisitzender
	Joh. Klein	2. Beisitzender
	Peter Nolden	1. Schriftführer
	Fritz Kremer	2. Schriftführer
	Peter Paffrath	1. Kassierer
	Paul Burekoven	2. Kassierer
1. Weltkrieg 1914-1918		ab Herbst 1914 bis August 1919 kein Vereinsleben

Vorstände von 1919-1925

10. 8. 1919	Johann Maus	Vorsitzender
	Jos. Pantenburg	stellv. Vorsitzender
	Fritz Kremer	Kassierer
	Carl Schmitz	1. Schriftführer
	Max Benjamin	2. Schriftführer
16. 8. 1919	Hugo Hackethal	Vorsitzender
	Jos. Pantenburg	stellv. Vorsitzender
	Fritz Kremer	Kassierer
	Carl Schmitz	1. Schriftführer
	Max Benjamin	2. Schriftführer
11. 1. 1920	Carl Schmitz	Vorsitzender
	Jos. Syring	1. Beisitzender (von Juli bis Sept. 1920 Joh. Oberbusch)
	Joh. Klein sen.	2. Beisitzender
	Jacob Össenich	Schriftführer
	Joh. Klein	Kassierer
9. 1. 1921	Max Hedtheuer	1. Vorsitzender
	Max Benjamin	2. Vorsitzender
	Theodor Cramer	1. Schriftführer
	Josef Pantenburg	1. Kassierer
	Peter König	2. Kassierer (gest. Juni 1922)
8. 1. 1922	Max Hedtheuer	1. Vorsitzender
	Jos. Arenz	2. Vorsitzender
	Joh. Schmitz	1. Kassierer
	Peter Paffrath	2. Kassierer
	Theodor Cramer	1. Schriftführer
	Chr. Dohm	2. Schriftführer (gest. Juni 1922)
23. 1. 1923		Vorstand unverändert
14. 6. 1924	Wilh. Valtinke	1. Vorsitzend
	Carl Schmitz	2. Vorstizender
	Joh. Schmitz	1. Kassierer
	Theodor Cramer	Schriftführer
1. 2. 1925		Vorstand unverändert

Vorstände von 1926-1927

2. 1. 1926	Hugo Hackethal	1. Vorsitzender Schießgesellschaft „Unter Uns" ab 25.9.1925
	Franz Jassel	2. Vorsitzender
	Heinr. Lüttgen	Schriftführer
	Joh. Arenz	Kassierer
	Jacob Leyhausen	Kommandant
	Hugo Exner	Adjudant
	Richard Hampicke	Schießmeister
	Theodor Cramer	Zeugwart;
8. 1. 1927	Franz Jassel	1. Vorsitzender
	Richard Hampicke	2. Vorsitzender
	Joh. Arenz	1. Kassierer
	Heinr. König	2. Kassierer
	Heinr. Lüttgen	1. Schriftführer
	Willy Müller	2. Schriftführer
	Wilh. Sahler	1. Schießmeister
	Otto Wolff	2. Schießmeister
	Jacob Leyhausen	Kommandant
	Hugo Exner	1. Adjutant
	J. Klesper	2. Adjutant
	Willy Müller	Feldwebel
	Gustav Hahn	Fähnrich
	Franz Watterott	1. Fahnenoffizier
	H. Heidelmann	2. Fahnenoffizier
	Carl Schmitz	Zeugwart
	Hugo Hackethal	Ehrenpräsident (Austritt Febr.1927)
	Gustav Hahn	Schützenkönig

WÖRTERVERZEICHNIS

Gedichte

Üvver et Laache

bedügk	bedeutet
eesich	widerwärtig
eren	hinein
es	ist
et	das
fies	eklig
fööls	(du) fühlst
Hätz	Herz
hück	heute
jesongk	gesund
jütt	gibt
Laache	Lachen
Moot	Mut
nem	einem
ovvedrop	obenauf
schnigk	schneidet
üvver	über
waat	warte
wann	wenn

De „Jo-Ühm"

at widder	schon wieder
(un dät) . . . avlecke	und leckte ab
(däten im vill) bedügge	bedeuteten ihm viel
Blage	Kinder
dröm	drum
drop	daraufhin
(do) drömeröm	da drumherum
wann ens jet	wenn mal was
drüvverleff	drüberlief
ens	mal
(däten..sech) hale	hielten sich
hä	er
(sät) hä	sagt er
ih	ehe
Jruße	Erwachsene
Köernche	Körnchen; Schnäpschen
klook	klug; weise
kritten	bekamen
(hä) künnt	(er) könn(t)e
leff	lief
let	ließ
ligge	leiden
mallich	ein jeder
meent	meint
mooten	mußten
noh nüngksehnhundert	nach 1900
Pennche	Schnapsgläschen
(dät immer . . .) sage	sagte ständig
säten	(sie) sagten
schluppe	schlürfen
schott	schüttete
sibbsich	siebzig
sing	sein
singe	seine(n)
sollmer	soll mir
(hä) sollt	er soll(t)e
Strich	(Eich)strich
use	unsern
usjelaach	ausgelacht
Ühm	Oheim; Onkel; alter Mann
(de „Jo-) Ühm"	der (immer) „Ja-sage-Onkel"
üvver	über
üvver ne	über einen
verrecke	umkommen
(für dä . . .) Wiert	zu dem Wirt
wiggermaache	weitermachen

Schliebijer Wächwieser

at	schon
Äselsdamm	„Eselsdamm"; alte Schlebuscher Straßenbezeichnung
Backehoore	Backen(bart)haare

225

(de) Berch rop	den Berg hinauf	rä(ä)t	recht
bluß	blos	Röckwäch	Rückweg
Bürrich	Bürrig	(e)röm	herum
Daach	Tag	röm un töm	ringsumher
däten	taten	Saan	Sand; Schlebuscher Ortsteil
däten...jevve	gaben	Scherpebraan	Scherfenbrand; Schlebuscher Ortsteil
deep..(onge)	tief unten		
(em) Denge	zuhause	Steenrötsch	Straße und Ortsteil in Schlebusch
dubbelt	doppelt		
(nix) fenge	nichts finden	Stroße	Straßen
flöck	schnell	sühtmer	sieht man
Freudenthal	s. „Hammer"	treck	direkt; sofort
froge	fragen	treck nohm	direkt hinter
Hammer	Ortsteil von Schlebusch; nach Hammerwerk Freudenthal benannt	(jet) trecke	etwas ziehen
		Upladin	Opladen
		verloße	verlassen
hä	er	Wäch	Weg
he	hier	Weßdorp	Wiesdorf
Hollkull	hügeliger Schlebuscher Ortsteil	wigger	weiter
Hött	Hütte; winziger Ort	(wigger) woß	weiterwußte
jau	gewitzt	wuerds	(du) wurdest
jefonge	gefunden		
jet	etwas		
(ov)..et jing	obs ging	**Üvver et Kriesche**	
jo	ja	datmer	daß; damit man
jov et at	gab es schon	hä	er
kom	kam	Hään	Herr(gott)
kom . . . kinne	kam niemand	hät	hat
(du) krääts	du bekamst	ierts	(zu)erst
kunntmer	konnte man	(et) Kriesche	das Weinen
kunntste wall	konnte man wohl	Minsch	Mensch
küttmer	kommt mir	(di) Ping	den Schmerz; die Pein
mallich	jeder; jedes	(hät) . . . üvverlaat	hat überlegt
nix	nichts		
nohm	nach dem; hinter dem	**Schliebijer Advent**	
onge	unten	Schliebijer Advent	Schlebuscher Advent
(öm) ongerwächs	um unterwegs	kumme	kommen
opjeschrevve	aufgeschrieben	trecke	ziehen
öm...eröm	um...herum	naaßkalt	naßkalt
ov	ob	wör	wäre
rav	abwärts; hinunter		

möht	möchte	de Hillije Mann	der Heilige Mann
verkrufe	verkriechen	mihtstens duert et	meistens dauert es
Stuvv; Stuff	Stube	du küs	du kommst
Kreßdaach	Weihnachten	mem Schneie	mit dem Schneien
Schnei	Schnee	fängk	fängt
bruche	brauchen; gebrauchen	et iertste Jröne	das erste Grün
Weihnaach	Weihnacht	beduere	bedauern

Wörterverzeichnis zu „Unter uns / Schießgesellschaft"

A

aach	acht	av	ab
aan	an	avjehale	abgehalten
Aanfang	Anfang	avjekumme	abgekommen
aanfangs	anfangs	avjelofe	abgelaufen
aanjemeldt	angemeldet	avjelös	abgelöst
aanjetrodde	angetreten	avjesaat	abgesagt
aanköm	ankäme	avjeschlosse	abgeschlossen
aanmödich	anmutig; angenehm	avjespillt	ereignet; abgespielt
aanschaffe	anschaffen	avjesproche	besprochen
Aantrittsverzäll	Antrittsrede		
aanzemerke	anzumerken		
ääns	ernst(haft)	**B**	
älder(e)	älter(e)	bahl	bald
ärm	arm	Been	Beine
ärjere	ärgern	beijedraage	beigetragen
(op de) Ärm jenomme	auf den Arm genommen	bekakelt	besprochen
Äselsdamm	„Eselsdamm"; alte Schlebuscher Straßenbezeichnung	bekallt	besprochen
		bekanntjejovve	bekanntgegeben
ahl	alt(e)	bes	bis
all	alle	besorch	besorgt
allemole	allesamt	besök	besucht
ammesiert	amüsiert	bestemmp	bestimmt
Angs	Angst	bestund (us)	bestand aus
Appel un Ei	ganz wenig; fast umsonst	(e kleen) Beßje	ein wenig
Arbeet	Arbeit	Blage	Kinder
Arbeetslück	Arbeiter	bläck (jemaat)	entblößt
at	schon; bereits	blev(ven)	blieb(en)
Aujuß	(Monat) August	Booch	Buch

227

Bööm	Bäume
Brandewing	Branntwein
breetzemaache	breit zu machen
brenge	bringen
broot	er, sie, es brauchte
bröten	brauchten
bröt mer	brauchte man
Buureschötzebröder	Schützenbrüder (auf dem Lande)
Bürjermeesteramb	Bürgermeisteramt

D

Daachsluhn	Tageslohn
dä!	da!
(zo) dä	zu dieser
dä daach	der dachte
dätense	machte man
de (Woch drop)	in der Woche darauf
deck	dick(e)
Deel	Teil
deheem	zuhause
Denge	Ding
vun denne	von denen
all denne Johre	all den Jahren
Deuvel	Teufel
dis Johr	dieses Jahr
dismol	diesesmal
do	da
dobei	dabei
dobeidun	hinzugeben
dodraan	daran
dodrus	daraus
dodrüvver	darüber
dohin	dahin
doll (op)	begierig auf
domet	damit
domm	dumm
domols	damals
Dorp	Dorf
dovun	davon
dozo	hinzu
drenwor	drin war
dressijer Johre	dreißiger Jahre
Dreß	geringste Kleinigkeit; Furz
et drette	das dritte
Driehrad	Drehrad
dröm	darum; drum
dat Drömeröm	das Drumherum
dronger	drunter
d(o)rop	drauf
drusse	draußen
drüje Verein	nüchterner Verein
(et) Dubbelte	das Doppelte
dubbelt esuvill	doppelt soviel
Dür	Tür
Düres	Theodor
durchjetrocke	durchgezogen
dusend	Tausend

E

e	ein
e eeje	ein eigenes
eemol	einmal
(op) eemol	auf einmal; plötzlich
een	ein
een für allemol	ein für allemal
eener	jemand
eenfach	einfach
eenich	einig
Eenmödichkeet	Einmütigkeit
ehre	ihre(n)
Emmer	Eimer
en Ophovve	in Ophoven
Eng	Ende
et Eng vum	das Ende vom
bes engs	bis Ende
enjebraat	eingebracht
enjesammelt	eingesammelt
enjespannt	eingespannt
enjetrodde	eingetreten

enjraviert	eingraviert
enzejon	einzugehen
eren	hinein
erenflutsche	hineingleiten
erenjeschrevve	hineingeschrieben
erenkumme	hineinkommen
erenkrijje	hineinbekommen
eravjesatz	heruntergesetzt
erenjebraat	hineingebracht
erömjeloofe	umhergelaufen
dobei erömjekumme	dabei verdient
eropjesatz	heraufgesetzt
mem Eropsetze	mit dem Heraufsetzen
erusläse	herauslesen
et	es
etlije	etliche

F

Fahn	Fahne
Famillijeovend	Familienabend
Fähler	Fehler
fädich	fertig
Fastelovend	Fastnacht
Fastelovendsfier	Fastnachtsfeier
Fastelovendszick	Fastnachtzeit
faßjesatz	festgesetzt
Ferkesjalopp	Schweinstempo
Feß	Fest
Feßzoch	Festzug
Fiere	(das) Feiern
fiere	feiern
Fiererei	Feierei
fing...aan	begann
flöck	schnell
Fluhmaat	Flohmarkt
Foßballspille	Fußball spielen
fottjeloße	weggelassen
fottjetrocke	fort-, weggezogen
fottzelocke	fortzulocken
fönnef	fünf
Frack	Festrock
fresch	frisch
Fuffzichpenningsdenger	Fünfgroschendinger
fuul	faul

H

han	haben
Hahneköppen	rheinischer Kirmesbrauch
halv(e)	halb(er)
Halvjohr	Halbjahr
hanse	haben sie; hat man
hatt	hatte
hattense	hatten sie; hatte man
hä	er
Häretour	Herrentour
een Hätz un Siel	ein Herz und Seele
he un do	hier und da
heeß et	heißt es
heeße dät	hieß
Heggeberch	Ortsteil von Schlebusch
helpe	helfen
däten helpe	halfen
hengendrop	hernach
henger	hinter
hengerm	hinter dem
hengernander	hintereinander
hengernoh	hernach; hinternach
Hofstaat	Gefolge des Schützenkönigs
Hoofe Jeld	ein Haufen Geld
hoorkleen	haarklein
Hoot	Schützenhut
(hatten noch nix am) Hoot	hatten noch nichts damit zu tun
mem Höhnerkläuche	ganz vorsichtig
Hööt	Hüte
huh	hoch
Huhdücksch	Hochdeutsch
huhnäsich	hochnäsig
hück	heute
hückzedaachs	heutzutage

229

Hüh	Höhe
hühder	höher

I

ielich	eilig
iertste	der, die, das erste
ih dat et	ehe daß es
im	ihm
inne	ihnen
e inzich	ein einziges
en eenem inzije	in einem einzigen
irjendjet	irgendetwas

J

Jannewar	Januar
Jaubröder	Schlaumänner
jäje(n)	gegen
jet aan de Jäng krijje; jet amjang han	großen Ärger bekommen
Jäß	Gäste
däm Janze	dem Ganzen
jeahnt	geahnt
jeblose	geblasen
Jebrassels	hektische Tätigkeit
jebraat	gebracht
Jedöns	Getue
jedrage	getragen
jedrängk	gedrängt
jeduert	gedauert
jeeinich	geeinigt
jefalle	gefallen
jefiert	gefeiert
et jeht loß	es geht los
jejange	gegangen
jekallt	gesprochen
jekoof	gekauft
jekoß	gekostet
jekrät	gekriegt; bekommen
jekumme	gekommen
jelenge	gelingen
jemaat	gemacht
jemeent	gemeint
Jemütlije Ovend	Gemütlicher Abend
jenau	genau
jenoch	genug
jepack	gegriffen
jerejelt	geregelt
jeröch	mit allen Wassern gewaschen
jeschmoot	geschmeckt
jeschosse	geschossen
jeschrevve	geschrieben
jeschwaadt	geredet
jestorve	verstorben
jestreche	gestrichen
jetz	jetzt
jevve	geben
jewäse	gewesen
Jewehr	Gewehr
jeweß	gewiß
jewetz	gewitzt
jezaut	beeilt
Jezänk	Streiterei
jezeichnet	gezeichnet
Jezelines	Gezelinwald
jing	ging
jlöcklich	glücklich
jlöv	glaubt
jo	ja
Jonge	Männer
jotzicks	zu gegebener Zeit
jot	gut
et jov	es gab
jrad	gerade; soeben
jruß(e)	groß(e)
jrußjeschrevve	großgeschrieben
et jütt	es gibt

K

Kamißzick	Soldatenzeit
kammer	kann man

kapott	kaputt	leet	leicht
Karresell	Karussell	et leevs	am liebsten
Kenger	Kinder	letten	ließen
Kengerbelustijung	Kinderbelustigung	ze joder Letz	zu guter Letzt
Kett	Kette	et Levve	das Leben
ki Minsch	kein Mensch; niemand	liehne	leihen
kin(ne)	kein, -e, -er, -es	et liss sech	es liest sich
Kirmesfiere	Kirmesfeiern	loch	lag
Kirmessaache	Kirmesutensilien	logen	lagen
et dät nit klappe	es klappte nicht	losse mer	laßt uns
kleen(e)	klein, -e, -er, -es, -en	Loß	Lust
et Klinste	das Kleinste	loßjing	losging; begann
Knaasköpp	Meckerer; Streitsüchtige	luere	sehen; hingucken
Knies	Zank; Zoff		
Knubbele	„Knaubeln"		
Köhnsböscher Pänz	Kinder vom Kühnsbusch	**M**	
Kolleech	Kollege	maache	machen
et kom	es kam	et maach wall	es mag wohl
kom (nix eröm)	kam (nichts zustande)	Mann	Leute
kome(n)	kam(en)	medden	mitten
koom	kaum	meenten	meinte(n); glaubte(n)
kräten	kriegten	mem	mit dem
krätense sech	geriet man sich	mer	man; wir
krätense et	bekamen sie es	met	mit
Kreech	Krieg	metjedon	mitgemacht
krijje	kriegen; bekommen	metkalle	mitsprechen
kroff	kroch	mih	mehr
Krom	Kram	de mihtste	die meisten
Kurasch	Courage	et mihtste	das meiste
die künne	die, sie können	mir	wir
Künning	(Schützen)könig	et iertste Mol	das erstemal
Künningskett	Königskette	Moond	Monat; Mond
küsde	kommst du	Moot	Mut
kütt	er, sie, es kommt	moot	mußte
		morje	morgen
		ech mööt	ich möchte
L		mösse	müssen
Lametta	Schulterstücke	mußmer	muß man
Lang Jaß	fr. Bahnstraße	de Muul jeschwaadt	unaufhörlich geredet
Leed	Lied	Muzepuckele	Übelgelaunte

N

(die künne mer ens de) Naache däue	die können mich mal gern haben
en fein Naas für	ein gutes Gespür für
de Naas voll han	genug haben von
Näel met Köpp	Nägel mit Köpfen
nämme	nehmen
nett	nett; ordentlich
nidderich	niedrig
nix	nichts
nochens	noch einmal
noh	nach
Nohberschaff	Nachbarschaft
nohläse	nachlesen
nohm (1)	ich, er, sie, es nahm
nohm (2)	nach dem
nohzeläse	nachzulesen
Nöhde	Nähe
dät . . . nötze	nützte
nüdije	notwendige
nüng	neun

O

och	auch
om	auf dem
om Ophovve	in Ophoven
öm	um
öm . . . eröm	um . . . herum, ringsumher
ömesöns	umsonst
Ondooch jemaat	Unfug gemacht
onger	unter
ongerm	unter dem
ongernämme	unternehmen
op	auf
opführe	aufführen
opjebaut	aufgebaut
opjemaat	aufgemacht; eröffnet
opjenomme	aufgenommen
opjeschrivve	aufgeschrieben
opjetauch	aufgetaucht
dät opödeme	atmete auf
opschlage	aufschlagen
opschloch	aufschlug
optauche	auftauchen
optredde	auftreten
örntlich	ordentlich; gehörig
ov	ob
Ovend	Abend

P

(e) paar	einige; wenige
(ze) packe	zu fassen
Plaatz	Stelle
Pohlhaue	auf einen Pfahl hauen; Kirmesbrauch

Q

Querköpp	Querköpfe
querscheeße	querschießen

R

rä(ä)t	richtig; recht
de Reih noh	der Reihe nach
rejelrät(e)	regelrecht(e)
reskiere	riskieren
Reuesse	Reuessen
Riem	Reim
Rock	(Uniform)-rock

S

(woren et) satt	hatten genug
scheef jewekkelt	schief gewickelt
et Scheeße	das Schießen
Scheeßstand	Schießstand
Schlach op	Schlag auf
Schlach	Schlag
schläte Zick	schlechte Zeit

schläter	schlechter
Schleff	Schliff
schlemm	schlimm; arg
Schliebijer	Schlebuscher
Schluß em Dom	Schluß jetzt
Schötzehoot	Schützenhut
Schötzejonge	Schützen
schrevv	schrieb
schriev	er, sie, es schreibt
Schrotthoofe	Schrotthaufen
secher	sicher
(em) selve	im selben
selver	selber
selvs	selbst
Senn	Sinn
si (Deel)	seinen Teil
sibbe	sieben
siehr	sehr; schnell
sin (1)	sein
sin (2)	sehen
sing(e)	sein(e)
sinse	sind sie; ist man
sollt	sollte
Sonndach	Sonntag
Soot	Gosse
schwer	sehr
späder	später
Spillche	Spielchen
spingkste	ausspähen
staats	prächtig
stattfenge	stattfinden
stattjefonge	stattgefunden
stekum	insgeheim
em stelle	im stillen
op de Been stelle	auf die Beine stellen
Stemm(e)	Stimme(n)
ston	stehen
stonjeloße	stehengelassen
Strang	Respekt
(ne) Strech (durch jemaat)	einen Strich durch die Rechnung gemacht
Strofjeld	Strafgeld
stund	ich, er, sie, es stand
su	so
sun	solche
met suner	mit so einer
suvill	soviel

T

tireck	sofort
trotzdäm	trotzdem
Trööte	Trompeten

U

un	und
us	aus
usem	aus dem
usjedeent	ausgedient
usjefalle(ne)	ausgefallen(e)
usjejovve	ausgegeben
usjerech	ausgerichtet
usjesin	ausgesehen
usjesproche	ausgesprochen
usjetrodde	ausgetreten
usrieße	ausreißen
usserdäm	außerdem
üch	euch
ühr	ihr
üvver	über
üvverall	überall
üvverdrage	übertragen
üvverhaup	überhaupt
Üvverläjerei	Überlegung
üvverlät; üvverlaat	überlegt
Üvverraschung	Überraschung
üvversin	übersehen

V

verbei	vorbei
verbieße	verbeißen
verdeelt	verteilt
Verdeens	Verdienst

Vereinslevve	Vereinsleben	wichtijer	wichtiger
Vereinsreß	Vereinsrest	widder	erneut
Verlihnerei	Ausleiherei	widderjewählt	wiedergewählt
verliehnt	ausgeliehen	wigger	weiterhin
verruus	vorneweg	wigk	weit
verschött jon	verlorengehen	winnich	wenig
versöke	versuchen	winnijer	wenige
versteche	verstecken	Wocheluhn	Wochenlohn
Verwahr	geheimer Aufbewahrungsort	wodrop	worauf
vill	viel	Woll	Wolle
villeets	vielleicht	wor	war
villmih	vielmehr	woren	waren
vum	von dem; des	woren et	waren es
vun	von; seit	worense	waren sie; war man
vür	vor	woröm	warum
vürher	vorher	wören	wären
vürjefonge	vorgefunden	woß	wußte
vürjeschlage	vorgeschlagen	(et) wuerd	es wurde
vürjenomme	vorgenommen	Wuersch	Wurst
vürkom	vorkam; ereignete	wuert(en)	wurden
vüürm	vor dem	(et) wüerd	es wurde
vürraan	voran	(hä dät) wunne	er wohnte
vürraankom	vorankam		
vürrich	voriges	**Z**	
vürsechtijer	vorsichtiger	Zaldate	Soldaten
vürstelle	vorstellen	Zapphahn	Zapfhahn
(em) Vüruus	im Voraus	ze	zu
		zeeje	zeigen
W		zefridde	zufrieden
(dät) waade	wartete	zehus	zuhause
waaße	wachsen	zeierts	zuerst
(dät) waaße	wuchs	zeröck	zurück
wall	wohl	zesamme	zusammen
wammer	wenn man	zesammejesetz	zusammengesetzt
wann	wenn; wann	Zick	Zeit
wat	was	(en) Zicklang	eine Zeitlang
wäjen	wegen	Zigge	Zeiten
weerde	werden	zimmlich	ziemlich
Wengk	Wind	Zoch	Festzug
wesse	wissen	Zottier	Hin und Her
Weßdorp	Wiesdorf	zünftich	zünftig
wette	wetten		

Quellenverzeichnis

De Krückschespaasch — nach Berichten von Josef Boddenberg und Max Schick, beide Leverkusen-Lützenkirchen

Schliebijer Kall / Schlebuscher „Berichte" — nach Erzählungen von Helmut Hänseler, Paul Isenbügel, Josef Landwehr, Karl Landwehr und Otto Marx (alle Leverkusen-Schlebusch

Theekeverzäll / Thekengeplauder — nach Erzählungen von Theo Bick, Werner Hermanns, Prof. Franz Klein (alle Leverkusen-Schlebusch) und Fritz Heppekausen, Leverkusen-Quettingen

Gedichte De „Jo-Ühm"
und „Schliebijer Wächwieser" — nach Erzählungen von Heinrich Dünner, Leverkusen-Schlebusch

Mannefeder Verzäll / Manforter „Berichte" — nach Erzählungen von Josefine und Hannes Höher, Fritz Schiefer und Reinhold Spiegel, alle Leverkusen-Manfort

Vom „Ophovener Verein Unter Uns 1908"
zur „Schießgesellschaft Schlebusch 1925" — Vereinsprotokoll der Jahre 1908 bis 1928

Bildunterschrift zum Gruppenfoto aus
der Gründerzeit des Ophovener Vereins
Unter Uns. Fußnote „Poßwage-Jüppche" — nach einer Abschrift aus der „Kölnischen Rundschau" vom 9. Januar 1954, Nr. 7 (frdl. überlassen durch Herrn Josef Pantenburg, Leverkusen-Eisholz) und nach Berichten von Frau Gertrud Breuer, geb. Paffrath, Leverkusen-Schlebusch

Schreibung Schliebijer Platt — in weitgehender Anlehnung an „Kölnischer Sprachschatz" von Prof. Dr. Adam Wrede

Bildnachweis

Zeichnungen
Dr. Rudolf Bubner, Kassel-Wilhelmshöhe, auf Seite 54
Helmut Hänseler, Leverkusen-Schlebusch, Titelbild auf Einband und Innentitel; ferner auf Seiten 81, 89, 169

Fotos
Josef Boddenberg, Leverkusen-Lützenkirchen, auf Seiten 36 und 38
Gertrud Breuer, Leverkusen-Schlebusch, auf Seite 165
Hans Busch (†), fr. Leverkusen-Manfort, auf Seite 107
Wolfgang Bücher, Leverkusen-Fettehenne, auf Seite 184
Heinrich Fabrizius, Leverkusen-Schlebusch, auf Seiten 182, 203
Fritz Heppekausen, Leverkusen-Quettingen, auf Seiten 116, 123, 125
Josef Jannes, Leverkusen-Schlebusch, auf Seiten 63, 172, 210, 214, 218, 221
Helmut Knapp, Leverkusen-Manfort, auf Seite 56
Karl Landwehr, Leverkusen-Schlebusch, auf Seite 60
Friedel Lüttgen, Leverkusen-Schlebusch, auf Seiten 45, 176, 183, 187, 191, 192, 198
Otto Marx, Leverkusen-Schlebusch, auf Seiten 67, 68, 75, 92
Peter Nußbaum, Leverkusen-Schlebusch, auf Seite 216
Dieter Pantenburg, Leverkusen-Schlebusch, auf Seite 167
Gertrud Pattberg, geb. Knauf, Leverkusen-Schlebusch, auf Seite 111
Paul Quirl, Odenthal, auf Seite 72
Fritz Schiefer, Leverkusen-Manfort, auf Seiten 152, 156, 160
Reinhold Spiegel, Leverkusen-Manfort, auf Seiten 136, 144
Stadtarchiv Leverkusen, auf Seite 22
Hans Traudt (†), fr. Leverkusen-Schlebusch, auf Seite 128
Astrid Uecker, Leverkusen-Leimbacher Hof, auf Seite 181
Josef Valerius, Leverkusen-Schlebusch, auf Seite 102
Gertrud Witzheller (†), fr. Leverkusen-Schlebusch, auf Seite 100